教育部人文社会科学重点研究基地
中央民族大学中国少数民族研究中心
人类学·民俗学:来自生活一线的田野报告系列(第五集)
丛书总主编/祁庆富
系列主编/郝苏民
系列副主编/马忠才

社火·社戏:从娱神到娱人的智慧

蔡秀清 钱永平等/著

中央民族大学出版社

图书在版编目(CIP)数据

社火·社戏:从娱神到娱人的智慧/蔡秀清,钱永平著. —北京:中央民族大学出版社,2008.8

(人类学·民俗学:来自生活一线的田野报告系列丛书)

ISBN 978-7-81108-583-9

Ⅰ.社… Ⅱ.①蔡…②钱… Ⅲ.民间文化—风俗习惯—研究报告—中国 Ⅳ.K892.24

中国版本图书馆 CIP 数据核字(2008)第 134757 号

社火·社戏:从娱神到娱人的智慧

作　　者	蔡秀清　钱永平
责任编辑	覃录辉
策划编辑	沙　平
装帧设计	张日河
出 版 者	中央民族大学出版社
	北京市海淀区中关村南大街27号　邮编:100081
	电话:68472815(发行部)传真:68932751(发行部)
	68932218(总编室)　　68932447(办公室)
发 行 者	全国各地新华书店
印 刷 厂	河北省三河市灵山红旗印刷厂
开　　本	880×1230(毫米)　1/32　印张:8.875
字　　数	220千字
印　　数	1500册
版　　次	2008年8月第1版　2008年8月第1次印刷
书　　号	ISBN 978-7-81108-583-9
定　　价	20.00元

版权所有　翻印必究

目 录

系列总序 …………………………………………… 郝苏民(1)

民间舞龙习俗中的民俗主体与乡土文化
　　——对内蒙古克什克腾旗土城子镇龙灯艺术的考察
　　………………………………………… 马志华(1)

民间小戏与乡土社会民众的互动状况研究
　　——以祁太秧歌为个案 ………………… 钱永平(57)

青海土族节庆习俗中的生存理念研究 ……… 蔡秀清(135)

民和土族"纳顿"节庆习俗的现状调查与研究
　　——以青海省民和县三川地区鄂家村为例 …… 贺喜焱(185)

茶园"花儿"歌手研究
　　——以西宁市茶园为例 ………………… 戚小萍(221)

人类学·民俗学及其田野

—— 我们从这条路上这样走来*

郝苏民

1984 年，原西北民族学院（今西北民族大学）终于创办了自诞生 30 多年以来首个院级研究所，即西北民族研究所（此之前在"十年动乱"后，方有一个民族教育研究所 [筹]）。曾是参与当事人的我们，其动机原本出自对"十年动乱"反思后的一个学科基本建设之举。研究所名还是当时国家民委领导人拟定的。这个反思的根据就我们那时的主旨，是出自这样一种回顾与思考：新中国建立肇端，代表中国各民族人民根本利益的人民政权，一反千年封建王朝和 1949 年已全线崩溃的国民政府大民族主义的统治惯制，要在全国范围实现各民族当家做主、一律平等的民族政策。于是开展少数民族和民族地区工作，少数民族干部和懂民族语言与能正确执行民族政策干部的迫切急需，成为一切工作的首要。为此，应运而生了民族高校的创办。共和国第一所民族高校，便是西北民族学院。应该说，民院类型高校群的产生，确系中国教育史中最崭新而光辉的一页。然而令人难解的是，从成立伊始的 1950 年，直至 1984 年前，本身就体现着新中国全新民族观与政策的第一民族性高等学府——西北民族学院，虽也有过一个运行时间很短的"研究室"，却未曾有过科学意义上成体系的民族学的理论研究、专业建制与教学队伍的组建！新中国初期，西北大学、兰州大学相关专业经过"院系调整"后迁到西北民院的蒙古、藏、维吾尔语文教学，整合为"语文系"，完全成为解决民族语文翻译急需的性质，而非民族学专业。虽然学科建设上的这种"畸形"，责任与损失并不都来自学院本身与办学者个人，它与当时人类学、民族学、社会学之类学科在中国的遭遇完全是一致的。但是随着"十年动乱"、"四人帮"的垮台，中国共产党十一届三中全会之后拨乱反正思想路线的贯彻执行，的确对有志从事人类学、民族学的学人和教育者们既是一个极大鼓舞，也确实促使作为教育工作者的我们一个认真反思：为什么在"文化大革命"中当所谓"红色政权"及其造反派们一举"砸碎"、撤销这所新中国首所少数民族高等学府时，其一切冒天下之大不韪的肆意妄为，竟是那样地顺利得逞！曾参与创办这所学校的师生们为什么竟是毫无理性抗争，亦无正义反对？……所以说，1984年西北民族学院西北民族研究所的创办，应该视为当时本院民族学人、教育工作者与当时国家民委领导人痛定思痛的一个学术心愿和忠诚民族教育的初步圆梦！

然而，发展的道路又总是曲折的。意外的是一个向"市场经济"转型，却能带来所谓"全民下海"（单位创收）的冲击，一时大学捷足先登者从办班中捞上第一桶金后，便产生了连锁效应，吸引不少当时本在坚守岗位的教师们为之心动。希冀重建人类学的敢想者中也出现了教学与科研比重的意见分歧，科研经费和基础建设等经费短缺问题无从提上日程的迷茫，而此直接涉及到教师们工作量、课时、职称等切身利益的不平与困惑。自然，复杂的表层不能掩盖其简单的内因：历史关头老校如何"新生"，学校未来整体发展如何构架？民族性老校的传统究竟是什么？时代使命的角色该怎样定位，哪些是理性实证了的真正"拳头"专业？一应恢复、重建哪些机构？又该急速补缺扩建哪些必有的学科？……实话实说，这些本为教育、办学内行领导的例事，那时我们却还在该不该调进某人、该谁来办某事等人事关系上纠缠不前。实践是检验真理唯一标准的理念，在那时还无法"理直气壮"地进入所有负责人的指挥头脑。自然这里的专业人员一时被这些"不大不小的问题"陷入一筹莫展的困境。"十年动乱"已耗费多少年华，而之后，难道还要空待大好时机这般流失？事到此时，方知为这等"文化大革命"须付历史代价之了得；方知真正的人类学、民族学理论知识的缺失于民族高校的创办、经营关系的重要性何等至关！然而，必须有思想准备："文化大革命"之患今后仍须渐次从各方——在高校显出……

事情原本还有另一面，其时，一是全国先行者高校教学改革如火如荼；二是部分研究者受全国学界大好形势感染不甘心无所作为去坐地搞"创收"。经过彷徨、内外沟通、酝酿，再经过"年年五月换领导"的"阵痛"，终于在1998年10月，借教育连续改革热潮启动和校方一些领导认同，以放弃原基础资料设备和经过几次整合的队伍、研究所名称、建制和大部分成员为代价，仅从其中三五青年学术同道加个别老先生，走出了原本满怀希望的西北民研所的大门，重新组合了"社会人类学·民俗学"研究所（系）合一的机构。这个人类学、民俗学名称的出现，为这个"共和国首座民族高校"办学近半个世纪后首次整合、填补了社会学、人类学、民族学、民俗学专业从未有过的科研与教学空白；也在民院首出"系所合一"的教学形式，把科研直接引入课堂教学。在大西北人文社科学界第一次出现了"人类学"的学科建制。2001年7月26—8月4日，在费孝通教授力荐下，借教育部为北大批办社会学人类学高级研讨班的契机，在西北重镇兰州与国家民委民族问题研究中心及西北民大合作举办了全国第六届社会学人类学高研班。

费孝通先生煞费苦心，目的有二：一为扶持西北民大社会学人类学专业的开创；二为开发西北培养西北各民族此类专业的研究人才。费老亲临民大为我系揭牌，并在开幕式和研讨会作《民族生存与发展》、《人类学与二十一世纪》的主题讲演和讨论中的"插话"；还召开来自大西北各地青年的专题座谈会，谈到人类学、民族学、社会学培养少数民族出身专业人才的重要和迫切意义。他语重心长、深入浅出，这给有志学科建设者们以极大精神支持和学术"扶贫"。

1990年我们曾首获民间文艺学（含民俗学）硕士学位授予权（钟敬文、马学良、宋蜀华等老一辈学者惟图学术的胸怀和勇气，成了真正"助人成功"的关键），1991年即开始招收民俗学研究生的教学。鉴于我们对中国西北地区各民族民间文化（含民俗文化）的历史脉络和多元现状及其特征的本土理解，在组织教学与科研上，确定了重视田野作业，开辟民俗志积累，坚持多民族地域多元文化特色，从头打好学术基础建设的发展思路。再加上人类学、民族学教学点的逐步开拓，社会学教学的开办，我们打通了三门学科的交叉，为以往全国民间文艺学（民俗学）传统教学仅设在中文系（汉语系）多作为选修课的惯例，以每位研究生的旨趣和优长（或民族、或地域）为本，定其专业研究的具体方向。随着实践的延续果然局面顿开。至2007年，这个教学点共招生了13个民族的134名学生，已毕业者近三分之二以上成为民俗学、民族学、人类学、社会学的考博生源，他们分散于包括香港中文大学、北大、清华、北师大、人大、中山、复旦、南开、中央民大、华东师大、东南大学等多所名牌大学攻博、"进站"。这一集中现象是西北民大创办以来其他院系、专业所未曾有过的！更重要的是，在培养人、训练队伍的同时，积累了不少以专业要求采集到的比较有质量的田野民俗志的新资料。尤其近年来，费孝通教授提出，西部大开发中人文资源的保护利用与开发的问题后，我们参与中国艺术研究院承担了文化部、科技部"西北人文资源环境基础数据库"民俗部分的任务中，更坚持了研究生们在导师指导下发挥地方性知识和少数民族语言无障碍的优长，深入生活第一线，零距离现场考察的专业训练的学风。民俗学研究生教学实践，在历练了教学骨干的同时，区域民俗志资料的成果，累累结枝。我们积累了几百万字的民俗志数据库资料。

我们这个系（所）经过第一个"五年计划"的艰苦奋斗，借助全国形势好转带来的时运，进一步发展为"社会人类学·

民俗学学院"。我们把民俗学的整体学科建设、发展路子,摆脱开往昔传统上仅从"文学"上先入为主,唯以"民间文学"带动民俗学的旧教学轨道,借鉴相近学科人类学、社会学、民间文艺学优势,既互相交叉渗透、互促发展,又各自保持相对学科独立地发展轨迹。我们用超强的劳作先后开办出游牧、农耕、人口较少民族等民俗及其非物质文化遗产教学类型;民族、宗教、文化、家庭、妇女、影视、民间艺术(美术、工艺、歌谣、戏曲、舞蹈)等专业方向,为复合型人才的培养和学生学养的丰厚、"一国多民族"的整体性大视野提供空间,以适应转型期人才市场的多样需求。目前,我们除已有的民俗学研究生点外,人类学、社会学、民间文艺学等的硕、博生的教学都在有序地进行和不断改进完善之中。

这五年来,我们有北大、北师大、中央民大等高校相关先进专业和其中名师们的协助和具体帮助(如北大的马戎、王铭铭、邱泽奇,中央民大的杨圣敏、祁庆富,香港中大的陈志明,人大的郑杭生,辽大的乌丙安,南大的刘迎胜,北师大的刘铁梁、董晓萍、万建中……),在大开局面中曲折前进。我们的民俗田野,涉及到西北各民族地区外,也借主题的需求而波及到除大西北外的内蒙古、四川、湖北、福建、安徽、山西、山东,甚至东北、西南各地。

同时,在物质条件极其不足的状态下,我们坚持依靠业内同行经办好我们的专业学刊《西北民族研究》,获得学界广泛认同,成为CSSCI刊物,也成为这三个学科硕博生和专业教师们喜爱的"敬重名流爱新秀","学术面前皆平等"的一块公正平台。我刊帮助各高校不少素不相识的本专业硕、博士生成全他们学位论文的问世;我们也帮助不少高校本专业多无个人关系的教师为晋职而难以发表的论文及时刊出,为专业队伍的形成,尽了我们一份责任。

又一个十年教学实践使我们感悟到:虽无理由更改已显成果

的途径，但此路子离幸得历届某些领导认同的事实，会常有不断的苦恼和艰辛！好在各高校圈内同行认可的这个探索，仍可视为一种有益的中国地方性学术经验。事实上，在我们之后，也在中国社会学、人类学、民族学、民俗学界大师级老一辈代表人物费孝通、钟敬文等谢世之后，我们看到：从一度誉为中国民俗学人才摇篮的北京师范大学到边陲内蒙古师范大学，也都先后改制或创办了人类学民俗学、社会学民俗学等模式的教学建构……事实使我们欣然！

不久前，高校在一阵扩招、扩办、并校、升级之后，据说出于"冷思考"地调整把高校分类为"研究型"、"教学型"、"教学研究型"几种发展类型，又似乎学校一旦被划进某种类型后，即将在某类型框子内以行政"规范"去"游戏"管理。历来各校内各学科、专业之间大约已有的发展水平不尽均衡、相同，是将随所属学校类型"一刀切"而对学科去、存、"凝练"？还是以所属行业学科实际水平去"强强联合"（如同当年之"院系调整"）去整合？还是随其各校自主"挖墙"、"流动"、"自生自灭"，以示"市场经济"在教育上的反映？抑或已有资源自主存留等市场经济范式？……在如今高校领导皆为专业内行，大都系博士、教授，然而并非全是教育内行的现状下，自主趋势如何发展大学，大约仅为普通身份的专业教授在学科建设、发展中发挥不了多大决定性的作用？故，大抓学科建设、学科凝练之云的真正落实，看来确实在于是否哪级所属，在不在某种"工程"之内大有关系；各高校的个性、特性或优势发展，合力如何形成？是高校的主人们来认同、推动，抑或是高校领导集团或一把手来运动高校群众？一时还看不清楚。至于教授今后走向，也和本人现属哪块"风水宝地"关联在一起！虽说人类学、社会学、民俗学研究对象全关乎到群体、社会、人类、文化的大范围，但此类学术属性，往往不像办体育、办艺术那样红火而幸运；确实是一种不大显露政绩的"孤独性"学问！有可能抓学科建设的专业内行领导人，对它了解或是否感兴趣会成为它发展顺利与否的关键吧……

当然，杞人忧天也大可不必。"前途是光明的，道路是曲折的"——这句真理名言，还是无可置疑的。

好在，我们曾经的努力基于事实亦曾经地被其时本界所认同过；"有无必要"之说，本为各自所指各有个人的理解、界定和认可。无论如何师生风餐露宿的"田野"是为学执著的"书呆子们"汗水的播种。于是，仅仅出于其时一个教师的我们，本着曾经为师之心、师生同窗切磋、或曰"教学相长"之情，将把部分学子为攻读学位而参与的调查报告，做初步学术规范和可读性的整理后，以一种资源回报给社会群体；也为这世变万机的新世纪之际，师生们从前沿生活大潮中舀出的这一瓢瓢底层的生活浪花，存留给来者而感到努力过的欣慰！我们自认为这一行动对学术浮躁尚不能一个早晨就烟消云散的今天，于师、于生、于己、于众、更于学校之心，当年大师之良苦用心，皆心同此理吧！

若幸甚而存继续从业之机，我们随时准备用被边缘化了的文化行为寻求可认同的学术合作伙伴。

我们的"人类学·民俗学：来自生活一线的田野报告"系列的编辑，虽也曾得到本学界不少贤达鼓励、促成，但终因未能直接挤入"本土"的"工程"类和"扶持"类，不足的经费导致了她无法"满书尽披黄金甲"的华贵包装及名人作序牵衔、领导们的结合而春风满面，只能是"素面朝天"，以真人真事的朴实面孔迎接她的识者——社会广大民众和莘莘学子了。

本系列之一，曾为配合中国艺术研究院"西北人文资源环境基础数据库"重大项目中民俗部分的采集，归入另一丛书出版；本系列之二、之三、之四共三集经本学院文化（苏依拉）博士努力得到本校资助在兰州大学出版社统一出版，由青年教师马忠才、满珂等博士热情协助，出版社责编先生们的慧眼、支持、辛苦都是感动于心的。

　　现在为系列之五、之六、之七、之八共四集由中央民族大学祁庆富教授纳入：教育部人文社会科学重点研究基地、中央民族大学中国少数民族研究中心丛书出版。到此，这一系列八本书，是分别由三处支持才问世的。但是从西北民族大学初创社会人类学·民俗学专业到培养出自己的硕、博生和他们的成果，我们实在是得到了不少贤达和学界君子们在关键时刻的真诚爱护、支持和帮助才有些许做为的。在进入21世纪的今天，又逢"国学"重新被大大提倡，教育新时代青年一代也要知恩图报，不可满城尽当"白眼狼"之际，我作为这个系列各集成果出版的操办和见证人，深深体味了出版学术书籍的不易，不能不郑重提出下列先生和同学，因他们的理解、呵护、支持、辛劳，作为其时导师今同主编的我，以及各集的撰稿人在此一一向他们致以中华民族传统式的抱拳和鞠躬：真诚地谢谢你们诸位了！

　　除已经鸣谢者之外，他们还应是：费孝通、马学良、宋蜀华、毛公宁、马麒麟、谢玉杰、金雅声、杨圣敏、马戎、王铭铭、祁庆富、覃录辉、沙平、马国柱、僧格、文化等诸位先生；此外，满珂、马忠才、王淑婕、那贞婷、曹玉杰、刘秋芝、王淑英、佟格勒格等硕、博士同学们。

于金城沙痕书屋　寓所2005年12月岁末
2007年元月修订

　　＊注：此篇是作者为《人类学·民俗学：来自生活一线的田野报告系列》丛书所写的序言

民间舞龙习俗中的民俗主体与乡土文化
——对内蒙古克什克腾旗土城子镇龙灯艺术的考察

马志华

导 言

一、研究缘起

中国特有的龙文化派生出了许多与龙相关的民俗文化内容，舞龙就是其中之一。一般认为，龙舞是汉族的传统民间舞蹈，它与汉民族的重要节日——元宵节密切相关。我国南方的一些民族如布依、侗等民族也有特定节日下的、拥有自身特色的舞龙表演。舞龙习俗也因地方文化的差异而呈现出多彩的特点。又因其伴随着中国传统的年节文化，更渲染了许多喜庆祥和的色彩，是节日中不可或缺的文体活动。

内蒙古赤峰市克什克腾旗的土城子镇，因其独具地方特色的舞龙表演于2002年12月被内蒙古自治区文化厅评为"民间社火艺术之乡"。土城子镇的龙舞百余年前由河北、山东一带传入，历经百年传承不衰，是当地民众情之所系的民间艺术形式，在生产生活上对当地民众都具有一定的影响。更值得注意的是，当地的舞龙表演，其道具的制作者和耍龙的把式是以回族人为主的。文化的流动，给这座塞外小镇打上了更深的民间文化的烙印。同时，也让古已有之的司水之神——龙，在这一方水土上扎下根来。回汉两族在这座小镇上共同生活，传承百年的龙舞艺术将他们紧密地联系在一起，构成了特定环境之下的乡土文化氛围，而舞龙则成为两个民族在文化认同上的纽带。随着社会的不断进步和多种因素的介入，土城子的舞龙习俗面临着停滞的危机。本文以民俗主体为切入点，考察和研究该地舞龙这一动态民俗事象中的俗民及其在特定乡土文化背景中的角色，透视俗民由地理因子和生存环境引起的群体意识和共同社会心理，并对乡土文化与主体意识之间的矛盾与冲突，以及由此导致的乡土文化的存在状态作一探讨。

二、研究意义

只有保持活态的民俗事象，才可能在脆弱的民俗生态中得以延续生命。民俗是动态的，因为它是生活的一部分，因此研究民俗文化的着眼点不仅要放在事象本身上，更应放在执行了这一活动的人，即俗民身上。对于舞龙习俗而言，诸多的论述大都将目光放在了龙舞这一事象上面，从各种角度描写不同地方特色的龙舞，从制作到舞耍，而对龙舞习俗的民俗主体的关注则略显不足。通常意义上来讲，舞龙舞动的是人的精神，无论哪个地方文化背景下的舞龙表演，都不应回避此种因素的存在，因此，将民俗主体在舞龙习俗中的角色以及角色规范下的行为和心理作为研究探讨的重点，具有十分重要的意义。

单把舞龙习俗作为一种游艺民俗进行考察，显然是片面的，因为在民间，关于舞龙动因的神话如若天上的繁星，从中可见人们最初进行此活动是出于一种对于水神——龙的原始崇拜。这样一种信仰，是中国几千年农业社会背景下农耕文化的产物，这是毫无疑问的。值得注意的是，在像内蒙古赤峰市克什克腾旗土城子镇这样的个别地域，活跃着以回族人为主体的舞龙队伍。民间舞龙习俗的民俗主体因此而变得新鲜。土城子镇龙舞习俗还有一个特点，就是这一习俗是百年前迁徙而来的回族从山东、河北一带带到这一地区来的。舞龙文化的传递经历了汉→回→汉的过程。通过回族人的承载，舞龙习俗再次在一个汉族为主聚居的区域稳定下来，并在回汉两族之间形成一种默契，这是移民入迁后重组的乡土文化。在这样的乡土文化氛围中，回、汉两族共同生活在这方水土之上，镇北山坡上的清真寺，默默地遥望着苇塘河岸树阴掩映中的九神庙，平和的气息已延续了百余年。将回族人介入的舞龙习俗放在民俗学事象研究和整体研究相结合的视角之中，不论对舞龙习俗本身还是对民族文化的整合来讲，都有突出的代表性。而且，以土城子舞龙习俗为个案，可以以点带面地窥见乡土文化的盛衰轨迹。

三、文献来源与文献综述

文献来源。搜集到的关于舞龙习俗的论文，主要源自《中国民俗学论文索引 1974—2000》一书及中国期刊网和人大复印资料等学术性网站，1974 年至今与龙舞有关的论文共有 30 篇。与舞龙习俗相关的专著和书籍，主要是在超星电子书库和国家图书馆网站上获得书目，以借阅和购买的方式完成对书籍内容的把握。以上是书面文献的来源。本文依靠的主要资料源于田野调查，这些资料来自地区文化部门和调查对象的口述。

文献综述。关于龙舞，论者不乏其人，涉及的种类几乎囊括了中国大江南北的所有龙舞，从龙舞之乡重庆铜梁到少数民族地区的偏远村落，都有所论述。论述的角度也各有侧重：1.《中国龙舞》，梁力生主编，重庆出版社，2002 年版。该书综合了龙舞习俗各个方面，从总体上概括介绍了龙舞的种类、历史渊源、民间习俗、民族和地域分野，深刻地分析了龙舞的文化内涵、艺术风格以及龙舞表现出的民族精神。重点介绍了舞龙的程式、不同种类龙灯的舞动技巧及舞龙的道具和舞龙的队形。宏观上讲，它涵盖了中国龙舞的各种风貌，但书中并没有涉及回族人舞龙的洞论。《中国民族民间舞蹈集成·内蒙古卷》一书中，涉及到了内蒙古赤峰地区的回族民间舞,即龙舞,其中就有克什克腾旗土城子镇的龙舞,概述性地介绍了它的仪式、表演风格和表演队伍,记录了舞龙的伴奏音乐和舞动技巧,也描述了龙舞的造型、服饰和道具。这里只有客观性的描写,并没有更深层次的剖析。2. 关于龙舞的论文可见到的有 30 篇。这些论文大致可分为三类:①事象介绍性的资料。这些资料涉及到了各地不同特色的龙灯制作和表演风貌,从深描理论的要求来说,其准确性和细微的程度还是不足。②探索性的论述。论者们从理论的角度切入到舞龙的文化底蕴,解读其艺术性或分析这一运动的生理特征,也有的文章涉及到了舞龙习俗的社会功能。总体上讲,这样的理论分析就舞龙习俗这一民俗事象而言,已达到了一定的高度和深度。然而对于民俗主体的关注仍没有充分体现在论述的主体之中。③漫话性的文章。这些文章从传说或神话角度介绍中国舞龙的由来,或者涉及到龙灯会、女子舞龙队等。这样的文章是从客观上陈述舞龙习俗和地域风情的,不属于理论探讨性的文章,但的确展现了中国龙舞多姿多彩的民俗魅力。3. 田野资料。调查地基本情况的介绍,来自方志和地区文献,包括自然地理、人文风情、经济、交通、生产、生态及人口等各方面。关于舞龙习俗、神话传说、龙灯的制作、舞动技巧的记录等都源自艺人口述,因为出自实地调查和专业的访谈而更为翔实可信。

四、研究思路与研究方法

本文的主要研究思路有二:基于所获田野资料,进行实证性研究;以舞龙习俗中的民俗主体作为切入点,对特定乡土文化背景下的民俗事象与民俗主体进行整体研究。

本文运用的研究方法。根据研究对象的实际情况,运用多种理论加以诠释:民俗学中的民俗主体论、民俗传承论,借鉴社会学中的角色理论和高丙中关于民俗文化与民俗生活的洞论对舞龙习俗中的诸民俗因子和主体对乡土文化的影响进行分析与实证性研究。

五、基本概念界说

1. 龙舞

根据梁力生在《中国龙舞》一书中的界定：龙舞，也称"舞龙"，民间又叫"耍龙"、"耍龙灯"或"舞龙灯"。一般来说，在各节龙栋内燃烛或点灯的称为"耍龙灯"或"舞龙灯"，不燃烛或不点灯的称为"舞龙"。克什克腾旗土城子镇的龙舞因白天不点灯，晚上点灯，因此本文称其为舞龙、龙舞或耍龙灯。

2. 舞龙习俗

本文所指的舞龙习俗，将龙舞中的各民俗模式全部涵盖在内，既包括龙形道具的制作和舞龙的技巧，也包括龙舞中的各类仪式，以及当地与龙舞有联系的各类习俗。

3. 民俗主体

民俗主体，即俗民，也就是指负载民俗文化的人。不论他们是以个体还是群体的形式参与民俗事象，都在民俗活动中承担一定的民俗角色，是民俗活动产生的动因，是活动的支配者。

4. 乡土文化认同

文中所指的乡土文化，即由广大民众所创造、负载的民俗文化。乡土文化认同，除了指不同族域的民众因特定民俗文化而产生的心理上的认同外，还包括民众对乡土文化的存在和延续所持的态度。

六、研究假设

通过对于研究对象的探查和分析，本文的研究假设如下：

1. 特定的生存环境和地理因子造就了当地的舞龙习俗和独特的以回族人为主体的民间舞龙队伍，也使民俗主体共同的群体意识和社会心理得以形成。

2. 功能作用的消涨使乡土文化呈现出盛衰的趋势，舞龙习俗作为一种"作用中的文化"，除娱乐的功能之外，原始崇拜的遗迹也一息尚存，其存在的必由之路是打破旧有的封闭和保守，全面展开其对社会的适应机制。

3. 民俗主体与其所承当的民俗角色在特定的生存环境与群体意识下实现统一。

百年龙舞的渊源及现状

一、调查地概况

提起赤峰市，人们就会将目光投向内蒙古东缘与辽宁西部相接的地域，这里红山文化的古老文明吸引着许多古代文化的探索者。克什克腾旗便处于红山文化地带。克什克腾旗位于内蒙古自治区东部，赤峰的西北部，地处内蒙古高原与大兴安岭南端山地和燕山余脉——七老图山的交会地带，居于浑善达克沙地东缘，由于具有三大地貌的基本特征，素有"内蒙古缩影"、"塞上金三角"之称。

克什克腾旗具有悠久的历史和深沉的民族文化积淀。西拉木伦河畔的古老北方文明，哺育了这片土地上的各族人民。早在公元前16世纪，青铜文化的代表商族，便发祥于克什克腾的百岔川地区。《诗经·商颂》（玄鸟）中有云："天命玄鸟，降而生商，宅殷土芒芒……"有些学者认为那"宅殷土芒芒"的紫蒙川，就是现在的克什克腾。后来，山戎、东胡、匈奴、乌桓、鲜卑、库莫奚、突厥、回纥、契丹、蒙古、汗、回等民族先后在这片土地上繁衍生息，留下了不灭的足迹。近2000年的岁月里，这里的冲撞、对峙、纷争、交流和融渗，从来没有停止过。克什克腾，蒙古语意为近卫亲军或卫队,是13世纪蒙古民族崛起于大漠南北之后成吉思汗卫队的总称。克什克腾原是蒙古族的一个游牧部落,过着逐水草而居的生活。公元907年,契丹人建立辽朝,定都巴林左旗,即历史上的上京临潢府,克什克腾旗便成为沟通大漠南北的交通要道。临潢大通道由克什克腾的达里湖沿金界壕向西南通往大同、张家口等地,直达宋王朝,是军事和交通要道。清顺治九年(1652),清廷编克什克腾部为克什克腾旗。从此,这片辉煌的土地便有了这样一个名称。

克什克腾旗下辖9镇、8乡、3个苏木和2处开发区,总人口25.6万,是一个以蒙古族为主体,汉族为多数,蒙、汉、回、满、壮、朝鲜、达斡尔等8个民族共同聚居之地。克什克腾旗总面积20673平方公里,中沙北草,东南与翁牛特旗临界之地是丘陵山区,属于中温带大陆性季风气候。

土城子镇位于克什克腾旗南部,距旗政府所在地近300里,辽代为安民县所在,这里是克什克腾旗经济文化的第二中心。土城子境域长38公里,宽15公里,东与翁牛特旗以苇塘河为界,北隔西拉木伦河与林西县相对。土城子镇也有着较为久远的历史。位于土城子镇南6公里处的龙头山村,为商晚期及战国时期东胡(山戎)族遗址。从考古发现的石锄、石斧、双孔石刀便可知道,这里自古就是以农业为主要生产方式的地区,虽然它与蒙古族地区是如此地切近。

土城子镇下辖9个村,据2004年统计,全镇有15640人,其中绝大部分是汉族,也有少数的回、蒙、满、朝鲜等族的民众在此定居。该镇以农业为主,种植玉米、高粱、葵花、小麦、谷子等农作物。全镇地势南高北低。南部山脉蜿蜒,北部则是沙地和丘陵相间的地区。舞龙的主要地点在土城子镇政府所在地土城子村。该村处于苇塘河畔,南北长约2公里,东西宽约0.5公里,与翁牛特旗的毛山东乡毗邻。土城子村处于两山相夹的平缓谷地。这里只有一条主干街道，便是306国道，交通便利，过往的车辆多，看起来倒也繁华。

　　土城子村有人口1655人，其中汉族人口为1450多人，回族约200人。这里是全镇生活日用品的集散中心。从清光绪年间订立的每月逢一、六为集市的日期，至今不曾改变。每月的这6天，是土城子村最热闹的时候。十里八乡的百姓都来赶集，街上便拥挤地跑着马车、驴车和小型拖拉机，每辆车上，人都坐得满满的，一时间人声鼎沸、车水马龙。历史古镇土城子的龙舞，就是这个村子里的重要活动。

二、龙舞的传入

1. 龙舞概说

　　中华民族特有的文化现象之一，就是龙。龙是"我国古代传说中的神异动物，身体长，有鳞，有角，有脚，能走，能飞，能游泳，能兴云降雨"①。龙存在的历史是如此地久远，各种史籍上也布满了它现身显灵的足迹，以至于从古到今的许多学者都在质疑它的存在，有位学者语出惊人地断言龙是确实存在的古代两栖动物。②它实在太神奇，能幽能明的它介乎阴阳两界，而升腾于天之时，它便是雨水之神。人们把龙作为水神崇拜，已有很长的历史了。几千年的中华文明都是在漫长的农业社会的历史中生发积淀起来的。农业社会，造就了从古到今千千万万百姓特有的生存理念，一些原始崇拜也由此而来。龙具有司水的神性。有些传说以龙为四灵之一，即麟、凤、龟、龙。《礼记·礼运》中

---

　　① 《现代汉语词典》，中国社会科学院语言研究所词典编辑室编，商务印书馆，1996年版，第816页。

　　② 马小星著：《龙：一种未明的动物》，华夏出版社，1994年10月，第223页。

便说:"何谓四灵?麟、凤、龟、龙谓之四灵。"也有的传说认为龙是百虫之长,《尔雅翼·释龙》中便曲折地表达了这种看法:"龙,春分而登天,秋分而潜渊,物之至灵者也。"从目前对龙崇拜的种种表现来看,龙既是一种祥瑞灵异之物,也是能兴云布雨的司水之神。对于龙崇拜,涉及到了中国的许多民族,也由此形成了千姿百态的与龙相关的习俗,龙舞是很具代表性的一种。

有人说中国龙舞的源头,可以追溯到汉代的"鱼龙漫衍"之戏,这是依照《汉书·西域传赞》中的记载推断而来的。其内容是这样的:"遭值文景玄默,养民五世,天下殷富,财力有余,士马强盛……设酒池肉林以飨四夷之客,作巴俞都卢、海中砀极、漫衍鱼龙、角抵之戏以观之。"而山东沂南北寨村东汉晚期画像石墓中室东壁上的乐舞百戏石刻更是形象地展现了汉代的鱼龙之戏。还有人说龙舞的滥觞是在商代,而祭祀则是龙舞的摇篮。①商代,巫觋与占卜之风盛行,原始崇拜膨胀,神权遮蔽着社会的每一个角落,从生产、疾病、农业的丰欠到战争、祭祀,无不体现着神秘力量的作用。在那样的历史文化与社会背景之下,娱神的活动是必不可少的,诸多的甲骨文卜辞中都有祭龙求雨的描述。因此,商代为龙舞的源头看来也不无道理。

从龙舞的分布特征上看,农业较发达的地区,也是龙舞最繁盛的地域,这是受中国农业社会农耕文化的影响。我国的上海、重庆、江苏、浙江、福建、安徽、江西、山东、陕西、河北、河南、湖北、湖南、两广、四川以及云贵地区,都广泛地分布着不同种类的龙舞,其中以重庆铜梁最负盛名,是中国的"龙舞之乡"。从龙舞的种类上看,有布龙、草龙、板凳龙、百叶龙、水龙、火龙等许多种。这主要是从制作的龙形道具以及舞动的特点上来分的。一个地区可能有多达百种的龙舞,除制作的材料依各

---

① 梁力生、葛树蓉著:《中国龙舞》,重庆出版社,2002年2月,第27页。

地不同情况而各具形态外,也根据不同的舞动程式和特色而增减其中的道具,正所谓"龙生九子不成龙,各有所好"。

2. 土城子的由来

据《克什克腾旗旗志》记载:土城子镇是清代随着开垦设置起来的。最初只有宋、王两户人家,称南宋(住南门外)北王(住北门外)。清道光二十六年(1846年)建起关帝庙(此庙拆于1958年),居民日益增多,房屋建筑逐渐密集。随之有了商业,成为农副产品集散交流的场所,形成集镇,到光绪年间这里的商业发展到30余家;同时,酿造业、土、木、醋等小手工业作坊以及小旅店、饮食服务业相继兴起,集市异常活跃。民国初年,匪帮渐多,为保护商市安全,土城子镇商务分会组织商号捐款,在四周修筑城墙,高6米,均厚1米,设南北两门。城内为商业区,南北门外为农民居住区。这便是土城子的由来。

306国道纵贯土城子村,是村里的主要街道。在村子南端、龙头山之北有一座龙门,是土城子镇的标志性建筑。龙门上方,有费孝通先生题写的"土城子镇"四个金光闪亮的大字。支撑龙门的四根粗壮的石柱上,分别雕刻着一条张牙舞爪、似欲升腾的龙。据当地人讲,这座龙门修建的时间大约是在八九年前,也就是在1995或1996年左右。因为土城子的城墙早已不在了,修上一座龙门,代替城墙,作为进入村子的隘口。当然,在赤峰的其他乡镇也可见到诸如此类的龙门形建筑,但这里的龙门在人们的心目中似乎更有深意。当地龙头山下,有大片的泉眼,一年四季都在向上涌水,水色碧绿,水质清洌。这里有一酒厂,名为龙泉,龙泉酒也是这里的特色之一。也有人说把土城子镇改作龙泉镇,名字更响亮,也可以和龙泉酒一起,有个品牌效应。但历史赋予的名称是无法轻易抹去的,更何况这样的名称传递着历代人的乡土情感。也许龙泉镇无法以响亮的称谓,见证这一方水土的荒凉与繁盛,而土城子却以一个如此平凡的名字,经历了岁月的风雨和世道的变迁。

土城子的商业从古到今都在这一地域繁极一时。土城子在辽代就是安民县的城邑，这里的商业由道光年间兴起，商人多来自河北省玉田、蓟县和赤峰等地。主要贸易对象是农民，经营日杂、棉布、针织及农业生产工具。土城子地处关东、赤峰通向北蒙要冲，因而到光绪年间，该地商业达到鼎盛时期。较有名望的商号有陞和兴、万德成、万合兴、德和兴、万和德、庆和成、广太兴、春陞和等40余家。当时当地人有一种说法：除了天津卫和北京城，土城子的繁华可以占全国第三位。可见当时的商业是很发达的。到了民国初年，过往商旅受阻，加上有兵匪窜扰，生意逐渐凋敝。在商业最盛之时，土城子里面曾有过108家商铺，再加上当时西拉木沦河上没有建起坝林桥，往来于赤峰与林西以北的商贾都经过此地，这里是沟通塞北与内地的交通和贸易集散的重要集镇，旅蒙商人走过的"风雪坝林道"便是这个地方。

3. 移民的入迁与龙舞的兴起

对于克什克腾旗这一地区而言，汉族和回族都是外迁而来的民族。民族的迁徙，从历史的角度，让我们想起的是战乱和统治者的边民政策，从自然的角度，则联想到灾荒。迫于生计的人们怀着对异乡水土的一线希望，走上了去往异乡的路，也从此扎根于那一片水土。土城子地区移民的迁入是与整个克什克腾旗的移民入迁发生在同一时期的，借助于《克什克腾旗旗志》的记载，对于当地汉、回民族的入迁，大致可以掌握这样的情况：

"克什克腾旗汉民族的移入，从清朝初年开始。在历史上，克什克腾旗与中原地区的联系却远不只此，在战国、唐初、辽初、明这几个历史时期，都曾有过汉民族的入迁，或者汉民族官员入驻过克什克腾，后又都因为局势的变化迁走了。到了元代，在特薛禅部的一个牧地，即今克什克腾旗旗政府所在地经棚，有过较有规模的寺庙建筑及佛事活动。清康熙初年，这里的佛事活

• 12 • 社火·社戏：从娱神到娱人的智慧

动规模越发扩大，赤峰及多伦地区的商户来此设肆开店。他们把内地棉布、烟酒、糖茶等商品运来，经过交换后，又把这里的牲畜、皮毛、蘑菇、鹿茸等土特产品运走，这样既活跃了本地市场，他们也发财了。这个交易市场，先是随佛事活动的日期而改动，是临时的，没有佛事也就没有市场。到后来这里人烟稠聚，行商经过札萨克政府的允许便可定居，嘉庆年间'借地养民'，晋、冀、鲁商人大量涌入经棚，除与蒙古民族交易外，用低价买下土地，在其家乡招来民工耕种，到道光五年，全旗已有汉民族约5万人，清光绪十九年，则达7.5万人。"①

另据《克什克腾文史·回族专辑》第一章《回族人来克旗简史》中的记载：回族是与汉族相伴而来的，他们多来自山东的倍县、盘山县、冠城县和河北的沧州、河间一带。清光绪年间，土城子镇为便于回族宗教信仰活动而建起了清真寺。来这里谋生的回族多是贫苦的农民和手工业工匠，也有少数拥有资本的商户。回民商户主要有三类：一种是旅蒙商，一种是马桥，还有商号。旅蒙商跑草地。他们用牛车、骆驼把糖茶、棉布、烟酒、火柴等牧民日用品送到牧区，再将牧区的皮毛、乳酪等特产贩运到多伦、赤峰、张家口等地。马桥，是进行牲畜交易的商贩，以此为业的回族都是世代相传的。克什克腾的马桥贩马匹到京津、山东，甚至远达上海。在土城子镇，回族人多开设综合性商店，经营粮米加工、糕点加工、丝绸棉布、日用百货等商品，同时也兼营牧畜皮毛的杂货铺。在土城子里面，100多家商号中有一小部分是属于回族人经营的。他们有的是从山东、河北携资而来的，有的则是靠手工业或者是劳力积累资本的。贫苦的回族人只能以做苦力、打柴、割草、烧炭等体力活作为谋生的手段。总的说

---

① 李振刚主编：《克什克腾旗旗志》，内蒙古人民出版社，1993年10月，第750页。

来，回族人所选择的这条口外谋生之路，付出了许多的艰辛，如果无法积累足够的资本经营商业，那么，他们还是会衣难蔽体、食难果腹。

高高的土城子城墙，围住里面商业的繁华，南北城门上搭建的炮楼对抗着匪盗。商铺多了，城里有许多事情需要协调管理，于是，和其他那个时期的商业地区一样，土城子商会便应运而生了。商会的会长，是全部商户中推举出的最有权威、德高望重的老人。由他出面协调公共事务或征得各商户的同意，聚资兴办一些公共设施。商会在土城子商号林立的时期，的确起过很大的作用。比如民国六年（1917年），土城子商会聚资创办土城子小学校，从此这里的孩子可以接受正规的学校教育。龙舞这一在土城子镇存在百余年之久的习俗，也在商会的促成之下，走进了人们的生活，走进了人们的精神深处。

地处偏远的塞外，那里的人们在年节来临的时候，没有特别的娱乐活动。土城子里面虽商户众多，也没有招揽百姓购物促进商贸交流的活动。在清末，约1901年左右，由山东迁来到土城子做买卖的菜农杨原太和李正文这两位玩龙的老把式，在商会出资帮助下，杨原太扎龙灯，李正文组织汉、回青壮年组成了舞龙队，演练舞龙的程式，从此，土城子有名的龙灯会便在几代汉、回民众的参与下，成为土城子的一件大事。

土城子龙舞的传入，经历了一条很特别的渠道。土城子当地迁入的汉族，并不会舞龙，舞龙的技艺是由回族传入的。而龙舞原是汉族人的舞蹈，梁力生、葛树蓉主编的《中国龙舞》一书中有这样的观点："在几千年的流传过程中，这一由汉族所缔造的舞种逐渐为其他少数民族所接纳和吸收，而各民族又按照自己的风情民俗、欣赏习惯、生活方式与自然条件，对其加以了不同程度的改编和发展，并与本民族的文化相融合，最终龙舞在他们当中也深深地扎了根,并一代一代地流传下来。"①根据历史记载来看,龙舞习俗由产生到波及他族的脉络,的确体现和反映着各民族之间文化上的交流和融渗。山东地区自古就是龙舞活动较为普遍和广泛的地区,那么,居住在那里的回族民众从那里习得这一技艺是不足为奇的。土城子本身就是一个由移民进入而形成的村镇,汉、回都不是当地的土著居民。在土城子的舞龙习俗中,回族人起到了桥梁和媒介的作用,是俗民的重要组成部分。

三、龙舞存在的内动力

1. 从传说谈起

关于龙舞,在民间流传着太多的传说。其中有一母题最为流行:相传龙王生了病,化身为人到人间求医,大夫知其并非人类,让它显出原形,大夫从龙的腰间取出一条蜈蚣,龙王的病便好了。为感谢大夫,龙王说人们只要按它的模样做一条龙来舞耍,便可求得一年的风调雨顺,保佑一方水土平安。这一母题表明民间舞龙是龙王为答谢人间而接受祈雨。在各地流传的异文里,也有表达这样含义的故事。

在土城子村南5公里处,有一座名叫龙头山的石山。龙头山,顾名思义,它的得名是因为山的状貌极像硕大的龙头。由于修建水库和桥梁,炸山取石,龙头山已消逝了昔日的面目,只剩下一点残迹。在龙头山的下面,苇塘河水缓缓流过。这苇塘河,源于上头地乡大罕敖包南麓,河长93公里,由清水口汇入西拉木伦河,为克什克腾旗与翁牛特旗界河。这条河是以泉水为水源的,因在其上游有大片的芦苇而得名。传说最初这里并没有河,先人(大概就是最初来这里居住的人)用犁穿出了一条沟,千万泉水便由这条沟流成了一条河。它顺着龙头山的走向,曲折地向

---

① 梁力生、葛树蓉著:《中国龙舞》,重庆出版社,2002年2月,第20页。

西拉木伦流去。娄玉新老人讲述了在当地广泛流传的关于龙头山的传说:"这条土龙是从山东那个方向来的,身子是土的,头是石的。一个南方人占天星台,说这里要出事。龙头山刚一入河,对面有石砬子,模样像凤凰,只要两面山接上,这个地方就要出真龙天子。那时候风水上讲究穴位倒挂,就是正穴让坟地占了,后代才会有福气。娄家营子就是穴位倒挂的,南方人说娄家营子能出一代人王地主(皇上),凤凰山那里黄土梁子村出娘娘,再靠近一点的赵家店出保驾的。可是南方人偷着把龙眼挖走了,龙头流血了,人们就用锅盖在龙眼上,用落白马粪(山上的马粪几年不动,经日晒风化而成了白色)烧成的灰堵在锅沿上,血才不流了。龙眼没有了,龙就过不了河,山也接不上了。娄家营子皇上没出,出了一地唱戏的,倒是有皇上,可那蟒袍玉带都是假的;那黄土梁子也没出娘娘,倒是有些女子走了下流了。"

这只是关于龙头山传说中的一个。经搜集整理成文字之后,龙头山的传说便更加有条理,在侯锡文主编的《克什克腾民间故事》这本书中,也有关于龙头山的传说,只是有很多修饰的成分,在情节上也有不同于当地人所讲的地方,大概是因为口耳相传产生的差别吧。书中关于龙头山的传说是这样的:

龙头山自西向东横卧在土城子镇南13公里处。山的东北方1里处有座凤凰山,山脚下,白杨绿柳之中掩映着一个小小的村庄,叫黄土梁子。在龙头山的西北方1里处的半山坡上,有个刘家湾子,传说在早年住着一个大财主,姓刘,村名即由此而来。刘家湾子和黄土梁子隔河相望。龙头山北8里远还有一个村子,叫娄家营子。

有一年来了一位南蛮子(南方人),观察了此处的山石地理,发现龙头山有宝,便来到刘家湾子对刘财主说:"这条龙要过河(河的对面有一个小的石砬叫盘石砬),如果和对面的盘石砬连上,黄土梁子的老赵家就出真龙天子,娄家营子出娘娘。"刘财主听后忙问:"我们这里能出什么?"南蛮子说:"你们这里只能是财越发越大。"刘财主听后恳求南蛮子想办法破解一下,让他们家出真龙天子,并摆酒设宴热情地招待一番。南蛮子说:"好吧,看在你的面上,我就出个法,你明天领人到龙脖子上深深地挖一道沟,这条龙就过不了河了,只要过不了河,你这里就能出真龙天子。"于是,刘财主领人就挖了一道沟。第二天早晨去一看,这条沟又长平了,一连六七天,总是白天挖夜间长,只见龙走,不见龙停。南蛮子说:"你今天夜间再到龙头底下听听有什么响动。"刘财主照办,果然半夜子时,龙头里面说了话。只听一个说:"这样挖就过不了河了。"另一个说:"没事,别说他一个刘家湾子,就是十个刘家湾子也截不住。除非他在挖的沟里放上干牛粪点着,两边再各插七把铁锨,那就过不去了。"刘财主听后满心欢喜,等没了声音,悄悄地溜回去把听到的话跟南蛮子一说。天亮后,南蛮子和刘财主一同带上人按着听到的办法,添上干牛粪燃着。三天后,龙头底下的泉眼淌出的不再是清清的泉水了,而是鲜血般的红水了。直淌了三四天,这条龙就这样被烧死了。那个南蛮子趁着夜深人静,到龙头上把龙的两只眼睛取走了。刘财主呢,因为触犯了神灵,整个刘家湾子死得家破人亡,而黄土梁子老赵家和娄家营子后来出了几辈子唱戏的,戏台上当然有的扮天子,有的演娘娘,所以后人说这就是因为当年龙没过河的缘故,所以出了些假天子、假娘娘。①

　　虽然是传说,但一定程度上,它反映着人们对于龙存在与否的态度。如果说这个传说并不能完全作为当地人相信龙头山确有真龙的依据,那么还有发生在十七八年前的一件事可为佐证:土城子与翁牛特旗交界的地方,是大片的丘陵与山地,向南通往赤

---

① 侯锡文主编:《克什克腾民间故事》,内蒙古人民出版社,2004年4月,第168页。

峰的路很曲折，间或有河湾阻挡。进入土城子地界，苇塘河水淙淙流走，横在土城子镇南端，在雨季很难通过。继20世纪50年代炸山取石修水库之后，龙头山又一次被炸开，人们要在这里修一座桥。因为苇塘河的水源系靠地下泉水维持，整个河道上分布着难以计数的小泉眼，地质结构复杂，很难在上面打地基。因此，换了三个工程队，桥墩还是立不起来。第三个工程队修了好多次地基，混凝土不凝固，用当地人的话说就是"水泥不上号"。在浅地表泉水的浸透下，混凝土自然不易凝固，但是这却激起了民众旧有的、关于龙的神秘崇拜。有人对工程队说，这里有真龙，你修桥动了龙气，龙王不愿意了，这得破解（即请阴阳先生或风水先生采取措施，使人们不受神秘力量的限制）一下，许愿点东西吧。后来费尽了周折，这才把桥墩修起来。① 如今龙头山只剩下了一点残迹，但山下的一汪碧水仍是四季常绿，人们都叫它龙泉，那里曾是龙的血液流淌的地方。这件事在当地广为流传，很多人都能绘声绘色地讲述这个故事，情节也别无二致。从中可以看出，民众在感情上是相信当地确有龙存在的，至少在龙舞还占据着民众心理的时候，那里存在着龙的神秘影响。因为这里是真龙栖息的所在，土城子龙舞的饮龙仪式就在龙泉边举行，让龙在这里打滚，吸饱了水，完全恢复了生命和神力后，在锣鼓声中走街串户，开始再一次为一年的风调雨顺、水土平安以及人们心中的期望发挥自己的力量。

2. 龙灯会与元宵节

元宵节，是我国传统节日中较隆重的一个。因为其节期是一年中第一个月圆之夜，而古代称夜为宵，因此叫"元宵节"，又因元宵的主要节俗活动是施放花炮烟火、张灯、观灯、赏灯，故

---

① 土城子镇土城子村书记王金柱讲述。

又称"灯节"。道教则称正月十五为"上元节"。① 元宵节,与最为隆重的除夕一起构成了年俗中的一个链条。在土城子,人们过元宵节只是近来才有的事。在过去,人们生活困难,居住之地又偏远,从没有在正月十五吃过元宵。吃元宵也只是近几年才开始的,到现在还是有许多人家没有吃元宵的习惯。在人们的观念和意识里,正月十五并不是元宵节的概念,而是举行龙灯会的日子。自从百年前商会出资有了正月十五舞龙的习俗,人们开始重视这个节日。

土城子的民众对正月十五的龙灯会倾注了感情,原因有三:首先,土城子虽属克什克腾旗所辖,但历来就是农业文化区。农耕文化的水神崇拜,使得龙的神性受到当地以农业为主要生计方式的民众的认可,因此,崇龙的活动易于普及。其次,旧时住在土城子里面的商户,为促进年节期间的经贸交流,以龙灯会作为招揽四方民众的手段。实际上龙灯会不但促进了经济上的交流,同时也促进了人际间的交往。第三,龙灯会的舞龙表演与相伴的他类社火,如高跷、旱船、小车子等活动,在娱神的同时,更在娱民。通过一系列的社火活动使劳累了一年的人们在精神上得到放松,另一方面,祭祀龙神,让它保佑民众新一年的年景,也在人们的心理上起到一种协调的作用——毕竟与保佑水土平安的神灵沟通过,心里感到安慰。从上述可知,龙灯会渗透着人们生产生活各方面的心理,他们企望通过这样一种方式实现各种目的或愿望。比如,商户们希望龙灯会可以招来更多的财源,当然也只有年景好了,农民富了,他们才可以有更多的利润;农民渴望风调雨顺、五谷丰登,这样他们才可以吃穿不愁。不论人们采取怎样的民俗手段,其功利目的总是一致的,即通过民俗活动沟通人

---

① 钟敬文主编:《民俗学概论》,上海文艺出版社,1998年12月,第146页。

与神秘自然的关系，让自然按人的意图行事，同时也给自己的精神生活以补充。土城子百余年的龙灯会就是在这样一种客观现实的压力与民众心理驱动的作用下存在至今。

关于龙的神秘传说与龙灯会在这个僻远社区的功能，成就了土城子百年之久的龙灯艺术。也许相对于中国的舞龙习俗而言，土城子的舞龙是渺小的，然而对于这一方水土的民众来说，龙舞表演在很长的时间里，曾支撑过他们对生产生活的渴望。

四、克什克腾旗土城子镇龙舞的现状

克什克腾旗土城子镇的龙舞，经过四代人的努力，有了一定的规模。所有的参与者都是自发的。其组织者由当年的商会改为了村委会，村党支部书记王金柱负责活动中的各项事务。办龙灯会所需的资金主要由镇政府拨款，两条龙需耗资七八千元，各单位、企业和私人店铺，以至于各农户都会出多少不等的赏钱。这些赏钱会作为所有参与者的酬金，或者补足制作龙灯的资金。

舞龙队，因为是双龙舞，共要舞龙人100余人，以便替换舞动，鼓道则需近20人替换打击各种乐器。同时高跷、旱船、小车子等社火类型及其伴奏乐队都各成体系，互不交叉，整个龙灯会要由300余人组成。其成员相对稳定，艺人新老交替，都是本村的青壮年农民。

龙舞技艺的传承与变迁

每一种民间艺术，尤其是民间工艺，都在技艺上自成一家、独树一帜，而每种技艺都是自古至今在传承中发展、在变迁中创新，从而趋于完善，近乎完美的。这些艺术形式都是底层民众的审美观念和精神、物质生活的集中体现，通过这些艺术形式用以自娱的同时，也让他类的民俗活动渗透进来，也就是说它们总是与民俗事象结合在一起，从而保持着各种民间艺术的生命力。这

些技艺是民众智慧的闪光，它们的传承既包括纵向的时间上的延续，也包括横向的空间上的传播。就民间的龙舞艺术的技艺本身而言，包括着制作、舞耍和伴奏三个方面，而这三个方面在大江南北是千姿百态，各不相同的，这里只就土城子镇龙舞的技艺做一说明。

一、扎龙技艺的传承与变迁

1. 扎龙技艺

扎龙技艺，因不同的自然地理环境和社会背景而千差万别，智慧的民众根据自己所处地域的特点，以及可用的材料扎成了不同的龙形道具，根据龙形道具的功能演化出变幻万千的舞耍技艺。

土城子龙舞造型

土城子的龙舞（见土城子龙舞造型图）因是从山东、河北一带传入，承袭的是布龙的制作技艺。扎龙灯的艺人百余年来只有三位：第一位便是促使舞龙习俗兴起的回族人杨原太，他扎制了土城子镇第一条龙；继之是一位聋哑人，也是回族，名叫马恩方；第三位是马震方老人，回族，74 岁，没上过学。前两位老人都去世了，对土城子镇龙灯制作技艺的了解，主要源于第三位老人那里。

土城子的龙形道具全长近 40 米（如图一）。从古到今扎龙的主要材料都是竹条、木架、铁丝、金银纸、绸子和布。开始舞龙的时候，是一条龙。制作龙头（如图二、三）的时候先让木匠打一个类似"干"字形的木架，下端的木柄长，在这一竖杆的前面套上两个竹圈，后面套三个竹圈，距离均分，两横杆的后部要比前端稍窄，较窄的一端是龙脖子，因此竹圈并不是等大的。扎龙先从龙脖子扎起，依次扎额、嘴、角。据马震方老人讲，他们扎龙是照着画扎的。既然是照画扎龙，则龙的形貌避免不了"九似"之说，即：头似驼（也有说头似牛的），角似鹿，眼似鬼（也有说是眼似虎），耳似牛，项似蛇，腹似蜃，鳞似鲤，爪似鹰，掌似虎。这"九似"之说也是经过历代民众乃至文人的附会而成的。各代的"九似"之说并不相同，只是有一点是相同的，就是各种说法都将飞禽走兽、爬虫游鱼乃至不可知的鬼灵的突出特征综合在龙身上，诚如徐华当在《中国的龙》第七章中所言：龙这个特殊的艺术形象，是由历代的劳动人民集动物有力和优美之大成而创造出来的。①当代人创作龙的形貌特征的基点就是凭借着龙所具有的表现力以及古已有之的"三停九似"说。② 当代人创作的龙是"剑眉虎眼、狮鼻鲢口、鹿角牛耳、蛇身鲤甲、鹫脚鹰爪、马齿獠牙，四条腿上有火焰披毛，脊上有节梁，背上有椎刺，金鱼尾。此

---

① 徐华当著：《中国的龙》，轻工业出版社，1988 年版，第七章。
② "三停九似"说，即画龙的技巧是"自首至项、自项至腹、自腹至尾"，由北宋初年画家董羽提出，见吉成名著：《中国崇龙习俗》，天津古籍出版社，2002 年 7 月，第 139 页

外，在鼻的两翼有一对长而有力的角须，宽阔隆起的前额，上唇有胡，下颌长须"。①土城子的龙灯在大体的形貌上与上述是一致的。整个龙头从嘴到角约1.2米，从角尖端到龙脖子下部约为1米，额、上下唇都是用竹条扎成的，嘴阔。龙头骨架扎好之后，外面用纸糊起来，不同的部位用不同的颜色，用以突出五官的搭配。通常来说，龙脖子用的是粉红或蓝色，两唇是大红色，用各种颜色的纸糊在上面，先用薄的，再用厚的。额头呈凹形，上贴金纸或银纸。舌是用红布缝成一个椭圆形，内填棉花做成，牙齿则是用白布缝成中空的月牙形用棉花填充安在嘴上的。角也是用竹条扎成，用金纸或银纸包起来。龙须是红头绳或蓝头绳。龙尾是用麻线染成红色或者蓝色。龙眼凸起，眼睛的两个孔中间固定了去掉碗底的铁碗，这样便可以放两面圆镜子作眼睛，白天反光。龙头内有五个可以插蜡烛的小木架。这样做出的龙头可有四五十斤重。

龙节（如图四）的制作就很简单了，"干"字形的木架上套有等大的六个竹圈，每个龙节骨架宽约1.3米，竹圈直径约0.5米，下端柄长约1米。龙尾（如图五、六）的制作也是用"干"字形的木架，只是两横干之间有一端距离很窄，整个尾骨架约长1.3米，套有四个竹圈，最大直径为0.5米，下端木柄长约0.9米。在尾的尖端有麻线制成的条形尾须。龙节与龙尾的龙栋中都安有两个可插蜡烛的小木架，夜里燃起烛火，就是名副其实的"龙灯"了。

龙皮（如图七）用布做成，通常是白布，长约40米，宽约0.9米，用刷子在白布上画黄色的鳞形图案，节与节之间都有绳子相连，并在绳子上固定竹圈，这样龙身就是圆的了。

---

① 周秀昆、王智贤：《谈龙——明珠的光环》，载《中国工艺美术》，1982年第3期，第42页。

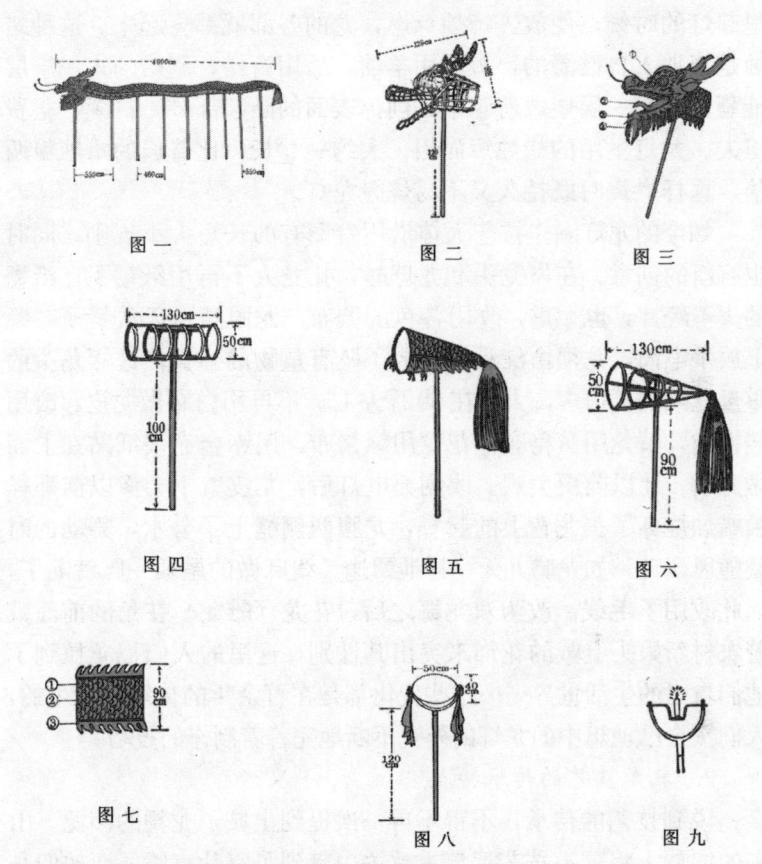

民间舞龙习俗的民俗主体与乡土文化 · 23 ·

图一　　　　图二　　　　图三

图四　　　　图五　　　　图六

图七　　　　图八　　　　图九

还有一种道具是至关重要的，那就是龙球。龙球（如图八、九）的骨架也是用竹条做成的，直径约0.4米，外面用红纸糊裱，以一根粗铁丝穿过球心为轴，两端固定在U形支架上，内部装有一环轴，中间放蜡烛，在重力作用下烛火始终向上；支架下端安有一长约1.2米的木柄，在支架两侧佩有红色的飘带。

既然叫做龙灯，那么夜里舞龙时，整条龙都应是亮的。过去，人们放的是蜡烛，每一节里面都装有插蜡烛用的小木架，夜里起灯的时候,便放进蜡烛点燃,龙的各部就都亮起来。这种蜡烛是当地人自己蘸的,最早用羊油,后用石蜡,制蜡的人一层层地蘸,蘸好一层便放着晾干,削掉表面的凸起部分,再蘸,很费工夫。龙灯里用的蜡烛短而粗,大约一寸长,比普通的蜡烛粗两倍,这样燃烧时既持久又不易烧毁龙灯。

如今的龙灯制作技艺大体沿用着旧有的长短大小规则,同时也有新的创意。在做龙头和龙球时,扎龙人不再用纸糊了,纸糊的头不经摔,也太重,改用各色的绸布。龙眼睛白天放镜子,晚上放手电筒,龙须由红头绳换成了坠有重物的弹簧,这样龙头的重量就减轻了很多,大约在30斤左右。不再用白布做龙皮,改用竖格布,黄龙用黄格布,花龙用绿格布,用赤金赤银纸贴在上面做龙鳞,比以前更美观。改用充电灯后,龙皮就不会像以前那样被蜡烛烧坏了。龙背上的起脊,龙腹两侧缝上了分水,舞动的时候随风飘动,如龙腾九天一样地飘逸。线麻做的尾须一踩就断了,因此改用了毛线。改为双龙舞之后,花龙(雌龙)在角的前面戴着农村新娘头上戴的花饰来突出其性别,这里的人们把龙拉到了他们自己的生活世界……这些变化都是在百余年的传承中发生的,人们按自己理想中的龙灯的外观不断地完善着制作的技巧。

2. 扎龙技艺的传承特点

说到技艺的传承,不得不再一次提到土城子龙舞的渊源。山东的回族人将这一技艺远涉重重关山带到了克什克腾,而他们是从汉族人那里学来的,可见这一技艺的传承并不是封闭的。其传承是依靠着地缘关系,也就是说,有这样爱好的人都可以习以为技。在土城子,扎龙人只有三位,都是回族,后两位技艺的习得从动因上讲,是靠兴趣爱好。他们都是帮忙扎龙,从而把握了各部位的尺寸,又加上了自己的创意和智慧,担当着百年来龙舞的制作人。第二位扎龙人马恩方是位聋哑人,这样看来,此技艺的传承手段可以不借助口耳相传,只要记住了固定的模式,其他便是个人发挥的空间了。

据马震方老人讲,他的堂哥马恩方虽聋哑,但心灵手巧,在第一位扎龙人干活的时候,他总在旁边看,帮忙打下手,慢慢地就学会了,此后若干年都是由这位聋哑人扎龙。从这一点可以看出,当地对于扎龙人没有特别的要求,只是不许女子动手,怕冲撞了龙气。每年扎龙的日子都是在正月初七或初八。正月十三披龙,两条龙太长,男人们缝龙皮很慢,也不如女人缝得好,近年来也让女人去帮忙缝龙皮了。

扎龙在日期、人员上没有特别的限定,也没有特别的禁忌,女人很少帮忙扎龙,甚至也不去看,她们都很自觉地在百余年的规范中将自己置身事外,不好奇也不在意,只是当她们被召唤的时候,才会出现在保佑她们这一方水土的神的近旁。

二、舞龙技艺的传承

1. 舞龙的程式

各地在生态环境上的迥异以及龙形道具的不同,形成了中国龙舞南柔北刚的特点。百叶龙、板凳龙等适合游走,而布龙则可以蹿跳,各种舞龙都有适合自身特色的舞动程式,不一而足。北方舞龙因季节严寒而不能光游走,要随着紧密的锣鼓、震耳的鞭炮跑跳钻蹿,这样才可以驱走寒意,鼓舞人的精神,烘托年节的热烈气氛。舞得要有生气,唯其如此,龙才是活的。

土城子的龙舞在舞动技艺上基本保持传统风格,不论从程式上,还是从技巧上,舞龙动作的要领因各部的不同而差别较大。龙球的作用是最重要的。舞龙球的人需要熟知各种程式,具有随机应变的能力,同时还要熟悉其他各部的动作要领。舞龙是一种剧烈的舞蹈表演,因此需要许多人替换,通常龙球要3人替换,耍龙球的人也都是当地玩龙的高手。龙头因分量较重,需5人替换,要求舞龙头的人个子要高,也要有力气。龙的摆动是一上一下、由外向内举握用力，如果遇到拐弯时，需换手举握。龙节相对来说较轻松，每节3个人替换就可以了，舞龙节的人都将龙节举在头顶，猫着腰跑，不然的话就比龙头高了，那是不规范的。在长度上，因为第二节与龙头相连，第八节与龙尾相连，所以，这两节会稍长一些，在钻跳的时候可以缓冲。龙尾的把式必须腿快善跑，通常舞龙尾的人个子会稍矮一些，举握在头顶。有生命的龙是摇头摆尾的，因此龙尾的摆动次数也不比龙头少。

舞龙人的服装是统一的。在过去，舞龙人一律穿黑色紧身衣裤和黑色快靴，跑起来就像龙的爪子一样，头上包着三角巾，披挂着云肩。"文化大革命"后，这些衣服逐渐消失，据人们说送给其他的戏剧团了。现在所用的服饰是从戏台上搬下来的，橙色或绿色的头巾和衣裤，黑色的腰带，鞋子不再有要求。鼓道的众人也穿同样的衣服，只是颜色是红色的。过去舞一条龙的时候，那套服饰不是轻易可以穿上的，只有会舞龙的人才穿，没有经过训练的人是不能舞龙的，怕出意外，也怕舞得不好龙王爷会不高兴。

土城子镇的龙舞百余年来，不曾在套路和程式上做过太多的改动，大体上沿用旧风，舞龙的队形大概有六种（如图①所示）。①龙取水。龙球引领龙头及诸节从第四、五节间钻过，连续跑，呈八字形状。②钻三跳七。龙球从第三节钻出，随之在第七节上方跃过，呈两个小八字形状。在这一程式中不可出错，否则会缠住一个龙节。一旦有一节慢了，不能从第三节钻，可从第四节下钻出，但跳的时候就得跳第八节，也就是说，在赶不及的情况下，钻跳的节数只能往后推，不可向前移。因为这个程式难度较大，晚上是不耍的，看不清楚会摔伤人。③盘大旗。这种程式就是所

---

① 图一至五引自中国民族民间舞蹈集成编辑部编：《中国民间舞蹈集成·内蒙古卷》，中国ISBN中心出版，1994年9月，第571页。

谓的"金龙盘玉柱"。舞龙人在龙球的引领下，绕四面站成方形的彩旗跑龙。在各交叉处，龙球与龙头跃过龙身，其他各节依次跟进。④双钻双跳。整个龙身呈一条直线，四、五节高高举起，头和尾在龙球之后从四、五节间钻过，在四、五节前后做逗龙的种种动作，同时四、五节两人放下龙节跳过龙身，解开因钻龙而打成的结。而后龙头、龙尾再从压低的四、五节上跳过，其余的形式是一样的。双钻双跳有真钻假钻和真跳假跳之分，这就要看舞

龙取水　　　　钻三跳七　　　　盘大旗

双钻双跳　　　　漫头盖尾

龙者在配合上的默契程度了。⑤漫头盖尾。龙取水程式使龙呈八字形运动之后，龙球引龙头在七、八节间钻过，第七节跨过龙身到龙的另一侧，龙头停止向前运动，尾与第八节在龙头上方掠过，这样在继续跑龙的过程中便不会将人缠在里面。⑥钻尾跳尾。在八、九节间的位置，龙球引领舞龙人钻跳，其路线基本与漫头盖尾前部基本相同，大约进行四五次即结束此程式。还有一种程式，每年只要一次，只在饮龙仪式上才表演，就是龙打滚。祷告仪式结束后，就开始在河边耍龙，首先耍龙打滚。这里有着人们丰富的想像力，他们认为龙醒来重新恢复了生命时，就像家畜一样要先打个滚，活动一下筋骨，再到河里饮水。龙球钻过龙脖子，龙头紧随其后，其余各节均持节挂地，然后迈过龙身再将龙节举起，这样龙就翻了个个，也解开了头与二节间的扭结。

这是当地舞龙老把式所掌握的舞龙技巧和程式。当然，与其他地方的舞龙表演相比，这些套数可能很简单，也不能给人一种千姿百态的感觉，因其受地理和社会各方面因素的制约，并没有吸呐其他地方舞龙技艺和程式的长处，仍保留着刚传入时的规范和原始风貌。

2. 舞龙技艺的传承特点

由禁忌而来的规范告诉我们，一切神灵和神灵的化身都是不可冒犯的，否则会因激怒神灵而降下灾祸。作为司水之神的龙，自然也受到了民众的崇拜。以农业和商业为主要经济产业的土城子村，把龙当作保佑水土平安、风调雨顺的神灵，所以耍龙虽具有娱乐的因素，也还是很郑重的活动。舞龙人都是经过训练的固定的那些人，最初耍一条龙时，人员并不是很多，一到节期，组织者便将这些人召集到一起，由精通各种套路的老把式负责指导演练。在练习的时候，并不是用真的龙形道具，而是用一条长绳子拴在九根木棒上代替龙形。在老把式的指点下，先是走，走熟了就可以小跑了。

这种舞龙的技艺不是封闭的，凡是对这项活动感兴趣的人都可以参加演练，民族也不限。基本上是一种由地缘而来的传承关系，不存在传承的系谱。到目前为止，耍龙的老把式还是以回族人为多数。从一定程度上讲，技艺的传承还是会受到家庭的影响，如果父亲擅长耍龙球，而他的子辈也就会有人在他年老力衰的时候替换。舞龙的老把式把动作要领讲给舞龙人，并将舞龙的各种程式在练习的时候以图形的形式表现出来，画在地上或者画在纸上，让大家反复琢磨。这样经过一周左右时间的训练，便可以表演了。通常每一节都插有新人，以便让这些新的舞龙人有机会真正地实践。

三、鼓 道

鼓道，就是通常所说的伴奏乐队。龙舞有自己独立的乐队和音乐节奏。当地人把耍龙的鼓点叫做龙灯鼓点。从龙灯传入开始就沿用固定的节奏，其中并没有太多的变动，也不曾受到他类音乐节奏的影响。

龙舞的伴奏是以打击乐为主的，所用的乐器主要是鼓、锣、镲等。从此可以看出这种伴奏的主要目的是为了烘托气氛，鼓舞表演者和观众的情绪。龙灯鼓点与舞龙者的动作不必吻合，随着舞龙进入高潮，鼓点也由慢渐快，由弱渐强。鼓是所有乐器的领导者，锣、镲都是伴随鼓点的节奏打击的。打鼓的人也就成为了整个乐队乃至龙舞表演的关键人物。他需要审度舞龙表演的进程和走向来调节节奏的快慢。土城子村的赵玉林自幼爱好打鼓，每逢龙灯会，他都要向打鼓的把式学习，熟记基本的锣鼓点，如今他已成为鼓道的主要人物。他说基本的锣鼓点是有的，但也不全是按照单纯一种节奏，可以根据实际情况自由地发挥。在跑龙的过程中，可能一种程式要持续几分钟，所以打击乐是需要无限反复的，鼓打得快，龙就跑得欢，鼓没劲了，龙也就没劲了。

打鼓因节奏快也相当耗费体力，因此，乐队中光打鼓的就需要四到五人，它类乐器也要由二到三人进行替换。和扎龙技艺的传承一样，鼓道各乐器技艺的传承也是开放的，只要是有兴趣便可在老把式的带领下耳濡目染，再加上实际操作而成为鼓道的一员。

基本锣鼓点的曲谱[①]如下：

从总体上可以看出，土城子的龙舞技艺在传承上并没有严格

---

① 引自中国民族民间舞蹈集成编辑部编：《中国民间舞蹈集成·内蒙古卷》，中国ISBN中心出版，1994年9月，第565页。

的系谱制度,而是依靠地缘关系实现它的承继。根据乌丙安在《民俗学原理》一书中对传承系谱线路的分类:一条是家族传承的代代世袭相传的血缘传承的系谱;另一条是社区传承的扩散外传的地缘传承的系谱。① 土城子镇舞龙技艺的传承属于后者。本来龙舞这一事象,无论是作为民间艺术,还是作为一种习俗文化,它都是群众性的文化,不可能达成家族的垄断,不可能只按血缘关系进行承继。只要它是某一社区文化的表现形式,就只能通过共同的参与来完成整个活动。从扎龙、耍龙以至于鼓道的技

---

① 乌丙安著:《民俗学原理》,辽宁教育出版社,2001年1月,第323—324页。

艺，其传承方式都是开放的，不对后来人有任何限制。也只有这样，人们的群体意识才能得到培养，对于形成一个地域民众共同的社会心理和价值观念有很重要的影响。

在技艺传承的过程中，不可忽视的是习俗化和习俗惯制在其中的作用。俗民在习得这种技艺的时候，多是靠自身在活动中的不自觉参与。另外，在传承的时候，传人在惰性地保持旧有经验和模式的同时，也根据需要，突破既定惯制的阻力，加入了自己的意志和思想，这对于习俗本身对时代的适应来说，是很重要的。

但是，也不得不看到，在这种如此开放的传承方式之下，舞龙技艺的传人也呈现出了下降的趋势。扎龙老人已70多岁了，而那里却再也没有人能和他一样精于扎龙的技艺，离开了他，舞龙习俗会不会就此出现断层还不得而知。正如乌丙安先生所说："传统民俗文化的传人正在经历自然淘汰的劫难，而更多的民俗文化圈中生活着的自发的民俗元素'携带者'，还将会不自觉地把民俗支离破碎地随意带到下一个世纪。"[①] 这对于土城子的舞龙习俗来说，或许是一种无法预知的命运。传人的青黄不接和民众因各种因素对舞龙怀有的淡漠，已让这种习俗走到了一个尴尬的路口。也许用不了一个世纪，它就只成为未来土城子民众记忆中的片断。

舞龙习俗中的民俗主体及民俗模式

一、土城子回族与龙舞

生活在这里的回族民众只有四五十户，约200多人，其生计

[①] 乌丙安著：《民俗学原理》，辽宁教育出版社，2001年1月，第324—325页。

方式主要依靠农业，也有一小部分回族人做一些小买卖，开日杂商店或者做糕点。在土城子村有十余家饭店，其中清真饭店就有两家。还有的回族民众外出打工，多是给人宰羊、剥羊皮一类的活。

据这里的回族老人讲，他们的祖上迁过来，主要是为了在这里谋条生路。清朝末年，割地赔款，间或有天灾人祸，农民苦不堪言，晋冀鲁一带的大批商人、工匠、农民纷纷走上了出关的道路，跑关东、走西口，很多民众涌入了蒙古地区。至今，老人们仍称古北口以北的地区为口外，以南的地区为口里，他们就是从山东、河北经由张家口、多伦和古北口辗转进入现在的赤峰境内的。回族民众的到来，给塞外广阔的地域带来了许多新的气息，因为其中有不少回族民众是做糕点的，也有做买卖的，种菜的，还有马桥等，丰富了这里的商业内容。更重要的是，他们的到来才开始了土城子百年的龙灯艺术，才使土城子成了内蒙古自治区的"社火艺术之乡"。

了解土城子龙舞来龙去脉的人大都不在人世了，只能用现有艺人的转述和回忆来复原过去的历史，然而由于记忆的偏差，说法也不尽相同。根据《中国民间舞蹈集成·内蒙古卷》中的记载，"当地龙舞是1915年由山东省济南移民杨原太、李文正传入的。当时在商会的支持下，杨原太制作了龙，李文正在回族青年中挑选了30余名舞龙者，排练演习，以后年年活动，一直流传至今"。[①] 这样的记述与克什克腾旗文化馆搜集整理的土城子龙舞的历史渊源在时间、人物以及传入地点上都有差异。他们的记述是这样的：清末民初（公元1910年）从河北、山东来土城子镇做买卖的菜农杨原太、糕点匠李正文两人均是玩耍龙灯的老把

---

① 《中国民间舞蹈集成·内蒙古卷》：中国民族民间舞蹈集成编辑部编，中国ISBN中心出版，1994年9月，第564页。

式，他们在土城子商会的资助下，杨原太扎制龙灯，李正文教习演练，组织回、汉青壮年成立舞龙队。①据笔者调查走访，多数的回族老人都说他们是从山东迁来的，回族人杨原太扎了龙灯，李正文组织演练这样的信息都是相符的，只是在姓氏称谓上稍有出入。土城子镇商会聚资办龙灯会也基本属实。至于时间，因为老人们都无法记起确切的年代，所以只能估计大致的时间段，根据老人们讲的"满洲国"时开始的耍龙，所以推算时间大约应在1931年以后。可能对于当地的民众来说，100年是一段久远的历史，最初的记忆不免存在偏差，所以舞龙到底始于何时，众说不一。

来土城子谋生的回族人，他们从定居下来的那一天开始，便面临着艰难的生存环境，如果没有足够的资本经商，他们只好务农，或者做手工。那里几乎没有可以利用的自然资源耕种土地，只能靠天吃饭。土城子地处半干旱半湿润的季风气候区域，所以不能保证一年内风调雨顺；再加上在此居住的回族人口很少，他们也与汉族通婚，婚后的汉族人将随从回族的习惯，这样汉、回两族在文化上的交流和融合达到了一定程度。正如前文所言，迫于生存环境的压力，也为着娱乐交往等目的，回族人将龙舞移植到了塞外这一方僻远的土地上。

二、汉族的舞龙仪式与民俗模式的认同

在这里必须强调的是当地的汉族以及后来迁入的汉族并不会舞龙，至少最初他们并没有在龙舞兴起的过程中起到主导作用；在此之前，当地也从没有过任何形式的社火活动。从这一方面来讲，对舞龙习俗而言，土城子的汉民族是被动的接受者。他们以

---

① 民间百年"龙灯"艺术之乡——克什克腾旗土城子镇》，2001年克什克腾旗文化馆申报"社火艺术之乡"材料。

自己的方式融入到这一活动中来，并在经年累月的传习中将其纳入自己的生活文化范畴，成为土城子镇舞龙习俗中俗民的又一组成部分。

1. 舞龙的仪式

在各地的舞龙习俗中，仪式是其中很重要的内容，这部分内容一般体现在舞龙前后的时段上。土城子镇的龙舞也有自己的仪式。

①披龙仪式

披龙仪式是在农历正月十三，龙骨架扎好后，将做好的龙皮套在各节上，与龙头连在一起。在会首的带领下，所有的舞龙人都会在扎龙地点集合，帮助缝合各部分的缝隙。这项活动在过去是不许女子参与的，但后来人们也渐渐放开了观念中的束缚，可以让女子帮忙缝龙皮，因为她们缝得又快又好。缝好龙皮之后，舞龙人举起龙身转一圈便放下，其主要目的是看一下各节之间有无不适之处，如果有就可以及时调整。这个仪式过于简单，其间没有祭词，也没有音乐伴奏，只是一种形式。这种似乎不是仪式的披龙仪式，是对扎龙工作的最后总结，也是舞龙活动的预备。

②饮龙仪式

与披龙仪式相比，饮龙仪式显得更为仪式化，其中所含的民间信仰色彩很浓重，完全遵循既定的程序。饮龙仪式举行的时间是在农历正月十四，这天一早，所有的舞龙人、所有他类社火的表演者和观众都将来到龙头山下的龙泉岸边。人们相信那里确有真龙栖息，在无法推知的年代里，龙泉曾流淌过龙的血液。有一种说法是到龙头山的双龙洞请龙。根据笔者调查走访，当地人都不知道龙头山曾有过双龙洞。旧时舞过龙灯后，龙头是由商会组织存放的，再没有其他地点可选择。再者，龙皮在舞动过程中磨损了，不能再用，每年都换新的，需存放的只有龙头。所以去双龙洞请龙只能是传说。舞龙人一路上扛着龙，不舞也不耍。耍龙的回族老人说，在饮龙仪式举行前，如果耍龙的话，容易在蹿跳的时候摔伤人，因为龙还不是活的，没有经过祷告仪式、开光就舞耍，龙王不高兴。

两条龙栩栩如生，并排向着龙泉。仪式由会首主持。首先要给龙开光。会首用针扎龙的七窍，并在每一节上都扎两针，与此同时，专职祷告的老人跪在一旁，烧香焚祷，口中念念有词地祈求龙神保佑。因为会祷告的老人已经故去，无法记录下他祷告的言语，只能靠人们的回忆来了解他祷告的内容，大概是祈望龙神"行好雨，保平安"。行好雨，就是不要下冰雹，不要发大水，雨水及时。有人说他念的是《舞龙赋》：玉帝颁诏法旨宣，龙王布云遮半天。卯时三刻牛毛雨，天赐恩泽万物欢。古历吉辰舞龙日，辞去旧桃新符穿。龙潭饮罢精灵物，年年岁岁有今天。从"辞去旧桃新符穿"明显可以看出是套用王安石的诗句，当地人也不用"桃符"这样文学化的词，另外祷告的老人并没有上过学，所以这首《舞龙赋》的作者应另有其人。他在饮龙仪式上到底念了什么，无法知其详情。于是在喧天的锣鼓与鞭炮声中，两条巨龙醒来了，先是龙打滚，然后就耍龙取水，吸足了水，龙才能兴云布雨，其后所有的套路都各耍一遍。饮龙完毕，要拜庙，就是村中的九神庙。九神庙在各村都有，每到一处，都是先拜庙，燃放鞭炮，舞耍各种程式。

③送龙仪式

从农历正月十四到正月十六，连舞三天之后，龙灯会就结束了。在正月十七一早，所有的舞龙人在会首的带领下来到村北苇塘河岸的九神庙里。人们要在中午十二点之前将龙送回河里。鞭炮声中，祷告的老人长跪在九神庙前，燃起香烛，口中默念着"送龙归去"的祝祷词。有人说他念的是"七言律词"《送龙归》：金龙显圣人世间，万众欢腾瞻真颜，舞罢长街闹市井，瘟邪魔障一挥间。喜庆吉祥曈曈日，风调雨顺拜龙仙。红绸罩盖送龙去，上言好事保平安。其实这里不难看出它并非真正出自劳动者之口,而最后两句说的是人们祭祀灶神的事情——"上天言好事,下界保平安",似乎与龙没有太大的关联,但在一定程度上反映了祷告者及全体民众的心理。

在苇塘河边,人们拆下龙头,用龙皮布或者是红绸布包好,其余的部分因为在舞动的过程中都有或多或少的损坏,便拆掉扔进河里。而龙皮就被人们分成若干小块拿走了。农村妇女留着这块布来包刚出生的婴儿,借着龙的灵气来保佑人丁兴旺,更有望子成龙的寓意。

龙头存放的地点,旧说是在龙头山上的双龙洞里,龙头山已经空有其名,双龙洞自是无迹可寻,所以这种说法只是一种传言。如今龙头就放在村委会闲置的一间屋子里。然而,双龙洞无疑将整个舞龙习俗更加完美化了。

饮龙仪式和送龙仪式,在土城子舞龙产生的初期就存在,当地人也指出,这只是汉族人的习惯,不是回族民众带来的。然而,回族民众并没有因为它是汉族人的习惯而加以否定,相反,举行仪式之前不耍龙的禁忌却无可辩驳地说明,回族民众在一定程度上也相信龙所具有的功能,他们虽然把自己置身事外,却对仪式有着默默的认同。

2. 传统的崇龙方式

自从有了龙是雨水之神的观念,必然引起人们对龙的崇拜。崇拜的方式会因地区的差异而有所不同,但崇龙的功利目的是一致的。在土城子镇的汉族民众中,人们主要的民间信仰对象是主管农牧畜等直接与他们生产生活相关的一些地方神灵。在"文革"之前,土城子镇的五台山一带曾有过一座很大的庙宇,也有过鼎盛的香火,其中供奉的是关帝。随着"文革"的开展,关帝庙被毁于一旦,也没有再重建过。由于龙的传说仍然存在于民众的思想意识中,也由于生产生活中在所难免的精神依赖,那里的人们大都有对龙神的信仰。

①九神庙

说起庙，定会让人想起高耸的大殿，那里有奖善惩恶却面目慈祥的塑像，每日都有香烟缭绕，还有络绎不绝的善男信女……这是比较知名的庙宇，而土城子的九神庙比最普通的庙宇还要简单。

在土城子镇各村的村头和村尾，都建有一座九神庙。通常来说，九神庙是民众集资所建，位于地势平缓、僻静无人的山坡或河岸。九神庙1米见方，高度也在1米左右，一律是砖瓦结构，起脊，类似农家的房屋。正中开一个细小的拱门，上有楹联写道：居住总路口，专查善恶人。横批是"风调雨顺"。拱门的两侧有小孔，里面的墙壁用泥抹平了，没有吊顶，可以看见屋子的细木横梁和椽子。小屋的里面，除门而外的三侧墙边都有砖垒的台子，上面供着诸神的灵位。牌位是木板制成的，左边台子上是灶王爷之灵位、药王爷之灵位、苗王爷之灵位，正中的台子上是西海龙王之灵位、南海龙王之灵位、东海龙王之灵位，右侧的台子上只有两个牌位：北海龙王和马王爷。很少有人能说出里面是什么神仙。这八位神仙可以说都是与民众的生产生计有关的。右侧的台子从牌位摆放的位置看，应是有一个牌位的空缺，在小庙正中的地上，放着一尊很大的观音菩萨塑像，香炉前有厚厚的纸灰。这是送龙仪式举行地点苇塘河岸的九神庙，不知观音菩萨是否是九神之一，为此笔者对九神庙做了调查。

九神庙到底始建于何时，人们无法确定，只是用一句非常含糊的"老辈子就有了"来说明它存在的历史。《克什克腾旗旗志》记载：道光三年（1823）七月五日，土城子九神庙落成，铸聚金钟一口，上镌"黑石滩"三字。① 但除此以外，并未发现更为详尽的记载。据当地人讲，九神庙原来是很大的，可是谁也不了解聚金钟的事，年代久远，并没有留给他们关于那段历史的记忆。随着世事的变迁，他们眼中和记忆中的九神庙便定格成了今天的样子，规模很小，但人们依然很重视。在雨水多的时候，小庙会因年久失修而坍塌，但很快当地人就又会将它修整好。政府也曾以破除封建迷信为名多次拆毁小庙，但小庙始终静静地坐落在村子山坡或河岸的僻静处，固执地不肯消失。小庙的修建都是村民自发的，因为用材少、规模小而不必费多少周折。当地人几乎都说不出庙里供的是哪九位神仙。如果他们没有特殊的事情，比如祈求神灵或者还愿，都是不去九神庙的，对于他们来说，那里是禁地，是神灵居住的所在。他们中的一些人也告诉笔者不要轻易走近那个地方。从他们关切的神情里可以看出，他们并不是因为陌生人会冲撞了他们的神灵而有意禁止，而是怕神灵会因陌生人的冒犯而给以灾难。由此可见，九神庙对于他们而言，还是神秘的。许多年事已高的老人家也说不出具体有哪几位神仙，他们说应该没有观音菩萨，可能是别人后送去的。在其他村子的九神庙里，只供一个牌位，上书"四神五王之位"，至于哪四神、哪五王，仍没有人能说清。人们只是按照原有的布置来安放牌位，这些神灵是早就确定好的，他们中没有人会对此有任何质疑。

　　土城子镇的小庙不都是九神庙，还有鬼王庙。外观和九神庙是一样的，只是里面没有神位，只有人们送进去的观音像，或者是一些瓷质的器物，这些器物大都是人们还愿的物品。鬼王庙在丧事中是很重要的，人们将为亲人制作的在另一世界生活所用的物品在鬼王庙前焚烧，因此，庙前的地上，总会有焦黑的痕迹。

---

① 李振刚主编：《克什克腾旗旗志》，内蒙古人民出版社，1993年10月，第28页。

也有人在亲人生病或有灾难的时候来到鬼王庙，祈求保佑家人平安，如果应验了，就会再来这里还愿。

这些民俗细节，因为年代的久远而变得支离破碎，几乎成为了一种民俗的遗式。如果说人们是出于敬畏和九神庙本身固有的神秘而无法说清它的原委，那么相对立的另一面也可能是成立的，即人们因为时代和文明的演进而对这些故态的民俗模式采取了漠视的态度。原本流行的习俗会越来越失去它的势力范围和俗民群体，变得残缺，变得一蹶不振，也就是它成为了自身模式的遗式。高丙中对于民俗模式的遗式是这样解释的：1. 普遍流行的模式变得只出现在小范围、少数人那里；2. 详备的模索所剩无几，井然有序的模索变得支离破碎，也就是说，模式呈现为残型；3. 昔日备受重视，今日在人们的生活中和心目中的重要程度已经一落千丈。[①] 也许将人们对于九神庙中诸神的信仰习俗作为一种民俗模式的遗式来看，未免过于武断，但从俗民对于九神庙的了解和可见到的民众的态度，不能不使人有这样的推测。

"人类的拜神信仰就是如此充满着实用功利色彩，把什么东西抬得极高，那往往意味着很快要将它抛跌下来。"[②] 当人们一旦认识到他们所崇拜的神灵的本质，就会越来越失去对它的信仰，而对于这种崇拜活动的外在表现方式，也会采取漠视的态度，在一些群体参与性的活动上，也就会表现出冷淡的趋势。

②当地与龙有关的其他节俗

当地与龙有关的节日，除了元宵节外，还有二月二龙抬头节和六月十三的雨节。毕竟汉民族聚居的地方，就会有他们的民族传统存在，不论这些民众是何时从何地会聚而来的。

[①] 高丙中著：《民俗文化与民俗生活》，中国社会科学出版社，1994年9月，第151页。

[②] 张士闪著：《艺术民俗学》，泰山出版社，2000年6月，第95页。

二月初二是旧时汉民族过的节日，这一天人们不用针线，怕刺伤了龙眼。过去这里的人们也很郑重地过龙抬头节。早上起来，用草灰从水缸向井边一路撒去，引一条灰龙，回来时，用谷糠由井边向水缸撒一条金龙。这种民俗模素喻示着龙的复活，给人带来吉祥如意。小孩子背后戴用布条做成的龙尾，家家吃烙饼，这些民俗模素都象征着吉祥如意。如今的二月二似乎没有了那么多节日的气氛，只是人们也遵循着同样的民俗规范——不动针线，而且这一天要渚肉。

六月十三的雨节在土城子与男人是无关的，因为他们从不参与进来，只有妇女和一些爱热闹的小孩子才积极地参与。过去在炎热的夏季，久旱无雨的时候，妇女们就带上供品到龙泉求雨。供品一般是猪、羊、果品等。在那里，人们燃起香烛，摆好供品，求龙王降雨以解旱情。祷告完毕，人们就到泉边互相泼水，就像傣族人过泼水节一样，把每个人都泼湿才会离开。如果还没下雨，她们就还会再一次地依照既定的程序来求雨。如果真的下雨了，秋后人们就去九神庙还愿。

以上这两种节日，在旧时的土城子是非常盛行的，人们执著于自己的民间信仰，也祈望他们的虔诚能带来风调雨顺、五谷丰登的好年景。解放后，这些节日中的民俗模素在悄无声息地消弭，随着社会的发展变得越来越残缺不全，虽然小庙从来没有消失过，但那种旧时风行的祭祀祈祷活动，只成为了极少数人的行为。这里不能不提到人们进行一切活动的功利目的。只有民俗活动具有满足民众心理需求，民俗活动的生命力才得以膨胀，否则就会萎缩。"功能是民俗消长的动力，一切存在着的民俗现象都有其实际的功能，而一切消亡了的民俗则是因为功能的丧失。"[①]民俗功能丧失的背后，是另外一种信念的崛起，它取代了旧有的

---

① 陶思炎著：《应用民俗学》，江苏教育出版社，2001年8月，第58页。

民俗活动所培养起来的群众心理，在更为科学和更为适应现实生活的基础上，让旧有的民俗模式中的模素逐渐地淡出了人们的生活，直至变成静态的文字记录而永远沉淀。

民俗角色与乡土文化认同

一、民俗主体的角色默认

从诞生的那一刻起，人便进入了一个既定的生活世界，即他生命的整个过程，都将由民俗模式贯穿始终。由他人那里，他构建起属于自己的民俗生活世界。"民俗生活是民俗主体把自己的生命投入民俗模式而构成的活动过程。"[①] 那也就是说，民俗主体在任一民俗中都用自己的生命在不知不觉中扮演着一个民俗角色。角色的确定便意味着身份、位置的确定。然而角色并不是单一的，而是多重的。在民俗主体所担当的诸多的民俗角色中，如果与他们原本的民俗生活是统一的、吻合的，那么对于民俗主体而言，他们的角色无需任何期待；而反之，当民俗主体融入了原本不属于他们民俗生活的民俗模式，他们在不自觉中扮演的角色就会面临多种角度的审视抑或评断。与此同时，主体对于自身的角色也有本位的判断。针对土城子的舞龙习俗而言，回族舞龙人无疑是习俗中民俗主体与角色的焦点。

1. 生存环境下精神世界的冲突与和谐

既然民俗是其主体所创造、传承和享用的生活文化，它的形成一定与人们所处的生存状态有密不可分的联系。民俗主体最基本的生存环境，决定了民俗的内容、模式和规范。也就是说，主

[①] 高丙中著：《民俗文化与民俗生活》，中国社会科学出版社，1994年9月，第145页。

体所创造的生活文化是当时生存环境的折射，体现着主体对于生存环境的态度。"生活世界是一般意识的世界，是常识的世界。生活不仅有它的行为构成，而且也有它的精神构成。"① 在主体适应生存环境的生活内容中，其行为和精神就是作为文化因素而存在的对生存和生活环境的反映。

回族毕竟是一个特殊的民族群体，作为回族的一个俗民个体，民俗规范和角色定位是无须多说的；而一旦他们作为回族俗民个体的角色在非人为外力的强制下，又增加了他类民俗角色的时候，不论是客位的观察者还是民俗主体本身，都会对这一变化有所反映。具体地说，当散布在其他省区的回族民众，无论他们以前是否参与过舞龙习俗，迁移到土城子并决定在那里安身立命的时候，受当地生存环境的影响，他们在承担了回族所有民俗模式的原生角色之外，又成为了舞龙习俗中民俗主体的主要组成部分。这一现象总会引起他者的注意，而回族民众本身也对自己所从事的民俗活动有自己的态度。在民俗文化的视角下，这是个特殊的现象。

来到土城子谋生的回族人大都是贫苦的手工匠，或者是以农为业的人。在土城子，他们除了继续原有的生计手段外，几乎不可能聚起资本开商号去摆脱贫困的阴影。土城子因处于山地和丘陵交会的地带，没有太多的水田，他们大都是开垦山坡地，每年都只能盼个"望天收"。对于水的渴望，很容易让人们去求助于能兴云布雨的神灵，因为相信司水之神的存在和具有的神性，人们才会举行各种仪式去与之沟通。"信仰活动的产生与存在，本身便与赤裸裸的功利目的相联结。所有的信仰事象，都与一定的个人利益或生活共同体的群体利益密切相关。"② 这句话道出了

---

① 高丙中著：《民俗文化与民俗生活》，中国社会科学出版社，1994年9月，第134页。

② 张士闪著：《艺术民俗学》，泰山出版社，2000年6月，第173页。

土城子镇的民众对于司水之神——龙的民间信仰的本质。正是因为整个生活共同体，包括汉、回两族所有民众都有着相同的利益需求，舞龙习俗才走进了民众的生活。

回族民众，无论他们散居在哪个地方，他们都因为信仰、自身特有的习俗和心理上的同一性而彼此认同。回族民众的宗教信仰，更是其习俗和心理的重要来源。关于回族的伊斯兰信仰不是本文讨论的重点，但土城子的回族参与了对龙的民间信仰活动，似乎需要一个合理的解释。于是终于来到了这个不好面对又无可回避的问题面前：当地的回族民众的观念里是否存在着龙。关于这样的问题在学界曾有过太多的争论，尤其是回族神话，但是得出一个结论总是很困难，因为不同的地区有着不同的实际情况，而不同生活地区的回族也或多或少有所差别。

信仰伊斯兰教的民族，是不崇拜具体形象的，否则就犯了"以物配主"的罪。非但主的形象不可设想和勾画，也没有任何神灵能与他并存，他是唯一的。对于汉族民众而言，他们信奉的神灵大都有具体的形象，龙是具有神性的神灵之一，并被赋予了集力量和优美于一身的形象，具有司水的神性。回族自从在中国大地上产生之时起，为适应社会、便于自身发展，一方面受着汉族传统文化影响，另一方面，伊斯兰文化也给予中国传统文化以影响。与西北聚居区的回族相比，散居在内地的回族，其与以汉族为主体的中国传统文化融合的程度更深更广。这样说，并不是指明土城子的回族因文化融合的程度深，就会和汉族民众一样地崇拜龙，而是说他们更容易参与汉文化的模式，更易于接受汉文化中于己有利的方面为己服务。无论人们采取了怎样的对自然界的看法或行为，都不外乎想要保证他们最基本的生存权利。土城子的回族，在特定的生存环境之下，他们随机地参与了舞龙习俗中的制作和舞耍，但却置身于仪式祭祀之外：开光的人不是回族，祷告的人也不是回族，除了舞龙以外他们也不去九神庙，他们只是跟从了舞龙中的禁忌。这不能不说明他们对自己信仰的忠诚，哪怕是在如此久远、如此深入的民族共同活动之中。人类的生活，总是依从于所处的环境，于是，环境不但造就了人，也造就了人类的文化和文明。在依从环境的过程中，总是存在着矛盾，所以从他位的角度，我们总觉得回族人在舞龙活动中的角色是值得注意的，而当地的回族人自己，似乎没有太多的想法，他们已与共同社区的社会心理和群体利益融为一体了。

在每年正月十四、十五、十六这三天中，舞龙队走街串巷，几乎每家每户都要去耍，人们普遍认为龙在自家的院子里转上几圈，耍上一阵，能保佑自家的平安和农业的丰收。这是一种人们普遍接受和认同的社会心理。社会心理作为"群体中已经具有了一定的普遍性、共同性的精神现象"①，多是源于共同的利益需要和精神需求。有了共同的社会心理，人们在执行一项活动或参与一个事件时，就会有所互动、有所交流，因而才有彼此的共同理解。然而这种互动、交流和共同理解是有所界定的，并不是推而广之的。也就是说，生活在同一社区里的不同族群的民众，在文化交流上是有所选择的，只针对那些对于整个生活共同体的群体利益有利的活动和事件，采取必要的宽容与理解。总而言之，是生存环境造就了民众共同的社会心理和精神层面的态度和行为。在不损害自身利益的情况下，人们可以在冲突中寻找到和谐的契机，用以推动民俗生活的继续。

2. 民俗主体对自身角色的认同

在民俗生活中，既然民俗主体将自己的生命融入了民俗模式，那么主体的角色也必然是鲜活的。"角色"，以社会学者的观点，它必须具有某个身份的动态性质，也就是说，一旦某一个体

---

① 高丙中著：《民俗文化与民俗生活》，中国社会科学出版社，1994年9月，第135页。

拥有了一个社会位置或一种特定身份，他就会承受外界对他的行为的期待。在民俗生活中，民俗主体因为融入和参与了民俗事象而承担着不同的民俗角色，每一个民俗角色都有行为上的民俗规范。衡量一个民俗主体所从事的角色成功与否，就是靠着相沿成习的民俗规范来加以认定的，另一方面也就包含着一种角色期待。对于舞龙习俗中的民俗主体而言，两种族属的民众都在这一模式化的习俗中担当角色，当然这种角色并不是长久的，一年中只有一次，总在经历了间歇后重新再回来。就是这些短暂的民俗角色，透露着这一习俗中隐含的关于主体精神生活的因子。舞龙习俗民俗主体中的汉族在完成角色的过程中，因为自身的文化传统而不会存在角色距离。这里需要说明的，是回族作为舞龙习俗的重要主体，对自己民俗角色的诠释和认可。

民俗主体对于自身所从事的角色是无意识的，但他执行习俗赋予角色的行为却是能动的。如果说主体对于角色应有的行为采取了消极的态度，那么他所担当的角色会因为投入的缺失而导致失败。土城子的回族拥有两种角色：一个是作为回族民众的角色，另一个就是舞龙习俗中的舞龙人。回族民众在介入本民族所有民俗事象时没有角色距离，而作为舞龙习俗的民俗主体，似乎应另当别论。因为他们所从事的角色超出了他们建构好的民俗角色系统。"许多角色在较大社会环境的联系中得到确认、设定和归属。"[1] 这句话清楚地解释了一些新角色产生的原因。如果那些回族人没有在过去的年代里选择聚居在土城子，土城子特有的社会环境也不会让他们选择舞龙人的角色。当角色得到确定之后，在若干年的完善中固化起来，而"一旦固化，角色结构就将

---

[1] [美]乔纳森·特纳著，邱泽奇等译：《社会学理论的结构》（第六版下），华夏出版社，2001年6月，第51页。

持续下去，无论行动者是否发生变动"①。因此，回族民众中新老更替，但作为舞龙人，他们还是沿习着这种角色走势。

回族民众对于主体角色的认同，可以用三个事例来说明，他们与汉族人一起是这三件事情的参与者。

①舞龙老人刘佩勤讲到这样一件事：在"文革"期间，土城子的龙灯被视为"四旧"，当地革委会的头头禁止人们耍龙。当地民众不顾他们的反对，仍然举办龙灯会。为了防止革委会的阻挠，他们到临旗的一个村子里扎了龙灯，并以那个村子耍龙为名要借走土城子的街道，这样也算是镇里舞龙了。当舞龙队到了镇里的主要街道时，遇到了革委会的强行阻拦，龙灯被砸坏了。愤怒的群众为了护龙与革委会发生了争执。在冲突中群众趁天黑，殴打了革委会的阻挠者。在这一事例中，如果民俗主体没有对习俗寄予深厚的感情和热切的渴望，他们不会如此奋力地保护龙灯会。也证明民俗主体的确将生命融入了民俗模式，全身心投入地执行着自身角色所规范的行为。

②土城子的龙灯会具有时间和地域上的局限：只耍三天，只在土城子耍。人们说龙兴云布雨是很累的，让它保佑的地方多了，龙就会因为劳累无法兼顾，因此，只在土城子耍，龙就只保佑土城子风调雨顺、五谷丰登、水土平安。可见人们是确信龙有灵性的，而这种确信也使民俗主体的角色得以证明。舞龙习俗对外是封闭的，这恰恰说明舞龙人对所从事的角色的意义深信不疑。

③前文提到的舞龙的禁忌，没举行饮龙仪式之前是不耍龙的，耍了就容易在舞龙的时候将人摔伤。舞龙的回族老把式和他的后继者们一直都跟从这种规范。在汉族民间信仰色彩较重的祭祀仪式中，回族舞龙人手中虽持有让龙舞动的木柄，但并不参与祭祀中的各种祭龙仪式，他们只是在场。由跟从禁忌到从仪式的

---

① 同上，第52页。

剥离，显示出他们从事这一角色时的冲突。社会学者特纳说："个体趋向于选择确认其指称系统中某一更适合自己的角色，以便建构自我概念（锚定自我概念趋势）。"① 为了保持自我概念并不混同于整个舞龙习俗中的信仰，回族民众选择了若即若离的方式来避免舞龙人的角色与自我概念的冲突。但不可否认的是，他们认同众多汉族民众所相信的龙所具有的功能，但他们不可能像汉族人那样地去崇拜龙。他们"功利性"地相信长久以来众多汉族民众所信奉的龙所具有的功能，这是他们最初接受舞龙习俗，并担当角色的原因之一。所以，我们可以说，至少生活在土城子的回族民众一方面表现出了他们"信仰独一"的坚守；同时也表现出了他们开放、宽容和能够吸纳另一文化的民族性格。在舞龙习俗中他们尊重汉族人的信仰，维系了自身愉悦和向共同社区内聚的取向和权益。

二、乡土社会中的乡土文化

就土城子镇的舞龙习俗而言，它是一种群众文化，是民间游艺活动的一种。这种带有强烈乡土气息的文化形式，随着乡土社会的演进而变衍，正如钟敬文先生所说："风俗是跟随社会的前进而前进的，它不断调整自己不适应社会需要的一面，实现了性质和功能的转化。"② 这里，乡土文化在社会需要的强制下，努力改变着自己的功能和性质，其目的是为了取得延续生命的权利。然而，适应社会的需要，也就是满足创造、传承并享用它的民俗主体的需要。民俗主体的群体意识和群体心理是随社会文明的前进而不断发展的，因此，乡土文化中的一些文化形式经历着

---

① ［美］乔纳森·特纳著，邱泽奇等译：《社会学理论的结构》（第六版下），华夏出版社，2001年6月，第55页。

② 张士闪著：《艺术民俗学》，泰山出版社，2000年6月，第261页。

由流行到遗废的过程。

1. 流行——乡土文化功能的展现

在人们的心智还不够开化、科学还不够昌明的年代，人们通常以主观的态度去看待自然。于是，民间信仰活动风行于乡土社会的各个角落，由信仰而来的许多活动带有娱神且娱人的特质。民俗主体即靠着这样的方式取得心理的平衡与安慰。"人类正如它的实际生活那样，既生活在生物圈里，而同时又生活在精神世界中。"① 就是靠着精神世界的活动，人们努力去拉近与神秘力量的距离，进而让不可知的神秘力量为人服务。

民俗主体对于乡土文化的依赖，说明乡土文化具有实际功能。它可以实现整个社会及民俗个体的需要。"任何民俗事象和民间文学作品都不是无谓地传习的，它在所依存的俗民社会中总起着这种或那种实际的作用，满足着社会整体的共同需要，也满足着个人的心理需求。"② 这种满足需求的功能在很大程度上推动了乡土文化的存在和发展。拿土城子的舞龙习俗来说，特定的生存环境之下，人们想借助龙灯会实现经济上的交流，促进人际间的交往，更为重要的，龙灯会寄托着人们精神上的祈望——希望龙能感应到他们的祈求，发挥神力来保佑土城子水土平安、风调雨顺。龙灯会的这一功能从总体上来说是受自然环境的驱动。当然也不否定人为推进的力量在其中的作用。如果民众不再迷信龙的灵性，也就是说，如果舞龙习俗的社会功能在文明与文化的进步中现出原形，那么它将面临丧失生命的危机。

2. 遗废——乡土文化价值的动摇

不可否认，土城子的舞龙习俗作为一种群众文化，促进了汉、回两族在物质、文化等方面的交流与沟通，使两族的民众通

---

① 陶思炎著：《应用民俗学》，江苏教育出版社，2001年8月，第31页。
② 同上，第45页。

过龙灯会紧密地联系在一起，形成了一种共同的社会心理和群体意识。这种共同的社会心理和群体意识在广阔的民俗生活中维系着整个社区的和睦与安宁。

然而，任何一种民俗事象的生命力都不是无限延展的。舞龙习俗作为习俗也好，作为一种民间游艺活动也好，也不能绝对长久地存在。提起"中国龙舞之乡"重庆铜梁的龙舞，那里的龙舞是以产业化的形式发展的，也就是说，民俗的理念之外，龙舞还笼罩在经济理念之下。龙舞不但是人们的精神观念，也是人们的生活方式。这是像土城子这样地区的龙舞所不能与之比拟的。如今土城子的龙舞正面临着两难的境地。由于舞龙自身的封闭，无法赢得经济上付出的成本，如果政府因财力紧张而放弃对龙舞的扶持，龙灯会就无法举办。扎制龙灯要耗费六七千元，三天中发给所有艺人的工资也要几千元，两项共计要一到两万元。仅靠在土城子范围舞耍，商户、事业单位以及所有农户所给的赏钱无法达到收支平衡。另一方面，即便作为一种游艺活动，龙灯会表演者三天的工资只在 20 元左右，在市场经济的影响下，必然伤害了他们的积极性，人们因付出与所得的悬殊而有了倦怠之意。这种倦怠，表现出的是民众对龙舞这种乡土文化的功能有了更新的认识，人们不再依赖信仰去支配自己的行动。

更为突出的是，人们创造的文明和文化推动了主体意识的强化，人们已经意识到，舞龙不能够实现人们对农业丰收、水土平安的愿望，只有那些抱残守缺的老人，还在一如既往地相信龙的灵力，越来越多的人则把舞龙当成一种娱乐活动。正如张士闪所说："民间游艺活动，只能附着于当地民俗才能长期存在，抛开民俗而单单抽离出它的'艺术'是没有多少意义的。追根溯源，这些活动本来是人们在长期的生产生活中自然形成的一些有所托寄的事象安排，有的还曾在当时社会中占据过主导地位，具有全民参与的特点……但它们在以后的衍变发展中，却不可遏止地朝着娱乐化、艺术化的方向发展了。"① 离开人们精神寄托的轨道，土城子镇的龙舞作为娱乐活动离民众越来越远。2002年12月，土城子镇被内蒙古自治区文化厅评为"社火艺术之乡"，这种散射着光彩的称谓并没有阻挡住龙舞渐行渐远的脚步。从2003年起，土城子镇的龙灯鼓点沉寂了。红绸罩盖的龙头静寂地搁置在村委会的库房中，似乎被人遗忘了。

100年，对于一个托付着民众感情的民俗事象而言，似乎是短暂的，相对于整个中国龙舞的历史，土城子的龙舞也是如此地微不足道。当然，以三年的停滞来断言它的衰危，也许是武断的，但它存在的现状的确令人堪忧。兴起、传承，到最后气息微弱地存在，这也许就是所有民俗事象生命的轨迹。有太多曾经在民众生活中辉煌一时的民俗文化，风一样地远逝，只有书页中的字句，单调地记录着它曾存在的历史。

"丧失了民俗社会根基的艺术，是难以得到广大民众的真正认可的，将会因经不起历史的推敲和考验而徒然地昙花一现。"② 龙舞作为一种民间艺术，在土城子民众简单而朴实的意识里，从来不曾拥有过艺术的地位。他们从事舞龙活动，只出于对它的一种兴趣，毕竟热闹的年节正是农闲的时候，有这样的活动来调剂一下生活，也增加一点新鲜感觉。他们并不曾意识到，他们舞起长龙在锣鼓鞭炮声中钻腾跳跃，是民间艺术在散射自身的魅力。所以，当龙舞难以为计，元宵节的街道上再也没有锣鼓声响起的时候，他们也体会不到这种民间艺术所面临的难堪境地。

一种民俗衰危的原因，还要诉诸功能理论的解释。"民俗功能是潜隐的心理机制的反映，它借助物质设施、惯习行为、语言、图像等符号而显现，作为一个历史的文化变量，它受自然

---

① 张士闪著：《艺术民俗学》，泰山出版社，2000年6月，第260页。
② 张士闪著：《艺术民俗学》，泰山出版社，2000年6月，第261页。

力、生产力、道德力的制约，或微或著，或消或长，始终处于运动发展之中。没有一成不变的民俗，也没有始终如一的功用。"①自然力和生产力，这两种制约造就了舞龙习俗从内容到形式、从技艺到风格的千变万化。两种力量导致了民俗生态的新的存在契机，也导致了民俗生态的恶化。如果乡土文化不适当地改变自身的功能和性质，将失去存在的权利。任何一种曾经支撑过民众心理与精神的群众文化或民间信仰都不会因为先进信念的崛起而迅速退出乡土文化的舞台，哪怕它只能在少数人那里占据原有的位置，也会用尽全力去证明自身的价值和功能。土城子镇的舞龙习俗，它最初是占据民众心理主导地位的民间信仰活动的一种外在表现，没有什么可以代替这种信仰力量给予民众的心理安慰。而百年风雨过后，它散去了神秘的光环，也散去了民众对它的依赖，民众以自己创造出的文明和文化所成就的透射的目光逼视着它的存在，也逼视着它存在的价值和意义。于是，它成为了"社火艺术之乡"中最具特色的社火表演。虽然依然有仪式在场，但那只不过是多数人眼中的点缀，它仍以异乎寻常的速度，朝着单纯民间游艺活动的方向奔去，娱乐功能越来越取代曾经最重要的民间信仰活动的性质。也就是说，它不可避免地变得娱乐化、艺术化了，它离人们的精神越来越远，变得世俗化了。

当民众因文化和文明的力量而对原有的乡土文化模式不再盲从，那么，原有的模式也就到达了其最大价值的边缘，它故有的功能也将不再被认可。"功能是民俗消长的动力，一切存在着的民俗现象都有其实际的功能，而一切消亡了的民俗则是因为功能的丧失。"② 没有了功能的民俗，它的存在是没有意义的。如果它还想要在民众的民俗生活中占有一席之地，就只好尽最大努力展开它的适应机制，

---

① 陶思炎著：《应用民俗学》，江苏教育出版社，2001年8月，第47页。
② 同上，第58页。

或者改变功能，或者改变性质，去适应民众的生活。

结　语

　　土城子的舞龙习俗，其产生得益于百年前土城子镇便利的交通条件。因其是沟通北蒙与中原的必经之地，过往商旅众多而吸引了内地移民迁居至此。移民的到来，具体地说是回族民众的到来，拉开了土城子百年龙舞的序幕。其存在百年应得益于土城子生态自然条件的影响。较为干旱少雨的气候条件，推动了民众对于龙神灵力的信仰，也成就了龙舞百余年的传承。在其产生和存在的过程中，回族作为舞龙习俗的负载者，成功地将龙舞从一个汉族聚居区域移植到了另外一个汉族聚居区域，是该地区舞龙习俗的重要民俗主体。

　　受习俗化的影响，土城子镇的舞龙习俗在传承上基本保持了产生时的原貌，原因在于受到自身活动范围和时间的局限而无法吸纳其他地方龙舞在扎制、舞动等技巧上的长处。另一方面，从其举行仪式的角度来看，土城子镇的龙舞，不只具有单纯的娱乐功能，而是伴有深层次的信仰上的功利目的，哪怕只有少数人相信仪式的功用。因此必然带有对外的保守性和封闭性。而这种保守和封闭，在一定程度上阻碍了龙舞的发展。

　　土城子舞龙习俗的民俗主体是由汉、回两族组成的共同体。在有意识的活动中，两族民众共同参与了舞龙习俗的民俗角色。"游艺民俗既与原始巫术、各种劳动形式有着如此密切的联系，本身具有群体性参与的特点，故而能够在人民群众的劳动生活和……生活的广阔领域中发挥作用。它在一定程度上具有维系社会集体的功能。人们的群体意识往往通过游艺活动得到培养，大而言之，它对于各族域人们形成共同的价值观、共同的民族心理具有重要意义。"① 张士闪的这番话，道出了土城子回、汉两族参与舞龙习俗是角色冲突问题的实质。不论当地的回族民众承认与否，他们都在舞龙习俗的模式以及龙所具有的功能方面与汉族民众取得了共识，进而形成了共同的社会心理，在群体参与的基础上培养了独特的群体意识。可以说，汉、回两族在土城子镇共同生活，在自然条件的威压之下，通过舞龙习俗的联系，形成了特定环境下的共同的心理。作为舞龙习俗的主体，他们将生命投入民俗模式的同时，也将自身的思想和愿望融入了各自的民俗角色。因此，在关系生存状态的自然条件的制约之下，不同族域和精神信仰的民众仍可以通过特定的民俗模式，实现主体与角色的统一。

然而，当民众创造的文化反过来推动了民众能动意识的增强，旧有的民俗文化模式必然会受到时代的考验。土城子的龙舞虽传承百年，但与整个中国的龙舞文化相比，因时间短、规模小，它无法为整个龙舞文化代言。但是，在长达一个世纪之久的时间里，它承载了民众的愿望和企盼。社会的演进，使乡土文化赖以生存的民俗生活发生了巨大变化。由于借助人类文明成果可以实现民众原来不能实现的愿望，一些民俗事象的实用功能正在逐渐丧失。一旦丧失了功能，它便有淡出民众民俗生活的可能。土城子的龙舞便正面临着如此的危机。一方面，由于民俗生态的脆弱，主体中的一些老艺人正迅速地老去，而他们身后的民俗传人寥寥无几，无法担当起民俗传承的重任。另一方面，由于多数民众不再确信舞龙活动的实用功能，以及当地舞龙活动本身所固有的局限性和封闭性，在经济时代的影响下，很难获得足够的启动资金，出现了难以为继的停滞局面。

必须承认，几乎没有哪种民俗模式可以与民众不息的生活有同样的寿命。当它们实现了民俗生活中的最大价值之后，其存在

---

① 张士闪著：《艺术民俗学》，泰山出版社，2000年6月，第241页。

的形式，要么是以文字记录的形式加以保存，用作人们对过去的追忆，要么是改变形态，以艺术或其他形态存在，满足人们生活中的娱乐和审美的需要。就土城子的舞龙习俗而言，只有它打破自身的局限性，不限制活动的时间和地域，将舞龙活动展开，这样才能尽可能地为自身的存在赢得资本。民间文化不同于科学技术，在民间文化上投资，无法带来巨额的经济利益，但人类前行的脚步不应被遗忘，相反，应该保存下来，哪怕只给它一个角落。因为正是民间文化孕育了高度的科技文明，它记载着人类前进和发展的历史，从任何角度来讲都是不应忽视的。土城子的龙舞自开办之初，便是由商业组织聚资，后来被政府拨款所代替。如果政府只为一时的经济困难而任由这种具有地方特色的文化形式停滞乃至消失，那是对民间文化的浪费。同时，政府也应设立专门的管理人员加以正确的指导，这样，才有可能让土城子镇成为内蒙古自治区真正意义上的"社火艺术之乡"。

〔参考书目〕

1. 梁力生、葛树蓉著：《中国龙舞》，重庆出版社，2002年2月。

2. 钟敬文主编：《民俗学概论》，上海文艺出版社，1998年12月。

3. 侯锡文主编：《克什克腾民间故事》，内蒙古人民出版社，2004年4月。

4. 张士闪著：《艺术民俗学》，泰山出版社，2000年6月。

5. 陶思炎著：《应用民俗学》，江苏教育出版社，2001年8月。

6. ［美］乔纳森·特纳著，邱泽奇等译：《社会学理论的结构》（第六版下），华夏出版社，2001年6月。

7. 乌丙安著：《民俗学原理》，辽宁教育出版社，2001年1月。

8. 中国民族民间舞蹈集成编辑部编：《中国民间舞蹈集

成·内蒙古卷》，中国 ISBN 中心出版，1994 年 9 月。

9. 高丙中著：《民俗文化与民俗生活》，中国社会科学出版社，1994 年 9 月。

10. 徐华当著：《中国的龙》，轻工业出版社，1988 年版。

11. 政协克什克腾旗文史资料委员会、克什克腾旗民族事务委员会编：《克什克腾旗文史资料·交通专辑》，内部发行。

12. 政协克什克腾旗文史资料委员会、克什克腾旗民族事务委员会编：《克什克腾旗文史资料·回族专辑》，内部发行。

13. 吉成名著：《中国崇龙习俗》，天津古籍出版社，2002 年 7 月。

14. ［英］詹·弗雷泽著，刘魁立编：《金枝W 巫术与宗教之研究》，上海文艺出版社，2001 年 1 月。

15. 杨启辰主编：《〈古兰经〉哲学思想》，宁夏人民出版社，2000 年 3 月。

16. 李振刚主编：《克什克腾旗旗志》，内蒙古人民出版社，1993 年 10 月。

17. ［英］马林诺夫斯基著，费孝通译：《文化论》，华夏出版社，2002 年 1 月。

18. 《民间百年"龙灯"艺术之乡——克什克腾旗土城子镇》，2001 年克什克腾旗文化馆申报"社火艺术之乡"材料。

19. 黄益苏：《中国的舞龙》，《体育文史》，1999 年第 3 期。

20. 辛志凤：《舞龙的文化底蕴》，《齐齐哈尔大学学报》，2003 年 9 月，第 5 期。

21. 杨爱华、李英：《中国舞龙运动审美艺术特征的研究》，《解放军体育学院学报》，2003 年 4 月，第 2 期。

重点访谈对象一览表

姓　名	年　龄	民　族	社　会　身　份
侯锡文	43	汉	克什克腾旗文化馆馆长
苑思春	46	汉	克什克腾旗文化馆馆员
孙长江	39	汉	克什克腾旗文化局局长
曹国君	38	汉	克什克腾旗土城子镇镇长
王明学	40	汉	克什克腾旗土城子镇政府宣传委员
王金柱	58	汉	克什克腾旗土城子镇土城子村党支部书记
王文玉	49	汉	克什克腾旗土城子镇土城子村委会主任
马震方	74	回	克什克腾旗土城子镇土城子村农民
刘佩勤	59	回	克什克腾旗土城子镇土城子村农民
马庆生	58	回	克什克腾旗土城子镇土城子村农民
赵玉林	59	汉	克什克腾旗土城子镇土城子村农民
张海军	33	汉	克什克腾旗土城子镇土城子村农民
娄玉新	80	汉	克什克腾旗土城子镇娄营子村农民
娄玉民	78	汉	克什克腾旗土城子镇娄营子村农民
杨宝山	76	回	克什克腾旗土城子镇黄土梁子村农民
李宝祥	62	汉	赤峰市艺术创研中心副主任研究员

民间小戏与乡土社会民众的互动状况研究
——以祁太秧歌为个案

钱永平

导 言

一、本论文的核心概念界定

1. 秧歌与秧歌戏

本文要讨论的祁太秧歌属于民间小戏的范畴。笔者将祁太秧歌定义为：源于山西祁县、太谷，流行于晋中地区，由农民自编自演的一种民间小戏，是融小调、杂说、歌舞、戏曲为一体的小型综合艺术。

秧歌与秧歌戏是有区别的。秧歌是一种民歌小调，伴有一定的舞蹈动作，是农民在过年过节时的一种游艺性化装表演。秧歌戏则是在此基础上产生，是农民用秧歌小调的形式来演唱故事，使原来带有歌舞性质的秧歌逐渐戏剧化，最后发展成为用民歌小调在舞台上表演的民间小戏。鉴于当地人习惯上将"祁太秧歌戏"称为"祁太秧歌"的原因，笔者在行文中仍沿用"祁太秧歌"这一名称。

2. 祁太秧歌称法的沿革变化

祁太秧歌在山西晋中也被称作"太谷秧歌"和"晋中秧歌"。在其产生之初，老百姓简单地称之为"秧歌"，以与晋剧相区别。后来，其名称经历了两次大的变化：在抗战和解放战争时期，山西晋中在阎锡山的统治下属二战区，共产党则把其归为晋绥革命根据地，与陕西相连，"当时流行两种曲调与剧目的秧歌，都称秧歌，但曲调特点迥然不同，从名称上让人感到混淆不清，后晋绥文联召集戏剧工作者磋商，定为二者从地域上区分名称，即'陕西秧歌'、'晋中秧歌'两种，代替了历史上统称的'秧歌'"①。

1951年，晋中秧歌改称为"祁太秧歌"，这是继晋中秧歌名称之后在叫法上的又一次改革。对祁太秧歌深有研究的祁县图书馆第一任馆长薛贵荣提及祁太秧歌名称改革的原因时说："首先根据祁太秧歌向戏曲化发展方面看，祁县、太谷两县的秧歌艺人，在民国二十年前后，他们创作出来的剧目与曲调，轰动一时，除在两县上演外，还在晋中十余县演出，发挥了艺术中轴的作用，因而祁太秧歌剧种名称的诞生，是切合实际情况和发展规律的。其次从地域上看，晋中范围内，除祁太秧歌外，还有介休干板秧歌、汾孝地秧歌、晋源秧歌（太原南郊区）、祁县温曲武秧歌等，这些剧种不同的秧歌，如果将祁太秧歌仍称为晋中秧歌，就与实际情况不相符合了，因而改称为祁太秧歌是时代前进的需要，也是比较科学的名称。再次，从沿革上看，祁太秧歌自清康熙十年以来至抗日战争开始称为秧歌；晋绥革命根据地改称晋中秧歌；解放后1951年改称为祁太秧歌，流传至今。此外别无他名。"②

"祁太秧歌"这一名称一直沿用到了今天。

二、文献综述

1. 关于民间小戏的研究状况

秧歌戏是民间小戏的一个子系统。各类民间文学和民俗学的著作中都提到了民间小戏，或者从文艺学的角度出发，或者从民

---

① 资料来源：http://www.tydao.com/祁太秧歌。
② 薛贵荣：《祁太秧歌（祁县篇）述略》，载于《祁县文史资料》1986年12月第二辑，第10—11页。

俗学的角度出发来评述民间小戏。

（一）刘守华在《民间文学教程》一书中对民间小戏进行分析时这样讲："民间戏曲往往通过日常生活中的普通人物与事件的生动表现，反映一定社会历史现象的某些本质方面。民间小戏最出色的地方，也正在于它们在表现普通群众的生活上令人信服的真实感和生动的艺术力量。"

（二）汪玢玲在《民间喜剧初探》中着重分析了民间小戏中的角色、情节、语言的喜剧色彩，她认为："不得意所产生丑和滑稽是生活中矛盾失调的表现。"其喜剧风格是"依喜剧冲突和人物性格的发展而变化多端的"[①]。喜剧与讽刺又往往相联系。

（三）张紫晨曾在其所编的《中国民间小戏》中指出，在广大农村和集镇演出的民间小戏，它的发展水平比不上宋元以来的正统戏曲，也比不上经过专业化和城市化以后的各种地方大戏，它没有职业化的演员进行演出，演出也是季节性的，是农民自己创造并欣赏的土生土长的小型戏曲，是农民自我娱乐、自我教育的一种艺术手段。而且他在祁县、太谷县等地对祁太秧歌进行考察，走访了百余名艺人，记录了近100多个剧目。并在分析民间小戏的形成、发展、分类以及民间小戏的艺术特点、情节结构、演出及其价值、作用等时涉及到祁太秧歌。

（四）乌丙安在《民间文学概论》中对民间小戏的产生、内容、艺术特点进行了论述。他指出："民间小戏的主要形成途径具体表现在它们与民间歌谣、民间歌舞的血缘关系上，换句话说，即民间小戏的绝大部分剧种是在民间歌舞的基础上发展形成的。内容上则是劳动人民生活的真实反映，而风格上更是来自劳

---

① 选自《民间文学论丛》，中国民间文艺研究会研究部编，中国民间文艺出版社，1981年6月。

动人民生活中朴实明快的语言。"①

　　以上学者对民间小戏的研究开创了我国关于民间小戏研究的先河，被广大民间文学、民俗学爱好者和戏曲迷所接受，奠定了我国民间文学、民俗学等学科研究民间小戏的基础。同时可以看出，前人有关民间小戏的研究主要侧重于文本方面的静态研究，而缺乏民间小戏与作为俗民主体的乡土民众之间在互动方面的研究。因此，从民间小戏的生存语境中探寻它与乡土民众之间的各种联系，揭示民间小戏在新的社会环境下的境遇和发展规律就具有一定的现实意义和学术意义，这就是笔者研究民间小戏的价值所在。

　　2. 关于祁太秧歌的研究状况
　　①研究著作
　　a 黄芝岗的《从秧歌到地方戏》（中华书局，1950年版）

　　作者主要以南方的花鼓戏为对象，论述了秧歌如何从一种地方民歌小调发展为有乐器伴奏、完整唱腔、剧本、人物角色扮演的综合性民间小戏的过程。

　　b 薛贵棻编写的秧歌集《祁太秧歌音乐》（山西人民出版社，1957年）

　　c 高翔主编的《祁太秧歌选集1—4辑》（祁县文化馆，1980、1981、1986、1993年）

　　d 山西省戏剧研究所和祁县县委宣传部合编的《山西地方戏曲汇编——祁太秧歌专辑》（2000年）

　　e 中国戏曲志编辑委员会编的《中国戏曲志·山西卷》（文化艺术出版社，1990年）

　　f 李彬的《山西民俗大观》（中国旅游出版社，1993年）

　　g 张余、曹振武的《中国民俗大系——山西民俗》（甘肃人

---

①　乌丙安：《民间文学概论》，春风文艺出版社，1980年11月，第184页。

民出版社 2003 年)

这些著述从剧本内容、艺术特点、发展历史等方面对祁太秧歌进行了描述性介绍，较全面地反映了祁太秧歌的艺术面貌。

②学术论文

a 高兴的《山西秧歌的民俗学研究》

b 侯春莲的《晋中秧歌的近代农村社会生活层面分析》

c 毕苑、行龙的《秧歌里的世界——兼论民俗文献与中国社会史研究》

d 李传志、李钧的《晋商与太谷秧歌》

e 雷焕贵的《晋中秧歌艺术发展及现状研究》

这些论文分别从民俗学、社会学、历史学、艺术学的角度出发对祁太秧歌进行了研究。

从以上叙述中可以看出，学者们在对祁太秧歌进行搜集和描述性介绍的基础上，从历史学和初步的本体艺术的角度出发对祁太秧歌展开了研究，而从民俗学的学科角度出发将有关祁太秧歌的历史文献与田野考察结合起来进行研究的为数不多。笔者觉得有必要从民俗学的学科本位出发对祁太秧歌做进一步研究，所以将自己的硕士毕业论文定格在祁太秧歌上，以期得到一些有益的研究成果。

祁太秧歌概况

祁太秧歌在山西晋中有着广泛的群众基础，是当地农民喜闻乐见的娱乐形式。2003 年 3 月 9 日祁县赵镇被国家文化部命名为"中国民间艺术之乡"，作为祁太秧歌表演的典型代表，光这个镇就有 20 多个秧歌队。现今，在太谷县有四大秧歌剧团：杨建桃秧歌剧团、彩灯秧歌剧团、董艳艳秧歌剧团、刘栓寿秧歌剧团。在榆次市有彩虹秧歌剧团。这些剧团，以祁县、太谷县为表演中心,活跃在清徐县、交城县、文水县、汾阳市、寿阳县、平遥县的广大农村。①

一、祁太秧歌溯源及其发展状况

1. 祁太"秧歌"的产生和发展

①秧歌的产生

秧歌最初是流行于民间的民歌小调,李调元《南越笔记》卷十六载:"农民每逢春时,妇子以数十计,往田插秧,一老挞大鼓,鼓声一通,群歌竞作以解劳倦,是曰秧歌。"这里指的是人们在劳动时用以解乏唱的小曲儿。现今人们对于祁太秧歌普遍有疑问,认为"秧歌"中的"秧"是指水稻秧苗,但晋中地区并不盛产水稻。笔者认为,从水稻劳作中产生秧歌是可能的,祁县在古代因"昭馀祁泽薮"而得名。据《周礼·职方》和《尔雅·释地》记载,远古时代,山西的中央盆地(即晋中地区)是一片汪洋大海,是黄河流域的一个大湖泊区,名曰"晋阳湖"。后来,大禹治水,"打开灵石口,空出晋阳湖"以后,这里才不断干涸,形成了汾河的纵贯南北,中留积水带的"昭馀祁泽薮"地理形势。沧海桑田,这片积水逐渐干涸,到了明代,据《一统志》记载,这里只剩下今祁城村一带的水洼地了。这说明,历史上祁县农民利用积水种植水稻并在此基础上产生秧歌是极有可能的。

②祁太秧歌的形成

祁太秧歌在发展过程中也受到了其他戏曲形式的影响。杂剧经历了宋、金、元三朝后,在元末开始走向衰落,代之而起的是各种民间唱曲,清人沈德符在《顾曲杂言》中描绘过这种情形:"元人小令,行燕赵,后浸淫日盛。自宣正至化治后,中原又行

---

① 讲述人:任润,男,64岁,退休教师。讲述地点:山西祁县前营村。搜集时间:2004年7月19日。

琐南枝、傍妆台、山坡羊之属。李崆峒先生初自庆阳徙居汴梁,闻之,以为可继国风之后。……自兹以后,又有耍孩儿,驻云飞、醉太平诸曲,然不如三曲之盛。嘉隆间,乃兴闹五更、罗江怨、哭皇天、乾荷叶、桐城歌、银绞丝之属;……比年以来,又有打枣干、桂枝儿二曲,其腔调约略相似,则不问南北,不问男女,不问老幼良贱,从习之,亦人人喜听之;以至刊布成帙,举世传诵,沁人心脾。"这些小曲大多是俗曲子。① 而祁县人民文化馆搜集抄录的小曲曲,如《并蒂莲》、《一块铜》、《小尿床》、《高老庄》、《小二姐拜媒》、《铜青蚂蚱》等20余首曲词②与《顾曲杂言》中的曲子大同小异。又据山西省祁县文化馆第一任馆长薛贵莱考证,明代万历刊本《玉谷调簧》中记录有咏男女感情的问答体小曲,同祁太秧歌小曲《娘问女》、《挑水》的题材和体裁也极其相似。祁太秧歌受民间唱曲的影响是显而易见的。

明清时,晋中农村每逢春节、元宵节就闹社火,有龙灯、背棍、二鬼摔跤、张翁背张婆、踩高跷、踩街秧歌等节目。踩街秧歌的表演形式是由"俊扮和丑扮两人,手持折扇领头,带领身背花鼓的女角色和拍小钗、敲小锣的男角色共二三十人分两行行进。听炮声走至迎接的户主门口,由领队的公子颂如'男人种地女织布,和和气气闹家务,指望今年收成好,儿孙满堂全家福'。'咸丰登基十一年,口里口外种洋烟,男人抿烟挣四十个钱,女人抿烟掐八十个钱'之类的即兴诗,朗诵毕,在锣鼓声中,两三个演员进入场地中央,伴随舞蹈歌唱小曲,或者表演一两个情节简单的歌舞小戏。结束后,户主送白酒,干果、油食等以示酬

---

① 《民间文艺学文丛》,钟敬文主编,北京师范大学出版社,1982年3月,第164—165页。

② 薛贵莱:《祁太秧歌(祁县篇)述略》,载于《祁县文史资料》1986年12月第二辑,第1—2页。

意。之后，踩街秧歌队便恢复原队形，继续前进，直至踩遍全村各街为止。所表演的节目，如《写十字》、《十把扇》、《游社社》、《看画儿》、《四保儿上工》等，其中有第一人称的歌舞小戏，也有第三人称的横排式歌舞节目，总的说来是唱见闻、数典故、叙景致、表古人，或者老者插科打诨，引人发笑，其故事情节极其简单。但这已经具有戏剧的因素，而且成为以后祁太秧歌表演上比较重要的环节，这直接丰富了祁太秧歌的表演和语言。歌舞时没有弦乐伴奏，但却是歌中带舞，舞中有歌，歌舞结合，这是祁太秧歌发展历史上的重大进展。踩街秧歌流传的时间较长，一直延续到民国初年，才逐渐消失"①。这种化装歌舞，有歌有舞，化装后便要扮演故事，而扮演故事则更需化装和角色配合，这为祁太秧歌的形成奠定了坚实的基础。

　　祁太秧歌还受山西传统的莲花落说唱以及从外地传入的凤阳花鼓歌的影响，"莲花落"是夹说夹唱的一种说唱艺术，用竹板打节拍，每段常以"莲花落、落莲花"一类的句子做衬腔或尾声。凤阳花鼓艺人是从安徽流落到山西的民间艺人，清康熙四十七年孔尚任在《平阳竹枝词》有云："凤阳少女踏春阳，踏到平阳胜故乡。舞袖弓腰都未忘，街西勾断路人肠。"这首词描述了凤阳少女在平阳（今山西省临汾市）表演凤阳花鼓秧歌的情景，这说明，清朝时已经有凤阳花鼓艺人在山西表演凤阳花鼓了。在现存的祁太秧歌唱曲中保留有这些艺术的痕迹，例如《小放牛》唱词："打个什么锣？打个太平锣？打个什么鼓？打个凤阳鼓。"说白中有"一喷一朵莲花，花开一朵美"。《打花鼓》中唱道："转过这条臭胡同，咱们再唱莲花落。"②

---

① 同②，第4～5页。

② 薛贵荣：《祁太秧歌（祁县篇）述略》，载于《祁县文史资料》1986年12月第二辑，第4—5页。

③由"祁太秧歌"到"秧歌戏"的嬗变

祁太秧歌以踩街歌舞为基础,在莲花落和凤阳秧歌的影响下,经过至少600年的发展最终成为流行于晋中地区的一种民间小戏,从此祁太秧歌的曲调增多了,剧目也丰富了,并且增加了数板与念白,有唱有说,后来,当地艺人开始编写剧本,剧本的出现,说明祁太秧歌表演有了故事性,成为祁太秧歌戏曲化的先声。清乾隆年间,钱德苍编的曲选集《缀白裘》中第十一集序云:"弋阳、梆子、秧腔则不然,事不必皆有据,人不必尽可考,有时以鄙俚之俗情,入当场之科白,一上氍毹,即堪捧腹。"其第六集收有《卖胭脂》、《探亲》、《看灯》等民间戏曲,十一集又有《借妻》、《借靴》、《打面缸》、《挡马》等。所谓"即堪捧腹",是指其为幽默讽刺喜剧。其中第六集收集的曲目就有祁太秧歌至今仍在演出的传统剧目。它表明,祁太秧歌在这时已经发展成戏曲了。

明清时期,地处晋中平原腹地的祁县、太谷县、平遥县、榆次县商铺林立,以经营绸缎、茶叶和钱庄为主,资金雄厚,远近闻名,商业逐渐兴盛,成为中国内陆的金三角地区,有"金太谷、银祁县、吃不完米面的榆次县"的说法。它们又是山西票号业的发源地和总号所在地,因而这些县城成为当时著名的金融商业性城镇,平遥县城"廛肆纵横,街衢皆黑垠,有类京师,盖人烟稠密之故";① 太谷县"商贾辐辏,甲于晋阳"②。商业的繁盛使得这一地区出现了有一定的经济基础和休闲时间的观众,为祁太秧歌的繁荣兴盛提供了必要的外部条件。

同时这些县城地处交通要道,"祁西南道河东,通秦陇,东

---

① 祁韵土·万里行程记。
② 乾隆·太谷县志序。

南逾上党，达中州，北当直省孔道，固四达之衢也"，① 历来是兵家必争之地。直到近代八国联军侵入北京时，慈禧太后偕光绪帝逃往西安时仍走祁县。可以推断，和平时期也必有大量的商客过往此地，带来了异地的艺术品种，客观上造成了民间文化的交流和发展，使这儿不仅成为客商货物的集散地，也成为一个文化传播的中心。受安徽、四川等地民间小戏的影响，"祁县太谷的秧歌艺人们编演了反映农村生活及小商贩生活的民情小戏《割田》、《回家》、《卖高底》、《卖元宵》等，并在舞台上演出。有些剧目有了故事情节和人物，角色分为生、旦、丑三种，代表剧目有《张公赶子》、《下山》、《踢银灯》等。但伴奏仍然只用打击乐器，在唱句之间敲击'皮且 皮且 光'的简单鼓点"②。

渐渐地，民间自发的娱乐组织也多起来，从道光到民国初年，祁太秧歌已经在草台上"登台"演出了，"据晋剧票社活动家郭少仙生前讲，他曾在太谷韩村看到该村自乐班的一只衣箱，上写'道光十九年立'等字样"。又据"晋中地委党史县志办公室刘俊礼同志从清徐县尧城大队舞台题壁上，记录有光绪二十二年的演出剧目：'五月初七日'，祁太'得胜社'，首日《吃油馍》、《采茶》。午《换碗》、《求妻》、《哭五更》。晚《翠屏山》、《大算命》、《卖豆腐》。'得胜社'据说是由祁县'老双龙'师傅、'四杆旗'师傅两位秧歌名艺人，选拔祁、太两县的名演员在祁县组织的半职业班社"③。从上述演出的节目单上推断，祁太秧歌剧目故事性增强了，行当多，表演难度也大了。

---

① 乾隆·祁县志，卷2。
② 中国戏曲志编辑委员会：《中国戏曲志·山西卷》，文化艺术出版社，1990年12月，第111页。
③ 薛贵菜：《祁太秧歌（祁县篇）述略》，载《祁县文史资料》1986年12月第二辑，第4～5页。

可见当地雄厚的经济实力和便利的交通条件促成了祁太秧歌的发展,使祁太秧歌日臻完善,到了民国年间,祁太秧歌受到人们的广泛喜爱,其表演也达到了一个鼎盛时期。

日本侵华期间,阎锡山统治的二战区农民的生活举步维艰,祁太秧歌表演基本处于停滞状态,艺人们流散于各地。

新中国成立后,在党和政府的支持下,祁太秧歌有了很大的发展。许多农村都成立有秧歌队。1955年成立了榆次秧歌剧团,1978年后成立了太谷秧歌剧团,1980年,祁县丰泽村、北岗村等地仿照县城国营剧团的运作体制,组建了属于村一级的祁太秧歌班社。在20世纪80年代末、90年代初祁太秧歌的演出达到了鼎盛时期。20世纪90年代中后期社会体制转型的大背景下,祁太秧歌的处境也颇为艰难,面临着新的机遇与挑战。

2. 祁太秧歌戏班
①清朝的祁太秧歌戏班
a "喜乐班"
见于清徐县孟封乡尧城村题壁"光绪十四年(1888)八月初八、九、十,祁邑太谷喜乐班在此乐也"。
b "吉庆社"
由祁县北关秧歌艺人董七儿组建于清光绪二十二年(1896),兼演晋剧,形式灵活,深受农民的欢迎,1900年解散。
c "得胜社"
见于榆次市东长凝村戏台题壁"光绪二十五年祁邑得胜社在此乐也"。

这些正规戏班的成立,标志着祁太秧歌作为一种地方戏曲正式在舞台上进行演出,艺人也相应地职业化了。
②民国时期的祁太秧歌戏班
民国年间是祁太秧歌的繁盛时期,在表演行当上形成了以小旦、老旦、小生、丑为主的角色,民国十五年(1926)前后,祁

县、太谷县的秧歌艺人,根据当地真人真事编出了一批揭露当时社会黑暗生活的秧歌戏,并创作出一些新曲调,流传至今。如:《唤小姨儿》、《做小衫衫》、《十家牌》、《送樱桃》、《跟大嫂顶工》等曲调。这个时期的名艺人有:大要命、二要命、活要命、合子生、架子生、黑臭小、咸阳丑、四卦旦、胎里红、蛤蟆丑、二娃旦、狗儿旦、独幅板等。① 在这些秧歌名艺人的带动下,这一时期的秧歌班社办得有声有色,呈现出你方唱罢我登场的局势。

a 风搅雪班

成立于民国八、九年间（1919、1920）,班主叫疤六,太谷县惠安村人,主要演员有七儿旦、大要命、黑臭小、狗儿旦,一年后散班。

b 新风搅雪班

民国十一、十二年（1922、1923）,太原人李珍贵又成立了"风搅雪班",班址设在李家,秧歌名艺人有狗儿旦、架子生、胎里红、杂毛、黑臭小等,在舞台上表演的秧歌剧目有《卖胭脂》、《卖高底》、《奶娃娃》、《大割青菜》、《换碗》等,大年初一集合演出,农历十月十三停演,历时两年。

c 易俗社（1924—1927）

由祁县谷恋村高硕猷投资组建,主要成员有:乐师兼导演高锡禹、高锡铭,编剧高锡华,演员高硕鹏（艺名:抓心旦）,他们创作了《恶家庭》、《锄田》等剧目,改编并演出了《算账》、《张公子回家》、《游湖》等剧目。②

d 双梨园

成立于民国十五、十六年（1926、1927）,由榆次人王金奎、

---

① 王效端:《太谷秧歌简介》,载《太谷地方史志资料选》1990 年第 3 期,第 149 页。

② 资料来源:祁县人民政府网,http://www.qianxian.gov.cn。

二侯则、马五合股承办，班主是王金奎，掌班人①是黑臭小、狗儿旦，承事人②根元旦。班址设在榆次南关，是一个名艺人集中、制度严格、颇有声誉的风搅雪班。既唱晋剧，又唱祁太秧歌，故名"双梨园"。主要演员有七儿旦、架子生、狗儿旦、胎里红、四儿旦、年乎丑等。上演的祁太秧歌剧目有《女招待》、《唤小姨》、《补袜子》、《扯被阁》、《待满月》、《清风亭》、《打花鼓》、《捡麦根》等。到1930年达到了鼎盛，活动于太谷县、祁县、沁源县、徐沟县、寿阳县、和顺县、太原县、文水县、交城县、平遥县、汾阳县一带，歇台的时候很少。民国二十三年（1934），由于许多艺人染上抽大烟恶习无法维持而解散。

e 荣盛园

成立于民国二十二、二十三年（1933、1934），班主马致礼，掌班人狗儿旦，承事黑臭小，主要演员有顶要命、黑臭小、贵儿旦、四儿旦、乐乐旦、蛤蟆丑、小要命、九曲生、二贼咀、咸阳丑、海海旦等，演出的祁太秧歌剧目有《吃招待》、《烙碗记》、《游神头》、《苏三起解》、《写状》等。③

③当代的祁太秧歌戏班

a 董艳艳秧歌剧团

b 刘双寿秧歌剧团

c 杨建桃秧歌剧团

d 彩虹秧歌剧团

e 彩灯秧歌剧团

笔者以杨建桃秧歌剧团为例，对现在的祁太秧歌戏班进行

---

① 掌管戏剧演出排练业务的人。
② 作为班主的代理人，负责戏班的日常行政事务。
③ 以上1、2、4、5载于《晋中地区民间艺术概述》，尚华整理，山西省晋中地区艺术馆编于1990年。

介绍。

该剧团以团长杨建桃的名字命名,由杨建桃出面组建,成立于1986年,其足迹遍布晋中的广大农村,与其他秧歌剧团一样,是一个以流动性、自主性、营业性、自负盈亏为主要特征的民间戏班。共有20多名艺人,主要有以下名角即该团的"台柱子":

①杨建桃,女,艺名"通鼻香"或"一道眉",演小旦,她的特点是唱腔咬字清楚,音调醇美,有时还有一股娃娃腔。乡民觉得听起来似乎很香,于是就给她起了"通鼻香"的艺名。她的拿手好戏是表演《哑女告状》,在这部戏中,杨建桃以自己高超的技艺成功地塑造了哑女这个形象,得到人们的赞许。

②武喜贵,男,艺名"水上漂",角色丑生。他的特点是动作到位,模仿能力强,因此人们给他"水上漂"的美誉。作为丑生,他能根据台下观众的反应临场发挥而不脱离剧情,常常引得人们哄堂大笑。他在前营村登台表演时,来自各村看秧歌的人在二月初二晚上10点多了仍迟迟不肯散去,就是在等他演《洗衣计》的"租赁孝子"那一出戏。

③籍红玉,女,角色青衣①,她的拿手戏是《算账》。

④畅二林,男,丑角。

⑤武俊梅,女,小旦或老旦,表情特别丰富。

⑥张福寿,男,老生。

在农村,人们往往不知道这些艺人的真名,却能随口喊出他们的艺名。

这个剧团以表演祁太秧歌为主,兼演晋剧,常演的剧目有《大割青菜》、《哑女告状》、《奶娃娃》、《古董借妻》、《送樱桃》、《母老虎巧斗女阎王》、《割田》、《刘家庄》、《西河院》、《扯被阁》等。

---

① 秧歌剧中年纪大、带有悲剧性的人物。

演员平时集中一个时间排练，有演出就集中，没有演出就各自在家，是一个半职业性的戏班。对外演出由杨建桃负责联系，如确定了演出，他们称之为"写戏"，行话是有了"台口"。只要"写"下秧歌，就必须出台。剧团演出的黄金时间是农历正月、二月、三月、七月、八月，这些月份也正是农闲时期，为秧歌演出提供了最大数量的观众。

剧团的收入是按照演员的演出次数和角色分量分配的，一般来说小旦是每场 100 元，丑角是每场 80 元，小生是每场 70 元，老生、老旦、跑龙套的每场 60 至 40 元不等。杨建桃讲，谁有能力谁就登台表演，演出场次由团长统筹协调安排。总之，秧歌艺人们一年在外唱秧歌，年收入从 10000 元至 5000 元不等。这个剧团的许多秧歌艺人均已成家，秧歌收入是他们的主要经济来源。令他们感到庆幸的是，现在他们能够得到乡民的尊重，不像旧社会，认为他们从事的是一个低贱的职业。

作为由秧歌艺人自发组成的剧团，主要辗转于乡土社会中。"乡民对秧歌的依恋与支持，是这种艺术形式存活的真正原因。"①

二、祁太秧歌的演出习俗

在至少 600 年的发展历程中，祁太秧歌形成了自己的一套演出习俗，这对于祁太秧歌的形成、发展起到了规范作用。

1. 摆酒设盟

承班之始（新的秧歌班子成立初），班主准备酒席与参加者共饮。凡领杯者，必须在该班社参加到底，有"喝了秧歌社的酒，

---

① 行龙：《秧歌里的世界——兼论民俗文献与中国社会史研究》，载《近代山西社会研究——走向田野与社会》，行龙主编，中国社会科学出版社，2002 年 2 月，第 211 页。

死了人也不能走"的俗语。在开班的第一天,班主给每人准备一根麻糖、一碗油茶,并立有"点灯不到,罚油四两"的规矩。①

2. 铁炮迎送

在秧歌活动初期,只在街头演出,正月初一在本村"亮台",叫"迎喜神",然后在"三官棚"演出,叫"消社社"。本村活动结束,就到平时交往多的村庄演出,迎送仪式较为隆重:出村前,演员一律化装,有一个"挑帅"之人,即领头人,身穿黑青衣,打"三花脸",戴刀尖帽,黑髯,左手摇"响花",右手执"令箭",三声铁炮响过,秧歌队出发,"过街板"在前,"白鹤"、"竹马"随后;到对方村口时,也是三声铁炮恭迎,村里的主持人身着长袍马褂,头戴礼帽,手执"香火",相见一揖,迎接进村;看红火的人拥塞街巷,锣鼓喧天,煞是热闹,从正月初一一直要闹到二月初二才结束。其中"三官棚"中的三官就是天官、地官、水官,发展到后来,这三官爷就成了祁太秧歌的祖师爷。②

3. "交社"演出

凡有秧歌班的村子,每年都要到有交往的村庄演出,名曰"交社",即互相交流。由本村蒸馍送饭,白唱一天。没有交往的村社如想请这些班社唱秧歌,就要先下请帖,同意则唱,不同意则谢绝。演唱食宿开支,完全由对方负责,村民给艺人的报酬通常是粮食。

据秧歌老艺人苗根深老人(艺名松树树)讲,民国时期到外村演出常常是通宵达旦地演,以至于艺人们要抽鸦片来提神,大量艺人染上毒瘾,逐渐丧失表演能力,使秧歌班子纷纷垮台。

---

① 讲述人:原太谷县县志办主任郭齐文,引自http://www.shanxitv.com/一方水土/秧歌。

② 讲述人:王效端,太谷团场村人,20世纪80年代誉满晋中的秧歌艺人,旦角,艺名:香蛮旦。引自http://www.shanxitv.com/一方水土/秧歌。

祁太秧歌在发展壮大的过程中，形成了自己的信仰，产生了本行业的始祖神，并有了相应的行规，以习俗的形式固定下来，祁太秧歌作为一个正规的行业活跃在山西晋中的大地上。

作为乡俗和民间艺术的祁太秧歌

一、作为乡俗的祁太秧歌

1. 祁太秧歌与当地人的祭祀和信仰

①农业生产生活中的"谢雨"秧歌与"免灾"秧歌

以祁县、太谷县、平遥县、榆次市为中心的山西晋中地处山西中部，西部是吕梁山，东部是太行山，汾河从中部由北向南穿过，是中国古代中原民俗文化与北方民俗文化的交错之地，胡汉相融。农业生产以小麦为主，辅以杂粮，饮食以面食为主，房屋结实，摆设讲究。在世世代代的农业生产中形成了以"粪多力勤"为核心的精耕细作的农业技术，受土壤、气候、水利、动植物资源等自然条件的制约，一些自然灾害在很大程度上影响了当地的农业生产和农民生活，"靠天吃饭"的思想根深蒂固。若要获得五谷丰收、丰衣足食，除了自身的辛苦劳作外，风调雨顺、没有灾害就成为当地农民的最大心愿，由此形成了许多农事信仰和禁忌。其中祁太秧歌在祈雨仪式中的应用格外引人注目。

a "谢雨" 秧歌

自古以来，旱灾在祁太地区的发生最为普遍，因此求雨现象十分流行，农民对龙王爷、雷公、风神等神灵的崇拜最突出，因为"庄稼人种的地要靠它们下雨才能有个好收成"。据当地老人说，解放前在祁县贾令镇，如遇上旱灾，当地的社首与一些老者依照往例，与邻近村庄联系，商量一起到交城县的孤爷山乞雨的事，选出四位自愿做"苦行僧"的善人。其中一个善人要在肌肉内挂银钩,忍受7天的疼痛;在贾令镇狐神庙祭祷后,赤脚步行出发,两天后到达狐爷山,在那儿跪拜三昼夜,拿回一个灌满水的水瓶和一个小神像。到第七天接雨时,各村一起列队到贾令镇外远迎,儿童化装成道童跳担水舞,鼓乐喧天。随后把从狐爷山拿回来的水瓶与各家早已准备好的水瓶一齐倾泻,把神像供在狐神庙内,祭拜7天。在这祈雨前后14天内,如下了一场透雨,就要演戏3天,名为谢雨戏。在演戏时,管事人用褐色丝绸剪一个蝴蝶,贴在小神像的头部,意为狐神已化为蝴蝶来了。

b "免灾"秧歌

在祁县贾令镇西南有一座狐神庙(现为贾令镇中学校址),这座庙本来是为怀念春秋晋大夫狐突而建的,而在贾令镇东南的会善村,是舅犯(即狐突之子狐偃,字子犯,因是晋文公之舅,故名舅犯)的故里。据当地人说一旦看见从会善村那边飘来乌云,就会下一场雨,于是把贾令镇和会善村联系了起来,每逢大旱,就到会善村去求雨。又因为从会善村飘来的乌云能下雷阵雨,有时还夹杂着冰雹,所以每年农历四月都要在狐神庙祭祀并在庙前唱三天戏,祈求免遭雹灾。免灾戏的唱戏时间一般定到每年农历四月,正是开始下雷雨的立夏时节,也是当地农民田间劳作最忙的时候,主要是为已经成苗的庄稼锄草和浇水。为了确保夏季庄稼顺利成长,就要特别防范冰雹灾害,因此,以狐神庙的传说为理由在狐神庙祭祀并唱祁太秧歌就显得顺理成章了。

从中可以看出,祁太秧歌在历史上是当地农业信仰中不可或缺的一部分,它体现了当地民众面对自己无法控制的自然力量时,便把这种力量神化,并且希望通过祈祷仪式和唱戏来讨得神灵的欢心,达到自己的目的。笔者认为,这种类似于宗教的依赖心理与古人的混沌思维有着内在的一致性。在他们看来,不但人有灵魂,而且世界上的其他生物都有灵魂。出于生存需要,农业社会中的人们更多是通过祈祷神灵来达到自己的目的,召唤神灵显灵,以得到神灵的眷顾。谢雨戏和免灾戏的目的既是为了感谢神灵,又借戏释放出自己的紧张情绪,庆祝祈祷取得的成果。在灾害之年,帮农民度过颗粒无收时产生的心理危机。"它要求村民集体参加,克服恐惧、软弱、贪婪、自私等弱点,齐心协力,以顽强的意志和超常的忍耐,战胜精神危机。"①

②祁太秧歌与神灵信仰

a 历史上祁县的主要庙宇和神灵

庙宇名称	所在村镇	建造年代
延寿寺	张庄	元朝建
仁王寺	西阳羽村	金代人建
洪福寺	梁村建	元朝建
清法寺	中梁村	元朝建
洪济寺	北左村	元朝建
太清观	麓台坊街	不详
保真观	东以镇	金人建
遇真观	晓义村	元朝建

a1 下面是1953年祁县人民政府公布的祁县文物古迹一览表中的全县寺庙:②

药王庙	麓台坊街	清朝建
镇河楼	贾令镇	明朝建
文昌庙	晓义村	清朝建
关帝庙	三合村	明朝建

---

① 董晓萍:《说话的文化——民俗传统与现代生活》,中华书局,2002年4月,第73页。

② 《祁县文史资料》第九辑,1993年5月,第52页。

药王庙	麓台坊街	清朝建
狐神庙	贾令镇	不详

a2 根据笔者在前营村的调查所得，旧社会祁县前营村曾有以下的庙宇：

庙宇名称	供奉神	职　能
老爷庙	关羽老爷	主宰人间的全能大神。
三关庙	地狱十阎王	泥塑展示了十八层地狱的基本面貌，如油锅等，是教育人们要积德行善，不要抛米洒面，浪费粮食，不要做坏事，否则死后到地狱后要受罪。
文昌庙	文曲星君	帮人们求取功名，考中状元。
魁星楼	魁星	主管考试运，读书人在他生日农历七月七那天祭祀它，以求考运亨通。
五道爷庙	五道将军	五道将军传说为东岳大帝的属神，掌管世人的生死与荣禄，保佑一方民众。

a3 旧社会时祁县城内庙宇如下表：①

庙宇名称	庙宇归属	备　注
城隍庙	道士主持	农历五月二十七和八月初二是其庙会，要唱戏。

---

① 郝建荣：《祁县城内的寺庙》（写于1992年9月5日），载《祁县文史资料》第九辑，1993年5月，第77页。

庙宇名称	庙宇归属	备注
火神庙	城内杂货业行业神	农历六月二十三的庙会,农历正月十五这天必须唱戏。
太清观	道教庙观	供奉有原始天尊、通天教主、太上老君、吕洞宾、药王神,农历六月十九为庙会,并唱戏。
文庙	文昌神	供读书人拜祭。
龙王庙	龙王爷	保佑一方风调雨顺。
奶奶庙	不详	供妇女求子。
三官庙	天官地官水官	
财神庙	为茶庄、钱庄、当铺三大行业行业神	农历正月初八是固定的唱戏日。
关岳庙	粮行行业神	农历五月十三是其庙会并要唱戏。

b 对神灵的隐喻式表演

以祁县城内的庙宇为例,解放前许多行业都供奉有自己的行业神,并在固定的日子为自己的行业神唱戏。财神庙的戏日是正月初八,它以当日凌晨两三点的一本大戏《回荆州》为开端一直唱到天亮,茶庄、钱庄、当铺的掌柜、伙计们都在这个时候拿上香、供品去烧香叩头,求关老爷保佑他们生意兴隆,财源茂盛。农民利用祁太秧歌的娱神功能获得农业上的丰收被商人们移植过来利用它获取滚滚财源,之后,就是祁太秧歌的连续表演。在庙宇或其遗址这个通神的特殊场合下表演的祁太秧歌是和祭祀仪式互相渗透、交融结合的，民众在祭祀的同时希望以戏的形式来表达自己的虔诚，传递自己的情感，这样祁太秧歌就成为民众媚神以达成心愿的一种方式。

新中国成立初期大规模的"破四旧"运动，使上述庙宇要不被拆得所剩无几，要不就是被挪作他用，神灵的象征物失去了存身之地，但祁太秧歌的娱神功能却适应民众新的需要离开庙宇这一象征神的地域继续履行着。

庙会和集会是农村传统的商品交易之地，它一般以自然村落为址，在乡镇与县城则多设于繁华的街道与交通方便处，在特定的日子举行。农民们在庙会和集会可以自由进行农产品的买卖交易，在这些大大小小的庙会和集会上秧歌常常抛头露面。笔者曾参加了祁县贾令镇农历六月二十四（公历2004年8月9日上午）的集会，赶集的人从四面八方涌来，络绎不绝。由实力雄厚的店铺出资或者村民集资邀请的戏班在贾令镇中学（狐神庙原址）对面的戏台上表演祁太秧歌。在这个天然的大戏场里，老人自带凳子坐在前面，有的人靠在自行车上看，有的则坐在自家的农用车上看，多数人站着。虽然庙宇中供奉的神灵大都不复存在了，但是，以庙会和集会为契机表演的祁太秧歌往往还是在庙宇遗址周围演出。

c 驱邪迎祥的祭祀功能的拓展

从田野中获知，1995年后山西大运公路祁县段刚通车之际，经常发生车祸。祁县丰泽村就在大运公路的旁边，村中有人认为这是一种不祥之兆，于是在大运公路旁多次搭台唱秧歌，以驱邪气。20世纪90年代中期，祁县前营村西街上的很多人死于非命，全村惊惧，住在这条街上的一个万元户（其大儿子死于车祸）个人出钱请了秧歌班子，让戏台朝向西街唱了三天三夜的祁太秧歌。在开唱之前，进行了隆重的供奉仪式，摆上八仙桌，供献了猪头，还有蒸的佛手石榴样式的馒头，点香、烧了黄表纸，放了鞭炮，许了前营村西街人平安的愿望。①

从以上这两个例子可以看出，祁太秧歌用于农业上禳灾祈福的这一功能在当代社会被泛化了，拓展成民众面对自身生命消失时向冥冥力量传递心愿的工具，它体现着农民的宗教寄托。从古至今，农民实际上从未远离过这些活动，它糅合了农民的信念、价值观，象征着农民的追求和憧憬。这些活动所需的经费，世世代代均由农民分摊，谁都视为当然，农民也许会拖欠官粮，但绝少有人不乐意出戏份。

2. 祁太秧歌与晋中人生礼仪

山西晋中的人生礼仪包括四个方面：诞生礼仪、成年礼仪（12岁开锁）、婚嫁礼仪、丧葬礼仪。人生礼仪又以晋中平遥县最为盛行，每当有人家举行开锁、结婚、丧葬等人生礼仪时都要请秧歌艺人来表演秧歌，而在祁县通常只在葬礼上表演祁太秧歌。对于人生礼仪上表演的祁太秧歌，人们称之为"跑事筵"，这一称呼形象地突出了祁太秧歌表演的特定场合和时间，很具有民俗学意义，它体现了祁太秧歌作为民众活动最本质的仪式内涵。但在每个人生礼仪上，都要举行一个重要的仪式，小儿满月戴锁套、过十二斩锁、婚礼上拜天地、丧葬上封棺压食钵子，在进行这些仪式时秧歌表演要暂时停止。下面笔者主要从婚礼和葬礼两个方面来论述：

①婚礼上的祁太秧歌

平遥县人在结婚那天，由男方家请的秧歌艺人于上午10点开始表演，在男方家吃过饭后，下午2点多随男方去女方家迎亲，并在女方家继续表演，直到男方接上新娘启程后方才结束。如果男方家经济实力雄厚的话，会请两个秧歌戏班，一组一直在

---

① 讲述人：钱守义，男，64岁，农民，初中文化。讲述地点：山西祁县前营村。搜集时间：2004年3月21日。

男方家表演，另一组到女方家表演。表演多为乡亲们点的《唤小姨儿》、《送樱桃》、《缝小衫衫》等喜庆的曲目。在当地人的观念中，婚礼上唱秧歌被认为是身份、地位的象征，要求越热闹越好，祁太秧歌的参与无疑增添了婚礼中的喜庆气氛，使婚礼显得隆重、豪华，给新人送上最好的祝福。同时，当地人认为，一些不祥之物遭遇祁太秧歌时就会自动避而远之，确保婚礼仪式的顺利进行。

②葬礼上的祁太秧歌

当地人认为，老人活到 75 岁以上去世是白喜事，通常唱一些热闹的秧歌，而在四五十、50 岁因病或者意外亡故的，一般不唱秧歌，如果要唱的话，就要选一些悲戏或苦戏，如《哭灵堂》、《小上坟》、《算账》等，诙谐的秧歌是绝对禁止的。

笔者参与观察了祁县前营村的一位周姓老人（79 岁）葬礼上的祁太秧歌表演。2004 年 7 月 21 日中午 11 点，表演开始，两位女秧歌艺人（角色是一旦一生，年纪在 30 岁左右）手拿麦克风唱起了秧歌，不穿戏服，不化装。他们站在人群中间，伴奏的人员在两边组成文武场，先唱晋剧，再唱秧歌，第一个剧目是《割田》，第二个是《奶娃娃》，然后又开始唱晋剧。中午 1 点钟左右休息，主家供饭，下午 2 点多，又接着唱秧歌，这些曲目，全由观众来点。在下午 4 点多时主家出殡，在村子的主要街道上游走后前往墓地，在出殡途中若遇到乡亲阻拦，送葬队必须停下来，随行的秧歌艺人要就地表演。在前营村有三个十字路口，笔者看到，在村中的两个十字路口有人拦住了出殡队伍，队伍停了下来，村民点了《割青菜》、《回家》等曲目，周围围满了村民，他们大多是本村的妇女和小孩子，年轻男子较少。而到了村中原有五道爷庙的那个十字路口前，出殡队自动停了下来，秧歌艺人在这儿大唱秧歌，当时唱了《哭灵堂》，而孝子们的哭声也大了起来。伴随着秧歌，村民这时首先注意的是孝子，议论死者的家属及亲戚们,谈论着给死者上礼、送祭①、吊孝的人,继而把话题转到秧歌表演上来,涉及秧歌表演与死者葬礼的排场以及艺人的钱是如何摊派的等等。最后,在死者棺木出村后,秧歌表演正式结束,主家给了秧歌艺人们1000元。在此次葬礼上笔者注意到,以前葬礼上的唢呐队基本已被秧歌吹奏队所代替。

值得注意的是,"五道爷庙"建在该村最大的十字路口处,供奉的是五道爷,传说它是东岳大帝的属神,掌管人世的生死荣禄,可保佑一方民众。解放后该庙被拆除,但人们一直沿用了这个街名。以前,人死安葬后,家人就要到"五道爷庙"送灵祭祀,希望死者到阴间不受惩罚,转世为人,并与原来的家人割断亲缘,不到人间来作祟。现在,"五道爷庙"虽然不存在了,但是人们在心理上依然对它充满了敬畏之情,创造出这种唱秧歌的方式来表达心愿,因此在葬礼上仍然要在已经拆了五道爷庙的十字路口唱秧歌。

在当地民众的眼中,葬礼上唱秧歌是孝子们表达孝心和这户人家家财实力的表现,也是死者后代得到村民肯定评价的重要途径。"钱多的人家可以请水平高的秧歌艺人,甚至于在卡车上搭台请秧歌艺人化装穿戏服演唱,那么葬礼就显得比较排场,戏价也就要按场算。"②

在当代人生礼仪上表演的祁太秧歌,没有特定曲目,没有太多的禁忌,它无须刻意配合主家的婚丧仪式,主要是迎合村民的喜好,表演非常自由。它在为主人演唱的同时,也供村民们娱

---

① 死者的亲戚给其摆的供品,有专门的食盒分类盛放,有馒头,有荤素菜,有干果,有果脯糯米饭,由专人步行抬来,然后再由专门摆祭的人在出殡那天摆在供桌上。

② 讲述人:任润秀,女,50岁,农民,不识字。讲述地点:山西祁县前营村。搜集时间:2004年7月28日。

乐,作为一种文化符号,它有效地保持和传达了乡民间的情感,反映出当地村民的价值观念和处世态度。村民认为在人生礼仪中唱祁太秧歌是"很普通的"民俗事件,说明它已经成为当地人生礼仪的重要组成部分,是被民众所认可、遵守并执行的习俗,反过来它对民众的制约也日渐加强。

在人生礼仪上表演的祁太秧歌没有舞台,演员与观众是面对面的,表演很轻松,省略了舞台上那些程式化的动作和语言,她们的表演也失去了舞台上那种拟真性。由于缺乏相应的化装,对于民众来说识别角色有点困难,所以艺人们这时的表演要准确到位,才能让民众一眼看出演的是哪出戏。而秧歌艺人们认为秧歌介入到人生礼仪是一种不好的现象,是祁太秧歌的倒退。但事实上,在人生礼仪场合中表演祁太秧歌,的确促成了祁太秧歌的兴盛。

3. 祁太秧歌与当代仪式庆典

从20世纪90年代后期开始,祁太秧歌除了出现在上述的庙会、集会、人生礼仪场合外,还为新式庆典所青睐,被赋予了新的内涵:

①乡镇企业的开业典礼

祁县的乡镇企业中以玻璃厂最多,这些乡镇企业在工厂建成投产前都有一个开业典礼,放鞭炮、请乡镇领导剪彩并给工厂挂牌。之后便在工厂内或是距工厂较近的地方搭台唱三天秧歌,一方面给开业典礼增添了喜庆气氛,另一方面吸引了村民的观看,使村民对企业有了初步的了解,无形中为企业作了宣传,企业的名字很快为当地民众所熟悉,为企业从农村中招收工人创造了有利条件。

②村委会倡导的敬老活动

祁县丰泽村在每年的重阳节,都要请秧歌班子为本村的老人演三天秧歌。秧歌开演前,村领导会在台上讲关于尊敬老人的话题，告诉村民们要孝敬老人，并明确指出，唱秧歌是为老人唱，为那些尊老敬老的村民唱的。同时在丰泽村，虐待老人的小辈将会受到村委会的经济制裁和村民的一致谴责，承受巨大的社会压力。村委会以秧歌为媒介宣传尊老养老意识收到了很好的效果，尊老爱老的美德在该村蔚然成风，虐待老人的事情很少发生。①

③金榜题名者的欢送会

在丰泽村，如果哪家的孩子考上了名牌大学或重点大学，村委会都要为其唱上三天秧歌，并在舞台上悬挂关于庆祝这位学生考上某某大学的横幅，马上会在村中引起很大的反响，其父母也会在这几天倍感风光，成为人们讨论的焦点，②而且外村人也因祁太秧歌知道这个村子的某某考上了大学。这对于提高本村孩子的学习热情和村民对教育的投入起到了积极的促进作用，宏观上有利于农村教育事业的发展。

④吸引投资的座谈会

对于那些在外工作的本村孩子，丰泽村村委会又会趁他们回家探亲之际，邀请他们参加座谈会，请他们为村中诸如修水利、修公路、盖学校、盖卫生院等基础建设筹钱尽力。往往在由他们出资完成村中的公益事业后，村委会就会请戏班唱几场秧歌，村中的人也由此知道谁为村里做了好事。从调查中笔者还获知，2004年农历七月十六晚至七月廿二（公历2004年8月1日至8月7日），祁县南谷丰村为庆祝本村自来水水塔建成，由村委会出面请戏班子唱了三天的晋剧和三天的祁太秧歌。③

---

① 讲述人：权盼勇，男，19岁，小学文化，秧歌艺人，旦角。讲述地点：祁县丰泽村。搜集时间：2004年8月13日。

② 同①。

③ 讲述人：钱熙正，57岁，男，大专文化。讲述地点：祁县前营村。搜集时间：2005年1月21日。

笔者认为，祁太秧歌在当代社会赋予自己一个全新的民俗语境，即它与当代民众的经济生活、政治生活发生了关系，越出了乡土社会文化小传统的界限。乡镇企业家、村委会领导作为农村社会的精英分子，有效地利用了祁太秧歌这一民间文化资源。丰泽村村委会通过搭台唱秧歌宣传尊老政策和争取到本村建设的资金，这是农民式的智慧在现代化层面上的运用。作为农村基层干部，他们对祁太秧歌的运用也说明了"国家存在于民间表达方式中";[①]"政治权力不仅仅表现为简单的强制，而力图呈现为一种合法合理的运用"。[②] 从这儿可以看出祁太秧歌绝对不是专属于传统的农业社会的，农村社会中现代政治生活和权力的运作也要借用它。

综上所述，庙会、集会、人生礼仪等传统乡土活动和当代仪式庆典是祁太秧歌存在与发展的双重弹性空间。祁太秧歌在乡民传统习俗活动当中找到了游刃有余的新途径，许多停唱的秧歌艺人也重新在仪式场合上开始了表演，而每种艺术的发展规律，无不是从简单到最后的精益求精，直至程式化。在农村当代仪式庆典中融入了祁太秧歌，又为祁太秧歌提供了一个扩张的新空间，并使祁太秧歌潜在的政治意义和经济价值初露端倪。

二、作为民间艺术的祁太秧歌

1. 祁太秧歌在新时代的发展

祁太秧歌作为民间小戏的一朵奇葩，新中国的成立赋予它新的生命力。1957年，山西榆次秧歌剧团以《当板箱》、《卖高底》

[①] 高丙中:《民间仪式与国家的在场》，载郭于华主编:《仪式与社会变迁》，社会科学文献出版社，2000年10月，第312页。

[②] 郭于华《导论——社会生活及其变迁的文化人类学基础》，载郭于华主编:《仪式与社会变迁》，社会科学文献出版社，2000年10月，第4页。

为演出内容参加了山西第二届戏曲观摩演出并获奖；1959 年，该剧团又以《偷南瓜》、《卖高底》为演出内容参加了山西省第三届戏曲汇演，受到好评。20 世纪 50 年代在祁县境内村办秧歌班就有 17 个，祁太秧歌的迅猛发展引起了当时音乐工作者的注意，上海电影制片厂、上海音乐学院、华北军区文工团都曾派专人搜集祁太秧歌曲调。

在经历了"文化大革命"后，祁太秧歌重新回到了农村表演的舞台上。山西省舞蹈家王秀芳慧眼识才，对曲目《看秧歌》进行加工提炼，编成了一个乡土气息极浓的女子群舞《看秧歌》，并由著名民歌歌手卢秀梅在 1990 年中央电视台春节联欢晚会上演唱，从此祁太秧歌插上了金色的翅膀，萦绕全球。而祁县的乔家大院因为《大红灯笼高高挂》影片而一夜成名，引发了"晋商热"和晋中地区民间艺术的升温。从 2000 年开始，在当地政府举办的一年一度的晋商社火节中，祁太秧歌是必不可少的节目。2000 年 12 月 8 日至 16 日，祁太秧歌又参加了由台湾戏曲专科学校举办的"两岸小戏大展暨学术会议"的文化交流，在台湾演出了《送樱桃》、《卖高底》、《偷南瓜》等传统剧目，引起轰动，台湾众多新闻媒体对此进行了热情洋溢的报道。① 1997 年 12 月 3 日，平遥古城被联合国教科文组织正式列入《世界遗产名录》，2001 年、2003 年平遥古城连续举办了两届国际摄影节，在此期间，祁太秧歌作为地方特色小戏与晋剧一起成为展示地方民间艺术的主角，这一切都成为祁太秧歌获得良好发展的契机。从上述事实中不难发现，祁太秧歌通过参加各种文艺活动融入到主流意识形态的文化建设中，在文化体制里获得了"民间艺术"的身份，也使祁太秧歌以民间艺术的身份在本土和外国赚足了脸面。

2. 祁太秧歌作为民间艺术的变迁过程

---

① 《人民代表报》，2001 年 1 月 11 日第 4 版，记者煜达报道。

①秧歌艺人对祁太秧歌的改革

当祁太秧歌以戏曲的形式登上舞台后，人们对它的要求越来越高。面对祁太秧歌的艺术品质严重下降的不利局面，一些秧歌艺人对祁太秧歌进行了必要的改革。

a 旧社会时秧歌艺人对祁太秧歌的改革

在祁县贾令镇谷恋村，有位叫高锡禹的农民艺术家（1882－1945），人称狗蛮师傅，他从小受到父亲的影响，喜欢唱戏，后经过自学，成为誉满三晋的晋剧板鼓师。他利用自己的这一优势从事秧歌的改革工作，把晋剧曲牌、故事情节、场次安排等运用到祁太秧歌中，并在伴奏中加入了弦乐，改变了祁太秧歌先前一打一唱的单调风格，把祁太秧歌推向了一个新的艺术发展阶段。作为一名农村艺术家，他还坚决抵制了低俗的所谓"脱裤子"秧歌，抛弃了老剧本中粗俗低下的戏词，保留老百姓喜爱的口头语言，还对秧歌的剧情进行了大胆的改编和创新，融合了晋剧唱词华美、音调动听的优点，一生共改编了 50 多个传统秧歌剧本，如《锄田》、《算账》、《杀子》、《大劈棺》、《游晋祠》、《采棉花》、《打面缸》、《碾糕面》、《游湖》、《游绵山》、《祝英台下山》等。人们把高锡禹改编的秧歌称为"改良"秧歌，如改良《算账》、改良《锄田》，以区别于老秧歌。据老人们讲，高锡禹把改编过的秧歌搬上舞台后，很受人们的欢迎，奠定了秧歌戏曲化表演的模式。直到 20 世纪 80 年代末，许多老年人在谈到秧歌剧目名称时仍要带上"改良"二字。

谷恋村有位叫高硕猷的财主，非常富有，人称"金蛮财主"。他很喜欢秧歌，出钱组建了秧歌班子，聘请高锡禹、高锡铭（人称育林先生）为戏班子的师傅。他们招收了十几名先天条件好的孩子，教这些孩子唱秧歌，由高硕猷养活，并在本村大戏台上免费为村民演出。高锡禹在戏班中发挥了关键性的作用，在他和育林先生的精心培养下，一些演员走出了谷恋村，成为誉满三晋的秧歌名角。有关这些名艺人的轶闻至今还在当地流传，如"抓心旦"高硕鹏目不识丁，通过师傅口传记住了300句秧歌词儿；而另一位艺人跌鞴旦在高硕猷家中开始只是个拉鞴鞴①做饭的，但他一直偷着学唱，有一天，金蛮财主在吃饭时听见了他以旦角唱的《偷南瓜》，就问他："二奴者，你会唱吗？"他自信地答道："我不会唱的话你怎么就问了呢？"于是，金蛮财主让他以《偷南瓜》登台，一举成名。人们为此赞扬道："比教出来的都好。"他还能扮演生角，演《张公子回家》中的张公子和《算账》中的张三都很有男子气，一直是"抓心旦"的老配手，成为晋中地区家喻户晓的秧歌名艺人，抗日战争爆发后，他参加了游击队，牺牲于平遥县。②

高锡禹和高硕猷因爱好而进入了祁太秧歌这一民间艺术世界，他们一个以个人的艺术才能、一个以个人的家财扭转了1930年以后祁太秧歌低俗的表演，成就了秧歌与晋剧的对等地位，使祁太秧歌重新获得了当地民众的热烈欢迎。这是祁太秧歌发展的一个重要转折点，是祁太秧歌提升自身艺术品位的开始。

b 新中国成立后，文艺工作者对祁太秧歌的改革

1951年5月初，国务院发布了《关于戏曲改革工作的指示》。遵照这个指示，1951年11月，祁县、太谷、文水、交城四县的文化馆选拔各县的秧歌名艺人二至三名组成了祁太秧歌研改社，由祁县文化馆主办，馆长薛贵棻任社长，主要演员大约有30余人。作为20世纪50年代的新文艺工作者，他们以当时的文艺标准对祁太秧歌进行了搜集、整理和分类，保留优秀的，改编良莠并存的，摒弃淫荡迷信的，并积极排练现代秧歌。在祁太

---

① 祁县方言，即当地农民烧柴做饭时用的风箱。
② 讲述人：高诸毅，83岁，识字不多，祁县谷恋村人。讲述地点：祁县丰泽村祁太秧歌活动中心——霞光俱乐部。搜集时间：2004年8月13日。

秧歌的音乐上，加强了唱腔、梆板统一性，曲调字句力求准确，充实锣鼓鼓点，有选择地配以弦乐伴奏。在表演上，极力剔除丑恶、庸俗、低级的因素，突出刻画戏剧人物的性格，摸索出了剧改的"五字经"，即抄、研、改、排、演和"三态三骨"剧改法：即原胎原骨、原胎换骨、脱胎换骨，这些改革对祁太秧歌产生了很大的影响。①

1980年重新组建的榆次秧歌剧团是20世纪80年代颇受群众欢迎的专业秧歌剧团，剧团在表演上取消了低级庸俗的动作；注意刻画人物性格，加强基本功训练；虚心向老艺人学习，继承、发扬了传统优秀表演艺术；在音乐上增加了弦乐伴奏，使祁太秧歌由一剧一调变成一剧多调；增添了二胡、板胡、三弦、笛子、笙等民间乐器；努力提高念唱技巧；在记录整理传统乐曲的基础上创作了30多个新曲目，先后发掘传统剧目百余个，经加工整理后演出30多个，并积极编演现代戏。1982年以现代戏《我就爱他》参加山西省优秀中青年演员评比演出，王基珍、马宝莲、张小平分获优秀演员奖。② 经过专业艺人和文艺工作者的不懈努力，祁太秧歌的艺术面貌又有了很大的改变。

3. 比赛机制和旅游业给祁太秧歌带来的新机遇

从20世纪80年代开始，祁太秧歌作为地方戏的代表经常被当地政府邀请"进城"参加各种汇演和戏曲比赛。1982年，在晋中地区的戏曲汇演中，祁太秧歌演员籍红玉、刘丁英、石俊芬均获得优秀演员奖。籍红玉还在山西人民广播电台组织的优秀唱腔全省听众投票评选活动中被选为"优秀唱腔演员"。2000年，年仅15岁的权盼勇获得了由祁县电视台举办的祁太秧歌大赛一

---

① 中国戏曲志编辑委员会编：《中国戏曲志·山西卷》，文化艺术出版社，1990年12月，第531页。

② 同②，第503～504页。

等奖。这种带有比赛性质的汇演和评选活动直接影响了普通民众对待祁太秧歌的态度，有利于祁太秧歌表演的专业化和正规化。

随着平遥县、祁县、太谷县、榆次市成为山西民俗文化旅游的黄金地带，从地委行署到县、乡政府都无一例外地认识到了祁太秧歌的"民俗文化价值"与当地旅游经济之间的关系，把祁太秧歌奉为发展当地旅游业的法宝之一，作为民俗旅游的精品向外界隆重推出，由此掀起了发展祁太秧歌的新浪潮。太谷县成立了秧歌协会，山西省戏剧研究所和祁县县委宣传部合编了《山西地方戏曲汇编祁太秧歌专辑》，收录了 62 个祁太秧歌剧目，配上光盘和曲谱，作为旅游商品出售。2003 年 6 月，山西省戏剧研究所对全省剧种和剧团进行考察，[①] 第一站就到祁县对祁太秧歌进行考察，使祁太秧歌的社会知名度一升再升，也使得人们对祁太秧歌这一"土生土长"的民间文化艺术另眼相待。

4. 祁太秧歌发展中的新趋势

20 世纪 90 年代初，由太谷县秧歌协会监制的各种秧歌磁带和光盘上，均被打上了"太谷秧歌"的名称，再不称祁太秧歌，这引起了祁县文化界的不满。笔者在祁县 4 家音像店进行调查时发现，由太谷秧歌协会监制发行的 23 种秧歌光盘上，全印有"太谷秧歌"的名称，给人的印象就是秧歌的发源地只限于太谷县而没祁县。而当笔者在祁县对这一问题展开调查时，无论是基层文化工作者还是普通老百姓，在观念上仍然倾向于"祁太秧歌"这个名称。祁县城赵镇文化宣传员王继红说道："祁太秧歌不是它太谷一家就能够发展到今天的样样的，祁县不乏秧歌艺人，如巧叶子（梁巧叶）、原东丑（杜玉双）、冯兰秀、松树树（苗根深）、疙瘩丑（张效富）等人，他们都是家喻户晓的名角，并且解放前，祁县人狗蛮师傅（高锡禹）在谷恋村财主高硕猷的

---

① 《中国文化报》，2003 年 6 月 14 日第 2 版对其进行了报道，记者张晓笛。

支持下培养了一大批秧歌好手,绝不是太谷一地就能形成祁太秧歌的现貌。"① 普通老百姓则认为:"秧歌,要不是太谷家唱,要不就是祁县人唱,有啥争头?"由于祁太秧歌不断受到官方的重视,在祁太秧歌流传地造成了祁县、太谷两家争夺秧歌正宗起源地的局面。

进入21世纪以后,祁太秧歌艺人在心理上产生了微妙的变化。他们意识到了自己所拥有的"表演资本",消除了祁太秧歌只能赚乡人草民钱的偏见,认识到与官方合作,能达到名利双收的效果。于是积极参加政府组织的诸如社火节、录制光盘和磁带等活动并获得相当数量的酬劳。笔者采访太谷杨建桃秧歌剧团的艺人时,有的人已不再称自己是"唱秧歌"的了,而是多次提到"演员"这个词语。不难想像,这是他们身份意识变化的潜在反应,称自己为演员也使他们获得了相对的优越感。然而需要指出的是,这种身份意识上的变化是很不明显的,毕竟他们出席官方组织的文化场合的机会实在不多。

从上述论述中可以看出:国家权威、精英话语是祁太秧歌发生变迁的异度力量。也就是说,文艺工作者作为当地的文化精英,地方政府作为国家的代表对祁太秧歌的改革及地位的提升发挥着作用,最终形成了祁太秧歌表演的双线运作,一条是祁太秧歌沿着古老的行业习俗,继续在广大农村流传,民间艺人主要以此谋生,这是祁太秧歌存在的乡土社会基础。另一条就是作为民间艺术,在由政府及文化精英们出面组织的各种场合中演出,彰显其艺术性,显示国家及精英人物对地方文化的重视及保护。从中也可以看出,在乡村日益被纳入到现代化的进程中,活跃在乡村里的祁太秧歌也不知不觉地被纳入到国家的现代化话语之中,

---

① 讲述人:王继红,男,43岁,初中文化,祁县城赵镇文化宣传员。讲述地点:祁县休善村。搜集时间:2004年8月2日。

并在全球化的语境下，成为编织当地文化的主要象征，也成为扩大地域影响力的一个金字招牌。

三、祁太秧歌的民俗学分析

1. 深厚的乡土文化是祁太秧歌的基础和灵魂

新中国成立伊始，政府"不仅仅满足于一般意义上的政府权力更迭，更希望以再造一个'新中国'的名义对整个国家进行一场关乎社会主义和现代化这两个主要维度的、从上至下的普遍改造，最终导致全国范围内在社会政治、经济和文化等所有领域的根本变化"[①]。这种革命性的"破坏力量"使得那些神、庙宇及其伴生物作为封建迷信被破除，祁太秧歌也相应丧失了表演的重要场所。从显性上看，它虽然脱掉了作为现世与冥界沟通工具的外衣，但其内在隐性依然还涌动着，当政治高压的阀门被打开后，它马上奔腾起来，出现了回潮。"除了政府合理的政策调适外，改革开放后的经济发展也提供了一定的物质基础。从更深层次上说，建国初期的民间信仰改造主要触及物质和制度层面，而对观念层面的改造则失于肤浅，因此，20世纪80年代农村民间信仰的回潮应该说只是从人为控制重新恢复到正常变迁的轨道，并非仅是简单指责的对象。"[②] 因此祁太秧歌依旧可以在车祸经常发生的公路旁边表演，面对一条街的连环惨祸，人们手足无措，又想到了利用祁太秧歌来解围。可以说，深深积淀在民众心中的乡土文化意识是祁太秧歌的灵魂，而祁太秧歌又点亮了民众的精神信仰之灯。

2. 祁太秧歌继续发展的原动力

---

① 傅谨：《新中国戏剧史》导论，湖南美术出版社，2002年11月，第2页。
② 侯松涛：《20世纪80年代中国农村的社会习俗变迁》，载《当代中国史研究》2002年第3期，第108页。

乡土民俗及民众娱乐需求是祁太秧歌得以继续发展的原动力。祁太秧歌是随着农民物质基础、生活水平的变化而变化的。20世纪80年代至90年代中期，由于电视机等家电还未在农村普及，唱祁太秧歌一直是农民们唯一最为喜欢的人生娱乐活动。不可否认，乡俗对祁太秧歌的容纳与需要是祁太秧歌存在的土壤，反过来，又使祁太秧歌成为它的一部分，对祁太秧歌的变迁与发展起着主导作用。

从艺术层面来说，20世纪50年代初的"戏改"运动为祁太秧歌一洗历史风尘，为主流意识所接受，在21世纪又使它成为晋中地区民间艺术的典型代表，炙手可热。其原因正像高丙中所说的："民间仪式被国家或国家部门及其代表所征用，主要取决于它们潜在的政治意义、经济价值。国家在节日活动、重要庆典中让民间花会表演，最直接的功能在于借助它们制造热闹场面。但是这种热闹场面的政治意义很丰富。首先，民间仪式固有的象征意义如'喜庆'、'祥和'被凸现出来，可以作为'安定、团结的政治局面'的印证。其次，民间仪式在历史上制造'普天同庆'、'与民同乐'的盛世气氛的功能在今天实际上被用来表达对政府成就的肯定。最后，政府需要民众通过仪式参与国家活动，在当今的国家政治生活中，民众的积极参与是必需的而实际程度又是不够的。解决这个紧迫的问题是包含风险的。但是让民众通过表演仪式或观摩仪式来参与或体验参与，在现实效果上既简便又安全。"[1] 这段话适用于在晋中各县举行的正月十五社火汇演祁太秧歌的表演或者它在台湾的演出。祁太秧歌在"平遥国际摄影节"上的表演则是其"地方性价值"的体现，祁太秧歌富于地方特色的方言土语表演给国人和外国游客留下了深刻的印象。这

---

[1] 高丙中：《民间的仪式与国家的在场》，载郭于华主编：《仪式与社会变迁》，社会科学文献出版社，2000年10月，第327页。

又使祁太秧歌成为一种民俗广告，对当地的旅游经济起到了很好的宣传作用。在这背后，体现了当地政府"怀抱着通过文化的仪式化表演纳入世界经济秩序格局的理想，想像通过地方性文化的展示迈向世界的坦途"①。

最终，祁太秧歌在乡俗与民间艺术这两个层面上的同时运作，形成了异体同质的祁太秧歌，我们可视为祁太秧歌双向能动演绎的存在方式。

祁太秧歌的表演活动

一、祁太秧歌在前营村的演出

1. 前营村概况

前营村是山西省祁县的一个行政村，村中现有200多户人家，900多口人。村民主要以务农为生，现有耕地1800亩，实际可耕种土地800多亩。村民主要姓钱，其次是姓周、姓刘。关于该村的来历有一个传说：明朝时由于钱塘江发大水，那儿一个村的人逃难至此，觉得这里很适合居住，就在这里定居下来，给这个地方起了一个名字，叫做前营。② 一直以来，前营村村民的经济收入主要依靠卖粮食和搞副业。近几年，种地已经挣不到钱了，辛苦一年，农业收入大大低于投入成本，农民的生产积极性不高，因此人们的收入基本依靠副业。

该村村民的教育观念比较淡薄，认为即使孩子考上大学也供不起，还不如早点出去赚钱，因此许多孩子上完小学就辍学了，到周围的玻璃厂去做童工，致使该村村民的文化水平、人口素质

---

① 廖明君、刘晓春：《民俗学的当下关怀》，载《民族艺术》2003年第3期，第15页。

② 讲述人：钱守义，男，64岁，农民，初中文化。讲述地点：祁县前营村。搜集时间：2004年3月19日。

较低。该村村委会的工作基本上处于瘫痪状态，村民意见很大。

2. 祁太秧歌在前营村的恢复

据笔者调查，该村已有 8 年多没有唱秧歌了，据说 20 世纪 90 年代初村子一唱秧歌就会出事，所以从 1995 年至今，前营村再没有唱过秧歌。到了 2004 年，村中的年轻人凑在一起，开始嚷着要唱几场秧歌，他们找到村中有威望的老人钱守义、周克文商议，得到了他们的支持。随后就开始筹钱，先到村中各家去筹钱，村民的情绪很高，无论穷富，均出钱集资，按村里人的说法是："掏点钱去看秧歌心安理得，不掏的话，以后在村子里连头也抬不起来了，再穷，二三十块钱还是有的"。由此可见群体凝聚性的强度，由某些人提出的意见一旦转化为全村一致的行动时，个人的不合群会使他的人格信誉受损。中间的小插曲很能够说明这个问题。当钱守义等人向在祁县广播电视局工作的前营村人钱某筹钱时，遭到拒绝。村中人知道这件事后，大多数人认为"说不过去"，有的人甚至说"他父母没了后肯定没人给他招呼"。① 因为钱某的父母还在村子里，这使得其父母很尴尬，几天后，他托人捎回了 300 元钱，但依旧未能平息村里人的议论。之后向县城及外地城市有稳定工作的本村人筹钱，也得到了他们的积极响应，很快就筹到了 12000 元钱，拉开了前营村恢复祁太秧歌表演的序幕。从这儿可以看出在习俗社会中十分强调人的行为取决于一定的习俗环境的影响和强化作用，甚至认为完全可以通过各种习俗的方式和手段引导并控制人的行为。任何一个社会群体的成员首先面对的是群体的期待及现成的风俗习惯的规范，由此产生了各种行为和协调行为的举措。俗民群体在风俗习惯体系中确立了俗民个体的行为'保障'，从而建构并维护了习俗社

---

① 当地丧葬是一件很隆重的事，死者亲属一边守孝，一边打理丧事，具体事情需要很多村中人帮着打理。

会秩序。正是出于这种需要，确立对个体行为的'保障'过程中，群体对个体行为的监测，就不是一种义务，而是一种近乎'天职'的责任，甚至是一种'权利'。①

3. 祁太秧歌在前营村的表演过程

①搭戏台、请戏班

以前，搭戏台都是由村委会出面砍几棵属于集体的树或者借个人的木料，之后便是动员村中年轻人出力，这对于村干部或操办唱秧歌的人来说，是一件很费心的事。现在转而租活动戏台了，租金为一天500元，前营村这次租了祁县东观镇马家堡的舞台，请了杨建桃秧歌剧团，在2004年3月20日晚至3月23日中午进行七场演出。

②请乡亲、做宣传

多年沉静的小村变得热闹起来了，人们告诉亲戚好友唱秧歌的日子，请他们来看秧歌。在村民看来，这是日常生活中礼尚往来的好机会，在前营村不唱秧歌的8年多时间里，他们平时常以看秧歌为由走亲戚，现在终于有机会还这个人情了。这的确是一件值得炫耀的事情，这也为外村人到前营村看秧歌提供了极好的借口，许多村民在事实上也不能确切地知道将会是哪位亲戚好友来访。笔者看到，许多出嫁的姑娘兴高采烈地回到娘家，还有许多正在谈恋爱的年轻人也以看秧歌为由邀对方来家小聚。离开故乡多年的人也在秧歌场上见了面。这些人看戏聊天，重温旧事，展望未来，给乡村平添了些许祥和喜庆的气氛。

③正式演出

秧歌演出从农历正月三十日正式开始，具体的演出剧目如下表：

---

① 乌丙安：《民俗学原理》，辽宁教育出版社，2001年1月，第180～181页。

日 期	中 午	晚 上
正月三十	/	晋　剧：《喜荣归》
		祁太秧歌：《奶娃娃》
		晋　剧：《卷席筒》
二月初一	祁太秧歌：《劝戒烟》	晋　剧：《走山》
	祁太秧歌：《割田》	祁太秧歌：《哑女告状》
	祁太秧歌：《刘家庄》	祁太秧歌：《换碗》
二月初二	祁太秧歌：《算账》	祁太秧歌：《卖胭脂》
	祁太秧歌：《割青菜》	祁太秧歌：《洗衣记》
	祁太秧歌：《古董借妻》	
二月初三	祁太秧歌：《做小衫衫》	祁太秧歌：《卖辣椒》
	祁太秧歌：《当板箱》	祁太秧歌：《送丑女》
	祁太秧歌：《小姑不贤》	晋　剧：《凤凰巢》

　　演出安排通常是前两个剧目为祁太秧歌，剧情较短，第三个或是晋剧或比较长的祁太秧歌"本戏"。每场开演前，会有半小时的"打腾"①，作为开场锣鼓，打腾三次，催促人们赶快集合，到三打腾时，秧歌场上就已经有不少人了，秧歌正式开演。

　　以前演出时没有扩音设备，全靠艺人们的嗓子，为了能一饱耳福，人们在听见一打腾、二打腾时就要"抢台"，找一个最好的位置以便能听见秧歌人的演唱。戏台也没有现在这么阔气大

---

① 　锣鼓敲击声。

方，而只是一个简单的露天小土台。现在的戏台不仅有了音响，还有了灯光和舞台布置，使祁太秧歌的演出更富于现代气息。

4. 祁太秧歌在乡民生活中的独特作用

祁太秧歌在乡民生活中除发挥上述的娱乐、娱神、驱邪等作用外，还起着解决家庭矛盾、维持农村社会平衡稳定的独特作用，促进乡村家庭的和睦。例如：本村一位姓钱的姑娘嫁到外村后与婆婆发生了争吵，婆媳矛盾非常尖锐。姑娘的母亲为了化解这一矛盾，以看秧歌为由，亲自去男方家"道"了亲家，请他们来看秧歌。在秧歌演出的头一天，男方父母提着礼品来到女方家里，吃了饭，这就意味着婆媳关系开始好转起来。这是当地人解决家庭矛盾惯用的方法之一，因为在当地人看来，被人邀请看秧歌是一件很有面子的事情。反之，如果有秧歌演出，但有的亲戚却没受到邀请，说明他们之间关系的疏远。在这里，唱秧歌在乡民的世界中不仅仅是单纯的艺术形式，它负载着当地人的亲情、友情和爱情，成为联络人与人之间感情的盛宴。一位西方人曾记录了19世纪末中国某乡村戏剧演出前的情形，他这样描述："一旦某一个乡村要举办戏剧演出的事情被确定下来，附近整个的一片乡土都将为之兴奋得颤抖。"[①] 唱秧歌使人们真切地感受到来自他们内心的热情，牵动着当地乡土社会中每个人的神经。

二、民间的业余秧歌活动

看了秧歌剧团的"专业"表演，村民们依旧没有过足秧歌瘾，他们对于秧歌有着强烈的参与愿望，自立票社（又称"自乐班"）闹票儿。这种传统在晋中农村有着悠久的历史，清末在晋中的广大农村中已经出现了一大批由秧歌爱好者组成的秧歌班

---

① ［美］明恩博：《中国乡村生活》，午晴、唐军译，时事出版社1998年1月，第64页。

社，主要班社如下表：①

名称	成立年份	组建人	所聘秧歌师傅	结束年份
南沙河社	光绪年间	自贵成	有儿旦	未知
同乐社1	光绪十余年	张永茂	以老带小	1966年
田乐社	1885年	刘效芝秀才	/	1964年
三和社	1885年	刘月贵	能者为师	1982年
侯城秧歌社	1885年	杨贵成，七当家（一位姓武的财主）	/	未知
同乐社2	1886年	车彩金	无师自学	1978年
义和社	光绪十余年	吴登贵、梁信、吴登奎	/	1965年
群乐社	光绪十年间	李庆富	/	1962年
同乐社3	1889年	孙九则	/	1982年
贾家堡社	光绪十余年	高保昌	晋剧名角二蛮	1987年
乐堡社	1909年	二好汉	/	1960年
上庄社	1942年	王臭小（卖毒品）	小要命，蛤蟆丑	未知

---

① 《山西地方志（增刊）：太谷秧歌》，山西地方志编委会，1987年，第92~93页。

这些业余秧歌班社，是普通农民对秧歌极度喜爱的集中表现，有痴迷的秧歌爱好者的支持而在晋中一带存在着，足见祁太秧歌乡土之根的深厚。

现在，山西祁县仍然有这样的自乐班：

1. 祁县北街的渠家大院内每周一、三定期闹秧歌票儿。
2. 祁县西六支乡王村每周闹秧歌票儿。
3. 丰泽村北街的供销社内，每周一、三、五由本村爱好秧歌的人闹票儿。
4. 祁县县城与丰泽村交会处的一个卖瓦翁的店铺，作为秧歌活动中心，其名称为霞光俱乐部，每周二、四、六、日闹票儿，二、四、六唱秧歌，周日唱晋剧。

霞光俱乐部是当地最知名的一个业余秧歌班社。主持人是一位年近七旬的老人，叫杨昌海，祁县丰泽村人，他从年轻时起就特别爱好秧歌，作为票友经常在丰泽村登台演出。从1995年起，他在丰泽村与县城交会处开了一个店铺，每天都有人来听他唱秧歌，后来就有人专门和他配合着唱，逐渐成为一个秧歌活动中心。杨昌海费时两年花了6000元钱购置了祁太秧歌所需的乐器，装了两个高音喇叭，固定了唱秧歌的时间：二、四、六是活动日。秧歌爱好者聚集在此，票友们可以独演，也可以客串，最受欢迎的是临时搭档演一出完整的小戏。县政府给予该俱乐部各项优惠政策，以示鼓励。1998年秧歌活动中心正式挂牌成立，叫"霞光俱乐部"，许多秧歌名艺人如"十四旦"权盼勇、"巧叶子"梁巧叶等在闲时都会来这儿助助兴。这儿还"调"来过大师级的好手，如杨建桃、董艳艳等。那时，就得到店外去演了，来的人是平时活动的五六倍，在店铺周围的房顶上也是密密麻麻的人，这也使它的声名越传越远。

以霞光俱乐部为典型的祁太秧歌业余活动团体，是一个没有台上台下区分的自由互动平台，在这个平台上，闹票儿的民众之多是"其他艺术形式所罕见的"①。他们自学自演，使祁太秧歌成为晋中乡土社会民众精神生活中的一个重要组成部分。

秧歌剧本中的乡民观念

谈到祁太秧歌的内容，许多秧歌演员说秧歌唱的是"家庭戏"、"女性戏"，与晋剧唱的"朝代戏"相对，晋剧唱的是历史上的帝王将相、才子佳人，这不是农民所关心的，而祁太秧歌演的则是属于他们这个社会阶层人们的人生际遇，红火热闹、浪漫有趣。"现实中解劝丈夫、教育孩子、协调妯娌关系及婆媳关系都要借助民间小戏的力量，有时家庭中发生问题，看几出小戏就完全和解了。"② 这都要归功于秧歌小戏寓教于乐的功能，它用简单有趣的情节真实再现了现实生活中的社会问题，用幽默诙谐的表演冰释了村民之间的隔阂，对社会稳定起到了很好的协调作用。这是秧歌的生命力所在，农民有他们自己的审美标尺，一般不大乐意听那些空洞无物的高调大道理，而秧歌却能深入浅出地向农民宣扬美好的社会道德，使农民们在娱乐中自然而然地受到教育。秧歌中的事理人情与处世方法，成为人们最爱吸取也最易吸取的经验，在解决各种家庭、爱情矛盾时，民间小戏的启迪和影响力也常常会出人意料地收到奇效。笔者依据情节把祁太秧歌分为以下类型：

---

① 行龙：《秧歌里的世界——兼论民俗文献懒惰中国社会史研究》，载《近代山西社会研究——走向田野与社会》，行龙主编，中国社会科学出版社，2002年2月，第211页。

② 张紫晨：《中国民间小戏》，浙江教育出版社，1995年3月，第17～18页。

一、家庭生活类型

（一）商人家庭型情节模式

清光绪以后，晋中商帮兴起，由晋中商人开设的商铺、钱庄遍布全国，外出经商成为晋中乡民最主要的谋生方式。而在地方上，拥有巨大财力的财主和商人是乡间文化习俗与群体性娱乐活动的主要支撑者，因此关于晋中商人的故事也出现在祁太秧歌中。

1. 相聚模式

①代表剧目：《算账》、《张公子回家》

②情节模式：

a 女主角妻子（刘英芳）在家贫寒过日子，日夜思念在外经商的丈夫。

b 男主人公丈夫（张三）经商 8 年后衣锦荣归。

c、C1：丈夫回家后，看到家中贫寒，开始怀疑妻子将其所捎银钱挪作他用，责问妻子是如何花钱的。

C2：丈夫欲试妻子贤良与否，告诉妻子因生意赔本才回家，妻子听后要与其离婚。

d、d1：妻子将所用开支详细告诉丈夫，收支核算无误，并还存有白银三两。

d2：丈夫以实情相告，指责妻子的嫌贫爱富。

e、e1：丈夫张三在妻子艰苦度日、勤俭持家的事实面前，知道误会了妻子，认错以求妻子原谅。

e2：妻子向丈夫赔礼道歉，夫妻和好。

《算账》和《张公子回家》（简称《回家》）是祁太秧歌中的重头戏，《算账》可算是祁太秧歌的经典剧目。笔者采访的秧歌老艺人苗根深就是以唱《算账》而走红的。年轻时他所在的戏班在文水一个村子演出六场，当地民众居然在五场中都点了他的

《算账》，场场爆满，如不演《算账》，台下老少就都起哄要砸场子。① 这两部戏中都提到了丈夫的经商过程，但这并不是这类小戏的重点，它只是起到了铺垫的作用，小戏所关心的是一个农村普通家庭的悲欢离合。《算账》一开始就交代了丈夫经商的费用是妻子回娘家舍下脸皮求来的，这种妻子向娘家求助的窘境，在当地乡土观念中被认为是男方家经济状况极度糟糕，这里首先体现出隐性的民间文化习惯：人与人之间的经济互助是建立在一定的感情基础之上的，没有它作为保障，是没有人敢轻易出手借钱的。在男方家无能为力的情况下，女方是最后一根救命稻草。《算账》中的刘英芳向自己的父母说好话借来衣物、首饰当了后凑足丈夫外出经商的钱，然而丈夫怀揣银钱归来后，却因妻子烧火慢，打不来一盅热茶便训斥妻子："我张三在这里气昂昂，……骂声妻儿刘英芳。……那一年我捎回来白银三两，为什么你不把煤炭来拉，又捎回两吊钱叫你零花，你把这些银子钱儿干了什么？桌子上我就把算盘盘来拿，你那里说我这里打，宗宗件件你都说上，我今天回来和你算账。"戏演至这里，张三趾高气扬地拿起了算盘，妻子则用手指着算盘颤抖，台下观众一片寂静。接着妻子以"苦调"向丈夫详细陈述家庭开支，这是整个小戏的核心，其间夹杂了一个家庭妇女独自操持度日的苦楚。

算完账后这个秧歌达到了高潮。令丈夫意外的是，妻子算得毫厘不差，他意识到不该"为难"妻子，向妻子赔礼道歉，小戏的气氛瞬间发生了转变。妻子有据有理地指责丈夫的做法。"一盅茶打得慢了，生气的架子你放下，要和为妻把账算，算得对了高兴杀，算得不对了轻是骂，重是打，再不了把为妻休出家。"她将当初如何为丈夫筹盘缠的经过及自己的艰辛生活与丈夫吃穿

---

① 讲述人：苗根深，男，83岁，秧歌老艺人，青衣。讲述地点：祁县苗家堡村。搜集时间：2004年8月6日。

不愁的生活做了对比，愤懑地说："我在家等你八年整，早该反穿罗裙另改嫁，从今我把心眼裂，不和你这没良心人活，把你的娃娃都留下，从今天咱就拆散了人家。"通过妻子的哭诉，传达出当地农民意识中的家庭观念：一个美满的家庭是离不开那些富有牺牲精神的女性的，她们牺牲的不仅仅是自己宝贵的青春年华，还有为支持丈夫经商以摆脱贫穷状况而独自持家所付出的体力与精力。而且，在一个年轻的小家庭中，作为女性的另一种牺牲就是在经济上对丈夫的无偿援助。《算账》中就由妻子出面向娘家借钱以开启丈夫新的谋生之路。小戏中的唱词是那些善良的妇女真实情感的表达，观众对富起来的丈夫拿起算盘和妻子算账这种"为富不仁"的举止表示了强烈的谴责，而对刘英芳每一分钱都花得合情合理给予了高度的赞扬。

由此看出，在现实生活中，勤俭持家、精打细算、积攒财富，是当地民众一致认同的生存策略，延续至今。算盘就是精打细算的象征符号，丈夫拿算盘是丈夫拥有家庭经济支配权的表现。当刘英芳口述日常开支数目与丈夫在算盘上拨出的数目完全相等时，丈夫于情于理都处于下风，通过讲述自己赚钱的经过讨好妻子。事实上，丈夫的成功正是作为妻子感到最为欣慰的，也是她付出一生一世情感和青春后所获得的巨大满足。而"算账"让妻子万分委屈，站在理字上对丈夫不依不饶，最后"千言万语她还是不让，立逼的本丈夫与你跪下"。情节发展到这一步，也隐喻着女性在争取家庭生活地位的平等上获得了成功，这成为这个小戏最叫座的部分。笔者在台下观看这出戏，当丈夫不情愿地给妻子跪下时，观察到台下民众是一片欢快的笑声。可以说，笑声更多的是由那些普通女性发出的，让处于极度倾斜的两性社会中的女性一吐为快，怎一个"爽"字了得！正是这种活生生的生活场景使祁太秧歌在晋中地区常演不衰。

秧歌《回家》所反映的主题则是对嫌贫爱富的妻子的谴责。

当妻子田氏看到丈夫"拉的骡子牵的马,身上穿的好衣裳,满驮子行李和衣箱"后热情招呼归来的丈夫,而一听丈夫说生意赔本,马上对丈夫另眼看待。观众通过丈夫之口对她这种态度进行了谴责,同时从反面揭示出乡民社会对于"贤良"女性的评判标准。等丈夫说出实情后,她双膝跪在地上向丈夫赔礼道歉,诚然,这一举动与她们在生活中地位低下的社会现实是相对应的,但是在该秧歌开头,田氏就倾诉了年轻的她孤独在家的哀愁:"自幼儿配与张公子,一去外边整八年,红绣花鞋懒怠穿,可惜了三寸小金莲,耽搁奴青春美少年。……珍珠玛瑙奴不爱,不如你回家走一遭。……走外①的人儿有多少,谁像你贪财不顾家里,有钱无钱你回来吧。……菱花镜儿照一照,人有几日年轻,花有几日红……"。在唱词中,她希望自己的丈夫是一个拉煤的、打铁的、卖艺的瞎子、种地的、卖豆腐的、卖菜的,只图个能天天见面,"有什么话夫妻叨唠叨唠",表达了她对夫妻生活的强烈渴望。在她看来,美满的家庭应该是安安稳稳地过日子,男女双方互相关怀,互相依靠。她甚至于得出这样的结论:"一宗事儿记心间,养女儿不嫁走外的汉"。可见作为一个商人的妻子,她早已厌倦了这种寡居生活。从这段唱词中,台下的观众能强烈地感受到她们的苦楚,所以当田氏斥责生意失败而归的丈夫时,民众也表现出了理解。"田氏女来泪汪汪,苦熬八年无下场,越想越气越伤心。"牺牲了青春年华却没有换来家庭经济状况的改善,这是多么令她失望。然而,丈夫只是在试探妻子,他是"衣锦荣归",在妻子不断的央求中,他原谅了妻子,小戏并没有让这个家庭因此而破裂。这同样符合当地民众希望有一个稳定家庭的愿望。

2. 分离模式

---

① 指当地农民离开家乡去做买卖或打工。

①代表剧目：《上包头》
②其他剧目：《五更送行》、《下河南》
3. 情节模式
①男主人公丈夫（王二郎）接到外地商铺的信，要求其马上动身到商铺。
②女主人公妻子开始为丈夫出行做准备。
③夫妻二人依依惜别，丈夫离家去外地商铺。

此类剧目没有复杂的情节，所表达的只是夫妻双方的离别之痛。丈夫离家后，留下妻子独守空房，操持家务。在晋中地方史志中有大量关于这类缺损商人家庭的记录："太谷乔氏，白城镇杨守兰妻……守兰经商于外，舅年老家居，乔竭力侍奉，不辞劳疾，舅赖以终天年。光绪元年守兰病卒，遗孤尚幼地……艰苦十余年，教养二子俱成立。"① 有的家庭由此失去了经济支柱，生活日益窘困，《捡麦根》中提到"奴爹爹走关东，书不捎来信不通，七八年没有捎钱一分，害得母女二人受了贫穷"。从中我们能强烈地体会到这类商人家庭的苦难生活。现在依然存在这种现象，前营村里的许多年轻男人买了卡车跑长途运输，整天在外，顾不上回家。因此，前营村唱秧歌时，许多年轻小媳妇就点了《下河南》，显然它的上演不是偶然的。

对于离家在外的丈夫来说，最担心的莫过于妻子红杏出墙，叮咛妻子"多在家中少串门，人串门则惹是非，安守家中人赞成"。（《上包头》）。他们"走外"经商是为了家庭生活的幸福美满，因此有一个安稳的家庭是他们最大的愿望。这些外出的男主人公都希望自己的妻子能够贤惠持家："在家过日子要节省，勤俭节约是本分"（《上包头》。对于妻子来说，她难过的是正常家庭生活的缺失："一走三年才回家，才住三天又要离家园"（《下

---

① 安恭已：《太谷县志》，民国二十年（1931）铅印本。

河南》)。她特别想"解解闷儿妻心宽"。(《上包头》)在妻子收拾的行李中,她把自己的思念放进去"一包给你写书信……一把扇子交与你,想起为妻把扇子启。莫忘了夫妻情和恩,切不可寻花问柳败门风"《下河南》。看得出她们也担心外出的丈夫会另有新欢,就以中国最传统的赠送信物——钗子这种方式来表达自己对丈夫的深情,使丈夫感动得立誓:"假若我有忘你意,死在五黄六月中"其实这正是通过至情至理的表演来达到一种规劝的效果,它意味着,外出谋生是勤劳致富的合法途径,却不能成为导致家庭破裂的借口。

(二)农民家庭型情节模式

①代表剧目:《锄田》、《割田》

②情节模式:

a 男主人公(丈夫)清早到田间劳动,嘱咐女主人公(妻子)送饭到田间。

b 妻子送饭迟,丈夫发脾气,夫妻二人开始争吵。

c 丈夫打破饭罐,妻子埋怨他浪费钱财,并说明挣钱的不易。

d 丈夫认错,夫妻二人和好。

在当地,农民把种庄稼称为"受苦",把自己叫"受苦人"。秧歌一开始,男主人公在去田间的路上,历数一年的田间劳作:"四月里,四月八,扛上锄钩锄地的。锄茭子,打害虫,芒种就把谷儿种……"唱词中展望农家丰收的情景,充满乐观情绪,用台下观众的话说,就是这段唱词唱得他们对种地"有了心劲儿"。这客观上激发了农民的劳动热情,使他们忘记了田间劳作的辛苦,达到了情绪放松的效果。

年纪大一点的农民爱看这两个小戏是因为在夫妻二人诙谐幽默的对骂中,还原了他们曾经历过的结婚情景,同时也生动再现了一幅晋中婚俗画卷。两人在争吵中相互揭短,最后丈夫一张镰刀砸烂了饭罐,小戏达到了高潮,妻子找到了反击的根据,话锋一转,开始责骂丈夫:"谁的是非你说分明,打破饭罐撒了饭把孽造尽。做米面买饭罐还得现成(现钱)。"这段唱词回到了农业社会生活的落点上来,作为靠种地为生的家庭来说,节约是日常生活中的美德,是应付突发灾难的必要手段。当地人常说的一句话就是"若要生活好,勤俭节约是活宝"。台湾社会学家杨懋春认为:"在任何一个社会中,只要其经济是匮乏的,其重要的社会道德或社会价值必定是勤俭。"① 当农民被束缚在小块土地上无奈地靠天吃饭时,节约就成了他们的生存之道。可以说,节俭是当地农民用来对付贫穷的消极办法,秧歌中妻子的这段唱词就是对当地人节俭生活的本色描述,浪费粮财在他们看来就是"造孽"。丈夫意识到自己的错误并向妻子认错,重新开始他们平淡而艰苦的劳作,小戏的结局是人们所乐于接受的,同样反映了他们渴望拥有稳定家庭的想法。

3. 嗜烟好赌型情节模式

①代表剧目:《劝戒烟》、《踢银灯》

②其他剧目:《改良写十字》、《断料子》、《卖豆腐》、《劝丈夫》、《缝袍子》、《奶娃娃》

③情节模式:

A型:

a 男主人公学会抽鸦片,导致家境日益穷困。

b 女主人公尽力维持家庭生计,劝丈夫戒鸦片,自力更生。

c 男主人公在妻子的耐心说服下,发誓再不抽鸦片。

d 在夫妻二人的努力下,过上了好日子。

B型:

---

① 杨懋春:《乡村社会学》,台湾正中书局,1984年,第516页。转引自乔润令:《山西民俗与山西人》,中国城市出版社,1995年8月,第38页。

a 男主人公赌博成性,晚上出去聚众赌博。

b 女主人公无法忍受,找到丈夫赌博所在地,搅乱牌局。

c 赌局散场,夫妻回家。

吸鸦片和赌博主题的秧歌大多编于民国时期,民国时期,吸鸦片在山西晋中盛行一时,与洪水猛兽无异,导致了无数家破人亡的惨剧,成为当时严重的社会问题,因而不抽鸦片是当时青年男女择偶的重要条件之一。抽鸦片带来的最直接的危害就是身体衰弱,从此不务正业,落得倾家荡产。因此,祁太秧歌小戏中那些抽鸦片的形象穿着均是破烂不堪、灰头土脸、狼狈不堪。《劝戒烟》中"我熏料子第九年,家里的营生再不做,炕上的被褥都卖遍,毡子席子都卖遍,门帘卖了五毛钱。身无衣来裹毡片,洋灰袋缠得细腿腿,脖子成了一根筋,狗儿的肚是好棺材"就是明证。家庭幸福自然也无从谈起,甚至到了最后,伦理孝道都置于脑后,"坟地里刨了他老人的墓砖来卖"。这种泯灭人伦的做法都曾是发生过的社会事实。《断料子》中因吸鸦片进了戒烟所的"二林林"的人物原型据说至今仍生活在山西晋中寿阳县的一个小村中。为了劝诫后人,人们就把事实编写成剧本来传唱,《劝戒烟》就是由晋中文水县一位教书人根据自己的亲身经历编写而成的。这些小戏把鸦片给贫苦农民造成的危害体现得琐碎而深刻。

赌博是造成晋中农村家庭破碎的又一毒瘤,它是过去农民日常生活中最主要的娱乐方式,赌博成性的男男女女们在农村屡见不鲜。《卖豆腐》中的康妻见丈夫一出门便窃喜:"走得巧来走得妙,隔壁摸牌好解心焦",把丈夫嘱托在家磨豆腐之事置之脑后,赌瘾如烟瘾,使人们沉溺其中不能自拔。人们很清醒地认识到了赌博带来的危害:"读书人学会把赌玩,误了今科中状元。买卖人们学会赌,误了生意少赚钱,种地人们学会赌,误了耕地少打粮"。(《小儿盘道》)因此《踢银灯》中妻子看到丈夫赌博彻夜不归，便寻到赌博场，把藏在狗窝里的丈夫揪出来，踢了赌桌上的银灯，掀了赌桌，并执意要把开赌场的邻居报官，其勇气实为可嘉。

现在，当地的赌博死灰复燃。笔者调查的时间是在2004年8月，正是农村的农闲时期，一些村民都在家里聚众赌博，人称这为"女的不做营生，男的不找活路"。如不打麻将耍钱就会听到一些人唠叨："连个做的事情也没有！"在调查中，部分妇女认为活得好的表现之一是能够天天打麻将，不用干活，并被一些人认为是家大业大的体现。究其原因，一是农村精神生活的匮乏，另一方面是当地农民对赌博缺乏正确的认识，存在侥幸心理，一些人有一夜暴富的念头，想通过这种方式轻松发财。这种念头时时诱惑着他们，让他们越赌越大，陷在其中，以致最后铤而走险。

（四）婆媳小姑型情节模式

①代表剧目：《女阎王巧斗母老虎》、（又名《小姑不贤》）

②其他剧目：《登云休妻》、《扳馓饴》、《安安送米》、《蒸糕》

③情节模式：

A 婆婆（母老虎）和女儿（小姑子）串通一气对过门的媳妇（嫂嫂）找碴儿，打骂虐待。

a：在限定的时间内让媳妇完成大量家务劳动。

b：不准媳妇回家探亲或者在回娘家期间让干许多针线活。

c：逼儿子休掉妻子。

B 媳妇的姑姑（女阎王）得知侄女在婆家遭受虐待的事后非常愤怒，恰巧母老虎的女儿被许配给女阎王的儿子，媳妇的姑姑决定以牙还牙。

C 母老虎的女儿与女阎王的儿子成亲后，过着与自己嫂嫂一样受虐待的日子，开始悔恨自己出嫁前的所作所为。

D 小姑子回到娘家以自己的亲身经历劝说母亲停止虐待嫂

嫂,并向嫂嫂认错。

E 母老虎在女儿的劝说下承认了自己的错误,婆媳和好,两家人和睦相处。

在这类秧歌中,演的是婆媳矛盾,但可好可坏的小姑子却成为小戏大团圆结局的关键人物,小戏中婆婆无一例外地都是"恶人",媳妇则均是受迫害的对象。在当地人看来,因为没有血亲关系,要处好婆媳关系很难,在传统的人伦秩序中,人们遵循"百行孝为先",强调孝敬父母,如果媳妇不孝敬老人,乡民们就会嘲笑媳妇的父母没有家教,就会危及到他们在乡间的生存。反过来,婆婆虐待媳妇被认为是一种"教育",理所当然,因此在《蒸糕》中,在媳妇的父亲到来后,婆婆依旧抽打没有蒸好糕的媳妇,媳妇表示抗议,但婆婆理直气壮地说:"告你翁爹他敢怎?你告县官娘也不怕……"

纵观农村社会的传统家庭秩序,男家长地位最高,其次就是他的妻子,媳妇是家中唯一与她没有血缘关系的家庭成员,没有感情成分的因素,这就决定了媳妇是她恣意支配的对象,加上小姑从中挑弄是非,婆婆就更滥用自己的家长权。台下人在看《女阎王巧斗母老虎》时,纷纷指责小姑的这一不良行径,演到小姑出嫁后所遭受的她婆婆的虐待,台下的观众纷纷拍手叫好。《小姑贤》中的小姑子却是富有远见的,她懂得,今天她是母亲的掌上明珠,明天就是婆婆眼皮下的媳妇。她看到母亲虐待嫂嫂,马上能够预想到自己明天的处境,所以看到母亲虐待媳妇,她马上现身说法,揭露母亲的不公平性格,母亲对女儿是那么疼爱温和,但转过头对着媳妇就是一副凶神恶煞的样子:"妈呀,同是一碗面,我嫂子给端上,你嫌它没咸没淡缺盐又少酱,我手也没动脚也没进厨房,我端来,你就说没进门就闻着香呀。嫂子扫的地,你就说,秃老婆画眉,横一下来竖一下,你听说是我扫,你就说,干干净净溜溜光。这鞋听说是我嫂子纳,你就说,不像底不像帮，好像是给驴钉的掌，一听说是我纳，就成了横也是行竖也是行，这三件事都是我嫂子做，没见夸来没见你讲……我说你偏心一点也不冤枉，待姑娘待媳妇，你是两样的心肠……"在《登云休妻》中，妹妹看到哥哥在母亲的逼迫下写休书时，便教哥哥如何机智地应付母亲，保护自己的妻子。最后，她以极端的方式——跳井唤醒母亲的爱心："我想这女儿家，假若嫁了人，遇着像你这样的，今日打，明日骂，遇着个丈夫像哥哥，婆婆让休就休，那叫我可怎么好哇，我要跳井！"把自己想像成出嫁后的媳妇，带动母亲把对女儿的温情向嫂嫂延伸，最终使家庭充满祥和的气氛。《菜园会》中的小姑子更有背叛意味，她瞒着母亲成全了守寡的嫂嫂与心上人的美好姻缘。没有小姑，秧歌就演成了《孔雀东南飞》的悲剧了，台下的观众对这种结局也不会满意。

这类祁太秧歌传达了民众对家庭关系的看法，每个家庭都会有矛盾，但家庭中的每一个成员都应该维护家庭和睦。小戏让小姑子成为这种和睦气氛的促成者，对于女性在生命中从少女到媳妇的角色置换，她有着非常清醒的认识。

该类小戏反映了以下的文化内涵：

1. 经济因素是家庭关系的轴心

从乡土社会变迁过程来看，传统家庭中老一辈人对家庭财产拥有绝对支配权，这是婆婆滥用权威的症结所在。对于年轻的媳妇们来说，最好的出路是分家，组建自己的小家庭。因此，在婆媳矛盾的表象下有着更根本的利益诉求——分家，有学者指出，分家的内在机制在于财产的流动与产权的重新定位。[①] 分家的实质是经济核算的分开，媳妇由此从公婆的大家庭中获得维持小家

---

① 麻国庆：《家与中国社会结构》，文物出版社，1999年1月，第56~71页。

庭的必要资源，这势必削弱婆婆执掌的大家庭的财产，这成为婆媳矛盾产生的隐性原因，也是根本原因所在。婆婆在传统儒家社会中是大家庭男权家庭利益的代言人，她是不会允许媳妇通过分家的形式拥有经济独立的小家庭的。

2. 经济基础的变化是当代家庭关系恶化的主要原因

小戏表演的虽然是过去的事，但看戏人却生活在当代社会中。新中国成立后，妇女得到了应有的尊重，妇女地位有了较大幅度的提高，老人失去了对家庭经济尤其是土地的支配权后，媳妇渐渐占了上风，媳妇与婆婆的角色发生了互换，婆婆在当代沦为令人同情的弱势群体。在前营村，通常媳妇过门时就会住进公婆为其子盖好的新房中，直接分家，媳妇无须再听命于婆婆。如果公婆分家时给儿子分的财产和担负的债务引起媳妇的不满，婆媳关系马上就会紧张起来，争吵通常都以公婆的妥协告终。很多年轻人在结婚后很少给父母赡养费，原因就是"钱落到媳妇手中"，媳妇控制了核心家庭的财政大权。许多老人在看《小姑不贤》这类秧歌时，发出的只有阵阵的长叹和无奈，在他们看来，儿媳妇们对他们能维持表面上的尊重就已经不错了。秧歌中的小姑角色在当今乡民社会中无足轻重，该村有许多老人得不到儿子应有的赡养，抛却经济因素外，与媳妇的干涉有很大的关系。当地流传的民谣说出了当地人特别是老人的心声：婆姨娃娃一层天，丈人丈母活神仙；爹和妈是讨债鬼，死了还得赔棺材。

从中可以看出，婆媳矛盾是民间小戏对社会现实的集中体现，小戏的规劝作用是显而易见的，它倾向于媳妇，但主张很明确，否定家庭内部的恃强凌弱，呼唤在尊老爱幼的前提下，家庭气氛的自由、平等和民主。

（五）继母型情节模式

①代表剧目：《烙碗记》

②其他剧目：《成小儿打母》、《挨磨记》、《扳牛角》

③情节结构：

a 女主公（马氏）是男主人公的继母，女主人公马氏为给亲生儿子（宝珠）独霸家产，趁丈夫不在，与亲生儿子百般折磨男主人公。

b 为了逼男主人公离家，女主人公当着丈夫的面，让男主人公用在火上烤过的碗盛饭，男主人公手指被烫伤摔坏了碗，女主人公指责男主人公不守孝道，男主人公不堪忍受离家出走。

c 丈夫查清真相后，惩罚女主人公。

d 女主人公为了达到目的，与亲生儿子施计决定害死男主人公。

e 把其丈夫害死，便到官府诬告是男主人公所为。

f 官府核实案情，将女主人公与其亲生子治罪。

继母戏在祁太秧歌中多为"本戏"。它们有个共同的特点就是继母均有自己与前夫所生的亲生儿子。那继母为何要虐待前房之子，她在开场就说得很清楚："老身我在前庭主意拿定，王文华（前房儿子）他是我眼中钉，害死他才去我心头之恨，这家产我母子才能独吞。"(《成小儿打母》) 简单地说，就是谋财害命。

前营村实行的是血缘关系的家产继承制，男方丧偶再续，若后妻带来与前夫生的子女，男方通常抚养其至成家立业。但是丈夫的家产一般由与丈夫有血缘关系的亲生儿子来继承，接下来的继承者才可能是其继子，当地民众只认可血缘关系下的财产分配：父死子继，子死孙继。这就是继母何以对前房儿子"狠毒"的根本原因所在。同时也反映出当地社会对男性再婚是持谨慎态度的，至今，聊起中年男性的再婚话题人们还是抱有成见，当地有俗语曰："自幼夫妻恩爱深，半路改辙心隔心"。牵涉到财产分配方面，总是让一个重新组合的家庭狼烟四起。

基于以上的民众观念，秧歌中的继母均以反面形象出现，其所作所为甚至遭到其亲生儿子的反对，《成小儿打母》中的成小儿,被刻画成一位善良勤劳的庄稼汉。当母亲要到官府诬告其哥哥时,他哄骗母亲,要与母亲演练一下如何告官申冤,趁机对母亲进行劝说,并假借衙役打了母亲。若按常理,成小儿这是造反了,但在秧歌中,他是代表民众这一方的意见的,他对母亲和对哥哥两种截然不同的"出手",让观众感觉非常痛快。就继母而言,她若就此收敛自己,那么家产就与她无缘了,只能变本加厉:"前房的儿子不称心,叫我老婆把气生,早上吵,晚上闹,逼得他早死出了门,拔去了老身的眼中钉"。

剧情的发展最终是与民众的心理期待相一致的,继母得到了应有的惩罚,传达了民众对于家庭财产继承制的态度。

(六)美满家庭型情节模式

①代表剧目:《刘家庄》

②情节结构:

a 兄弟二人成家后与母亲同住一屋檐下,由老大掌家。

b 老大与妻子能勤俭持家,但老二与妻子则好赌钱,不爱劳动。

c 老二媳妇由于不能随心所欲的花钱,更不满意老大掌家,于是挑唆老二分家。

d 老大无奈分家,并把全部家产让给了弟弟,带母亲离开家园。

e 老二和妻子靠老家底过着挥霍无度的生活,两年后沦为乞丐。

f 老大与妻子同心协力,白手起家,孝敬老人,日子又兴旺起来。

g 老二两口子讨饭到老大家里,被老大认出,老二两口子认错,一家团圆。

《刘家庄》也是一部本戏,反映了农民对和睦的"四世同堂"式大家庭的羡慕之情。在当地人的心目中,一个美满的大家庭是他们所希冀的:"自古道单股不成线,孤树虽茂不能成林。刘关张三结义汉室保稳,梁山上众兄弟聚义同心。咱兄弟勤治家富贵长青……"。晋中地区的经济形态主要是小农经济,劳动力的多少决定了家庭的收入,而且大家庭都有着一定的人力和财力为支撑,从而对所在区域的社会生活发生影响,一个村的大家庭,往往能掌握村中权力。因此,农民对于大家庭的追求是有其社会基础的。

秧歌中老二独得家产,不赡养母亲的做法被认为是丧尽天良。二人过着坐吃山空的日子,相反,老大白手起家,住破房,以卖烧土①为生,妻子则卖针工,攒钱购置了薄田,在此基础上"家庭越闹越兴盛,日夜勤劳也高兴。好田买下二十亩,破窑重盖变成新"。平地起高楼,这一切靠的是男耕女织,同心协力。在民众那里,这就是他们对家庭幸福最完美的诠释:"夫妻和好闹家庭,勤俭换来好光景"。

当地人看完这出戏的感受是:"受苦人,不爱干活,还不紧巴,那人家就完了,有儿子等儿子长大了也攒不下给儿子盖房的钱。"可见在乡土社会,勤俭持家依然是他们社会生活中的核心价值观。

二、婚恋生活类型

1. 未婚恋爱型情节模式

①代表剧目:《缉草帽》、《卖菜》、《送樱桃》、《打酸枣》

②其他剧目:《十八相送》、《切草帽》、《游湖》、《登楼》、《游铁道》、《听新房》、《大割青菜》、《打冻漓》、《补凉袜》、《割莜麦》、《二姑娘算命》、《二姑娘梦梦》、《送粽粽》、《长工招亲》、《缝小衫衫》等

---

① 晋中农村中与煤混合在一起作为燃料的土。

③情节模式：
a 女主人公芳龄十六，但还未许配人家，男主人公是个务农兼做小买卖的穷光蛋。
b 有一天，男主人公做买卖时遇上女主人公。
c 男女主人公在劳动中再次相遇，产生了爱慕之情。
d 二人互相赠送订亲信物，私定终身。
e 女方母亲同意二人婚事。

农家少女无闺阁生活可言，她们要在户外劳动，因此发生在街头巷尾和田间地头的爱情故事比比皆是。在当地，无论男女老少，他们都非常喜欢爱情小戏《送樱桃》，这个秧歌小戏的表演，格调欢快明朗，唱词简单易记，情感表现很有感染力。在女主人公六月雪的唱词中有："日落西山门外瞧，一群群年轻人在大街上说笑，自古常言说得好，人对缘发狗对毛，哪一个也不如俺们的冯锡保哥哥好！"这会使每个处于爱情中的男性心花怒放。从田野调查中看到，有许多岁数大的人能够把《送樱桃》整段地唱下来，而年轻人们则对上述唱词熟稔于心，小戏中的男主人公冯锡保在当地乡土社会中也成了女方心上人的代名词，足见它的受欢迎程度。

这类未婚男女爱情故事的共同特点是男主角出身贫寒，但为人帅气能干，这与小戏中对那些婚姻不和家庭中的男性的描述正好相反。在当地社会我们可以发现，过去男方必须向女方付出丰厚的礼钱才有结婚的可能，《徐沟县志》中有"富者艳其财，而贫者愈难得其偶"的记载，加之两性比例失调，这种买卖婚姻产生的恶果就是许多男子推迟结婚年龄或终身打光棍。笔者认为，这类小戏正是否定了掺入钱财的婚姻机制，承认男女感情的默契才是两性结合的坚实基础。《缉草帽》中女孩儿公开说："一十六岁的女孩儿无有女婿。……奴家妈妈不与儿配女婿，耽搁奴家年轻少年人。……那一天说得一门门亲，女婿子漂亮又年轻，就是俺妈妈不依从。"对于长辈来说，他们首先考虑的是对方的家庭经济状况，而决定婚姻生活质量的男女感情则处于次要地位。《缉草帽》中母亲就是出于这种考虑才拒绝那门亲事的，她的女儿说："只要人家本人好，不如给奴早订亲。"但母亲对此却置之不理。《送樱桃》中的男女主人公是私下里来往的，"妹妹你不必拽住哥哥我，不是哥哥把良心丧，恐怕你的妈妈回家园，让你妈看见了，断了咱二人的来往"。它说明青年男女的恋爱与父母之命从来都是相抵触的。

《缉草帽》中的女主人公是在街巷邂逅男主人公的，她一眼相中了男主人公。她先哄骗男主人公进了自己家门，然后吐露心声。男主人公这时首先想到自己的家境："年纪相当人缘对，就不知你嫌我穷不穷?"女方的回答让他喜出望外："不爱富贵爱人品，爱你忠厚老实人。你我相爱情意投，留一样聘礼作定亲。"二人互相交换了定情物，他们少了媒人作证，也就是说他们私定终身是没有获得社会认可的，不具有所谓的合法性，但他们却说"咱二人虽无媒人提亲事，私下结下连理枝，知心合意偕到老，天塌地陷永不离"。自由恋爱结合，才是他们通向理想婚姻的途径。也正因为如此，秧歌中关于白娘子与许仙的《游湖》、梁山伯与祝英台的《十八相送》这些民间经典爱情故事才成为人人爱看的剧目。

对于自由恋爱的向往，还反映在那些已经有了婚约的未婚少女身上，她们一旦发现未婚夫不合她们的心意，决不迁就。《打冻凌》①中女主人公由于在女学堂里读过书，很有主见。她的择偶标准是找个买卖人，但她7岁时哥哥就给她订了婚，二人从未谋面，直到15岁时，邋遢的未婚夫假装成卖冻凌的来看她。当她知道那就是她的未婚夫后，昏了过去，坚决要退亲："给妹妹

---

① 冰块，供当地夏天消暑用。

寻下的女婿不称心。不用说叫奴和他配夫妻，宁死在花庄上不去侯城，割得得佬（脑袋）去，身子也不去，买上一副棺材再来商议……"这种激进且有人性解放因素的反抗，使对方家长马上明白"娶过来也是怄的两天气，怄得寻了死，遭下人命，落一个丢财又惹气，保不住还要打人命官司"。男方家长出于经济利益的考虑居然同意了退亲，但同样没有征求儿子的意见。

2. 婚姻爱情型情节模式

①代表剧目：《古董借妻》、《菜园会》

②其他剧目：《五秃儿闹洞房》、《鳏公哭妻》、《洗衣记》、《杀子报》、《扯被阁》、《拐姑子》、《寺中缘》、《挑帘》等

③情节模式：

a 男主人公（李天龙）丧妻，留下的嫁妆为其岳母保管，若男主人公再娶并认亲，愿将嫁妆还给男主人公。

b 男主人公进京赶考缺少盘缠，欲"借妻"从岳母那里骗取嫁妆作为盘缠。

c 男主人公有一结拜兄弟叫古董，生性爱财，男主人公许诺得到嫁妆后愿分给古董，古董答应借女主人公妻子（沈月英）一天。

d 女主人公以此机会提出要与男主人公共同生活。

e 古董不同意，告官，县官判男女主人公结合。

这一类秧歌中女主人公对自己的婚姻生活发出了不满的呐喊，也就是说，她们并没有权利决定她们的终身大事，有的女方父母为了摆脱债务把女儿嫁人以偿还债务。"心儿里埋怨二老爹娘，把奴家顶账嫁可怜。"（《洗衣记》）丈夫本人很不尽如人意，他们或者在相貌体形上有缺陷或者就是他们之间年龄差距大。她们由此对家长心生怨恨，"心儿里埋怨二老爹娘，为使唤银钱害了奴家"。（《五秃儿闹洞房》）在《古董借妻》中，女主人公沈月英坦言道："奴家房中泪淋淋，找的男人不随心。有心与他活拆

散,又怕外人笑俺们……"当古董要把她"借"出时,她起初还不愿意,"借米借面世上有,谁家的妻儿借与旁人"。说明她是恪守妇道的,但是见了年轻英俊的李天龙后,在伦理与感情的天平上,她马上偏向了感情一边。可以说,是她丈夫办的糊涂事给了她一次重新选择婚姻的机会,她大胆地把握了这次千载难逢的机会,"贤弟搀我下驴身,故意儿跌在他身上……"初次的进攻就这样放肆热烈,面对这一切,男主人公倒躲躲闪闪,沈月英则无所顾忌地讲出了"他亲口让我做你妻,快与嫂嫂来成亲"。她给了李天龙一个合理的理由,促成了二人的结合。而糊涂县官的判决,使张古董成了丢脸丢妻的倒霉蛋却没人同情。它反映出了女方的择偶标准,男女双方的结合应建立在互相欣赏的基础上,要求对方年轻、健康、充满活力,能让她们心神荡漾,这样的男性才符合她们的审美观。但现实生活却恰恰相反,她们只能在秧歌中寄托自己的愿望,反映出现实生活中女性的理想婚姻模式。

此类剧目在舞台上的表演极富想象力,说明秧歌表达的主题思想与现实生活是有差距的,往往是对现实生活的夸大,而现实状况也是与民众潜意识中的理想婚姻有距离的,可以说,秧歌就是民众理想的外化表演。祁太秧歌《挑帘》中表现出了对潘金莲人性层次上的理解,"世上风流男子有千万,偏偏将我许配武大郎,每日里埋头做烧饼,人人叫他三尺汉,每日里无人搂抱,奴家贫苦谁知道……"听了这段唱词,恐怕没有人再会指责她的离经叛道。也说明在当地民众的心中,和谐的性爱是家庭美满不可缺少的条件。小戏着力渲染潘金莲如何通过挑帘结识了西门庆,那根掉在西门庆头上的挑帘棍,它不是可有可无的道具,如同中国传统的绣球,其正面意义就是女性自主选择爱人理想的寄托和表现。

值得注意的是,祁太秧歌传达出的自主选择爱人的呼声是双方面的,从丈夫的唱词中说明他们也是包办婚姻的受害者。《洗衣记》中相貌奇丑的焦可怜从来没有享受到妻子（白秀英）对他的温情，"我二人拜天地打了足盆盆（尿盆），二人姻缘不合适。白天她叫我串村子，回家不给我把饭做，到了晚上自己把饭用，从不能和婆姨美一美……"对于这些男性来说，他们同样痛苦和悔恨，同样值得人们同情。

这些秧歌将表面上婚姻的不美满与男子相貌丑陋对应起来，其实是与包办婚姻相对照的产物。这些包办婚姻，女方父母得到了经济回报，女儿却因此被剥夺了爱情的权利；那些偶然闯进她们视野中的英俊男性给了她们爱情的希望，强调合法丈夫的容貌丑是她们自己勇敢遵从了内心爱情的召唤，为自己的情感选择找个理由。《古董借妻》中的女主人公由于丈夫的偶然决定而改变了自己的命运，但有些女性是自己施展手段来追求自己所爱，《洗衣计》中白秀英故意把水泼在她喜欢的人身上，假装为其洗衣，从而创造机会向意中人张宝童表白自己的心意。

寡妇作为不幸妇女的另一类代表，在祁太秧歌中通常以两种形象出现：一类是在丈夫的坟地上哭诉生活寂寞的寡妇，如《上坟》《苦伶仃》；另一类是有了情人或再婚的寡妇，这是笔者要着重论述的。如《菜园会》中的女主人公寡妇——秋香，她们无依无靠，年少守寡对她们身心的摧残是巨大的，从来不能获得婆家的同情和关爱。《菜园会》中婆婆用三斤谷子两吊铜钱儿就把秋香卖了，这促使她下定决心与情人私奔，劳燕双飞："讨吃要饭也不回头。"《寺中缘》中的寡妇无视伦理，公开宣布要再嫁，引得和尚、秀才、农夫雨中求婚。作为一名已婚妇女，她从实际生活利益出发，选中了农夫。"我爱你人好手儿勤，咱今日把亲订，奴不用三媒和六证。"小戏的背景是下着大雨，与当地俗语"天要下雨，寡妇要嫁，谁也拦不住"相吻合。这充分表达了她们敢于挑战传统道德的勇气，演员与观众都暂时超越了官方的思想观念，置身于正统礼仪规范的生活之外，"在展现生活自身的同时，人们也就展现了自己自身存在的自由形式"①。

上述这些妇女的所作所为，是对封建礼教的颠覆，但是从调查中可以看出，在现实生活中是没有人公开支持她们的，妇女们通过秧歌中女主人公的成功和大团圆的结局，把压制在心中对现实的不满宣泄了出来。"民众从来都是意义的制造者，民众的现场演出，既是他们的生活，又不是他们的生活，他们具有在现实生活中骚动的欲望和感受，但出于对权力支配的策略，他们运用口头语言，采取了使生活戏剧化的方法，来迂回表达他们的观点。"② 在现代社会，农村妇女依然是需要关心的弱势群体，她们借小戏表达她们对于婚恋生活的种种不满。

3. 偷情型情节模式

①代表剧目：《十家牌》

②其他剧目：《大吃醋》、《卖柴记》、《杀子报》、《扯被阁》等

③情节模式：

a 女主人公（蜜橘红）丈夫走广东经商，有了情人。

b 女主人公偷情被婆婆发现，她决定与情人连夜私奔。

c 婆婆发现女主人公与人私奔，找人挨家搜捕女主人公。

d 女主人公被婆婆抓住，私奔失败。

在祁太秧歌中，有许多乡村已婚商妇婚外恋的剧目。究其原因，其一是由于丈夫在外经商多年而使情感发生转移所致。《大吃醋》中的女主人公刘玉英与其夫王玉林是民国时期的同班同学，而在王玉林走外三年后，"小奴家实在等不行，因此上和外人有了交情"；《十家牌》中的女主人公"蜜橘红"唱道："奴男

---

① 巴赫金：《巴赫金文论选》，中国社会科学出版社，1996年，第145页。

② 董晓萍：《田野民俗志》，北京师范大学出版社，2003年3月，第74～75页。

人,走广东,家留婆媳二口人。"她也有情人,"自从和小英哥相好上,时刻把他挂心上。"最后她冒天下之大不韪决定与情人私奔,结果失败。小戏中因偷情事发而杀死见证人的剧目也不少,《卖柴记》中女主人公因丈夫整天在商铺中不回家,而要"寻一个好后生才称奴的心",被人发现,女主人公不顾一切杀了见证人。

据秧歌老艺人讲,这些剧目有许多是根据真人真事编写而成的,在乡村中曾是广为流传的新鲜事,此类偷情现象是风华正茂的商妇们情感寂寞的产物。但最终她们都为自己有悖伦理的越轨行为付出了代价,男女二人的私情或被丈夫发现或被公婆发现,小戏的结局以世俗伦理的评判作为依据,偷情的人受到了世俗社会的严肃惩处。因为当地乡民们认为,丈夫不在家就偷情是不可原谅的,因为男的在外要辛苦赚钱养家,所承受的苦难比妻子要大得多,发生这样的事情,于情于理都说不过去,说明女人的人品有问题。唱这样的秧歌是为了告诫现在的年轻人,不要越轨,否则定会受到严厉的惩罚。用偷情人悲惨的结局震慑年轻人,起到了很好的规劝作用,在维护传统社会秩序方面的隐喻型民俗控制意味十分突出。而另一方面,通过偷情戏的演唱,使年轻人在心理上享受到了偷情带来的喜悦和兴奋,使他们寂寞、烦躁的情绪得到了释放,解除了对偷情的神秘心理,使年轻人在心理上得到了平衡,有利于他们个性的正常发展。

有一位学者这么评论祁太秧歌:"充溢着浓郁乡情和欢快节奏的秧歌戏,融入了村民们田间地头的生活和青年男女之间情爱恩怨的纠葛,直露的表达和生死相依的民间故事,常常超越了传统的伦理规范,甚至有与传统伦理规范相抵触之处。或许,民间的这种表达只是戏剧化的情感宣泄,与生活本身相去已有不小的距离了。但民间这种表达本身，就构成了韵味十足的区域文化特色。"① 这段话可谓一语中的。

三、农业灾害型

1. 代表剧目：《劝妻》
2. 其他剧目：《金全卖妻》、《打花鼓》等
3. 情节模式：

① 光绪初年，山西发生旱灾，袁春英流落街头，史发金收留了她，二人结为夫妻。

② 灾年过后，袁春英贪图奢侈，引起丈夫史发金的不满，二人争吵起来。

③ 丈夫史发金回忆灾年的悲惨情景，劝妻勤俭过日。

④ 妻子袁春英深受触动，表示悔改。

山西是旱灾多发区，在《劝妻》中提到的光绪初年发生的大旱灾，在历史上又被称为"丁戊奇荒"（1876—1880）。这次旱灾波及山西、河南、山东、陕西、河北5省及苏北、皖北、陇东、川北等地区，持续4年之久，是中国历史上特大灾荒之一，给包括晋中地区在内的人民带来深重的苦难。在乡土社会中，民众用秧歌这种有别于正式记载的方式保持了对灾年的记忆。

《劝妻》中的袁春英在灾荒中自卖身嫁给了史发金，但灾后就开始讲究吃穿，在丈夫对荒年的回忆中她才省悟。小戏绝大部分唱词是对以往灾荒的回忆，但强调的重点是人们如何应对不测的自然灾难的到来——那就是积极储备物资：三余一、九余三，预备荒年。即使是富裕之家也不能浪费粮食，其教化作用是显而易见的。

直到现在，当地人还有积攒粮食的习惯。在粮食节约方面也

---

① 王先明：《晋中大院》前言，三联书店，2002年10月。

几乎达到了吝啬的程度,饭如果坏掉,会喂给家畜,麦子磨成面后,分为精白面、次白面、黑面、糠皮,当地人往往把精白面和次白面或者精白面与黑面混在一起吃,糠皮作为猪、羊的饲料。人们从老一辈那儿移植而来的灾年记忆,使他们在生活条件好的情况下仍是本能地储存钱粮。当国家在当地农村推行养老保险和福利彩票时,参加的人不多,对他们来说,拥有已有的储蓄就足够了。

在祁太秧歌《金全卖妻》中,男主人公王金全为了求生存,首先选择了卖妻,保全子女,董晓萍指出这是以"减丁"来达到禳灾的目的。家庭成员的减少,并换回一定的财物,其他人的生存机会就会增加,秧歌从伦理角度出发对这种选择的合理性不断加以渲染,可看出当地民众对于种族延续的重视程度。①

四、小商小贩型

1. 代表剧目:《卖辣椒》
2. 其他剧目:《卖胭脂》、《卖芫荽》、《卖元宵》、《卖高底》、《换碗》等
3. 情节模式:

① 有一小贩,卖东西(A 芫荽、B 元宵、C 高底、D 碗、E 胭脂针线之类)。

② 来到某村,有一少女出来买小贩的东西。

③ 小贩看到少女长得俊俏,调戏少女。

④ 少女告知其父或其嫂,他们出门去教训小贩,但误打另一小贩,随后在该小贩的帮助下找到调戏少女的小贩,对其痛打。

在传统的村落社会中,村中人互相认识,互相尊重,最有可

---

① 董晓萍:《田野民俗志》,北京师范大学出版社,2003 年 3 月,第 78 页。

能调戏少女的人就是这些外来的小商小贩们。而笔者认为，这还反映出当地民众的另一种民俗内涵：小戏中的小商小贩，挑着一副货担子走乡串村，他们是乡村经济中不可缺少的中介者，对于满足乡民的日常生活需要起了重要的作用。更为重要的是，他们除卖货外还能给消息闭塞的农村带来外面的信息，因此又在有意无意中充当着传媒使者的作用。那他们为什么被标上了"不正经"的标签呢？在田野观察中可以发现，前营村的村民走到街头去买货郎的东西时，总是带着某种敌对情绪，他们要反复看小贩们的东西，然后讨价还价。由于乡村的封闭所致，村民们上当受骗的事时有发生，如果逮着骗人的小贩，村民们最激烈的做法是把小贩的秤给掰成两截。而很多时候总是等到明白过来时，小贩们早就逃之夭夭了。久而久之，村民对货郎们的不信任感在不断加深。农民们对于这种诈骗性质的投机小贩非常痛恨，就给小贩们标上了"不正经"的标签。这一类的秧歌正反映出农民的矛盾心理，一方面对小贩不信任，生怕上当，另一方面又不得不去购买小贩的新鲜玩意儿。在平遥县东城村调查时，农民说《卖芫荽》这部小戏是个收拾买卖人的红火戏，他们从农民的角度出发，把自己上当受骗的共同经历以"潜台词"的形式植入祁太秧歌的表演当中，内心潜在惩罚小贩们的意识在祁太秧歌中得到了虚拟实现，使他们愤怒的情绪得到了缓解。

综上所述，祁太秧歌所反映的内容源于乡土社会现实，或真实地或夸张地再现了乡民的生活，它相同的剧目被一代一代的农民所演出和观看，就是因为它寄托着乡民相同的希望和人生梦想。通过祁太秧歌的表演拉近了人与人之间的关系，调节着乡民的人际关系，缓解了乡民内心理想与现实之间的冲突，对不合理的现象和行为提出警示和劝诫，维持了农村社会的平稳与和谐。

在祁太秧歌和乡民的互动过程中，秧歌艺人是一个中介角色，他们把秧歌中所蕴涵的思想观念灌输给乡民，又对乡民的思想意识和社会行为进行分析，将它上升到艺术的高度，用秧歌的形式表演给乡民，使乡民们受到感染和认同，继而受到教育。虽然秧歌艺人这样做的主观意识是为了吸引观众，多赚钱，但是客观上产生了一定的积极影响，具有较强的现实意义。

乡民们在观看祁太秧歌的过程中也进行着互动，这种互动首先体现在观众与秧歌艺人所扮演的角色的交流上。乡民是带着浓厚的兴趣来观看秧歌的，他们将自己的感情融入到了秧歌中，与秧歌中的人物同呼吸，共命运，体验着各个人物的感情和命运，表现出自己的喜怒哀乐，在满足感官需求的同时得到了心理上的满足，产生了或愉悦或哀愁的情感，并得到了启示。其次，这种互动也体现在观众之间的交流上。乡民们在欣赏秧歌表演的同时也对秧歌中的人物进行着评判，有时甚至会因为意见不一而产生激烈争吵，最终会给秧歌中的人物下一个定义，对人物的行为进行评论，对人物的命运做出一个总结，并与现实生活中的人物对号入座，将两者等同起来。观众在互相探讨时对各人的思想观念进行了分析，最后达成一致，得出了一个折中的结论，这种结论将会反映在乡民的日常生活中。因此，秧歌情节模式中的含义是民众自我认识的体现，也只有这种认识被纳入到祁太秧歌的情节模式之中，才能稳定地传达出民众的思想意识，继而成为地方区域文化的标识。

祁太秧歌的发展趋势

一、大众文化包围下的祁太秧歌

大众文化是一个容易引起误解的概念，但大众文学中的大众与本文前述中有关民间小戏中的"大众"并不是同义语，民间小戏中所说的大众更多与传统农业社会有关，而大众文化中的大众则属于工业社会中的文化范畴。而大众文化"是在工业社会中产生，以都市大众为其消费对象，通过大众传播媒介传播的无深度的、模式化的、易复制的、按市场规律批量生产的文化产品"①。从这个定义可以看出，大众文化是城市市民社会和现代工业文化的伴生物，这决定了它要严格遵循市场逐利原则，满足接受者的娱乐、消遣等精神需求。至 20 世纪 90 年代中期，大众文化取代了精英文学而成为文坛霸主。而我们认为祁太秧歌属于民间文学的范畴，从上面对祁太秧歌的叙述中可以看到，祁太秧歌的艺术表演、剧本创作与乡村生活是紧密联系在一起的，它直接反映了乡土民众的生活与经验，其衍生轨迹是循序渐进的，并不谋求与高雅文化的接触。更为重要的是，从生产这一层面来说，祁太秧歌始终为一个有着相似的方言、相似生存观的特定社会区域的群体而表演（祁太秧歌的活动区域是晋中地区），它很清楚自己在为谁服务，因此有力地保证了自己的身份。

但随着时代的发展，各种现代传播媒介的普及，从最初的电视机、录音机到现在的 VCD、DVD 和发达的出版业，大众文化对农村的普及速度之快是人们始料不及的。当代农村生活方式和审美情趣明显向城市工业社会倾斜，拟工业形态的农村正在中国遍地开花，大众文学随之进入广大农村，取代了民间文化的地位，大量的民间传统艺术包括民间小戏、歌谣、舞蹈、手工艺产品，在大众文化咄咄逼人的气势下，面临后继无人的悲惨境地。国内外许多学者对大众文化持激烈的批评态度，他们认为大众文化在某种程度上就是美国快餐文化，是民间文化的灾星，因为伴随着民间艺术的消亡，附着在上面的象征性内涵也消失了，让人们无从寻找传统的生存方式和生存经验。

在大众文化的侵蚀下，祁太秧歌的劣势也开始暴露出来。首先，祁太秧歌在人生仪式场合及节庆、集会等场合的表演都是有

---

① 陈刚：《大众文化与当代乌托邦》，作家出版社，1996 年 9 月，第 22～23 页。

限的，无法与凭借现代传媒的大众文化相比。笔者发现，如果电视连续剧和祁太秧歌在同一时间开演，村民特别是年轻人会选择看电视剧，这使祁太秧歌的观众越来越少。

其次，大众文化是一种被感官化的文化娱乐方式，它追求世俗化的快感，这在某种程度上与祁太秧歌有着一致性，可大众文化无限夸大人的感情欲望的消极特征却加重了祁太秧歌的媚俗表演，"荤"句子在祁太秧歌中越来越多，对此年轻一代的祁太秧歌艺人说道："电视剧中这方面的表演内容是秧歌比不上的。戏班的生存也不只是为那些老人们，这也是没有办法的事情。"从这儿可以看出，大众文化的消极性影响到了祁太秧歌艺术的健康发展。

二、祁太秧歌的发展出路

如何在大众文化的包围之下获得持续健康的发展，是包括祁太秧歌在内的民间文化艺术需要解决的问题。

必须承认，对于文化商业市场来说，它允许任何一种认可它的文化成分存在下去。从田野调查的资料来看，许多秧歌艺人已经清醒地意识到，祁太秧歌再也不能特立独行于当地社会了，为了仍能在农村中站稳脚跟，他们已经在思索对策并付诸于行动了：

1. 在参加由各地政府文化部门组织的有关祁太秧歌的会议时，提出整顿台风的方案，杜绝舞台表演方面的"荤"内容，由几位名艺人（如杨建桃）带头做出表率，赢得了当地民众的赞扬。

2. 向影视方面拓展，主要是录制祁太秧歌的 VCD 光盘，参与地方电视台的戏曲节目演出，满足了当地民众不用出门就能随心所欲看秧歌的愿望。

3. 积极创作并排练新剧本，主要是移植其他剧种的剧本，进行改编，以适合祁太秧歌的演出。如近年来深受民众欢迎的《母老虎巧斗女阎王》、《卷席筒》、《玉婵泪》等剧目。有的秧歌艺人在传统剧目的基础上结合现实编写新剧本，如秧歌老艺人宋宝昌运用《卖元宵》、《卖高底》等剧目的情节套式，新增情节，创作了剧本《卖辣椒》，该剧的情节更加引人入胜，彩虹秧歌剧团每到一处必演此剧目。

笔者认为，祁太秧歌作为地方小戏，根植于民间土壤，是一个浓缩了地域文化的载体，也是地方民俗、民风的流传方式和表达方式之一。小戏所张扬的内涵从来就没有离开过地域文化特色，这种地方属性是与生俱来的。因此，面对不断变化的时尚与令人眼花缭乱的大众文化，祁太秧歌艺人们尤其是戏班的"当家人"仍应将定位对准地方性，然后对所属地域的文化、经济进行分析，制定适合于戏班的生存策略。这样，祁太秧歌的发展才能呈现良性运行的态势，而不能一味地迎合，为赚钱而翻箱倒柜地找出一些早已被抛弃的糟粕秧歌去表演，这样只会使祁太秧歌陷入毁灭性的深层次危机之中。

笔者在调查中了解到，现今活跃在舞台上的祁太秧歌艺人多数文化水平较低，他们中好多人意识到了祁太秧歌的发展困境，也尝试尽力解决，但囿于自身文化水平所限，其努力是有限的。而他们恰是祁太秧歌变革与发展的生力军，因此，艺人们应当拓展艺术视野和提高自身的文化知识水平，增加自身的艺术体验。只有这样，才有可能提升祁太秧歌的艺术品位，创造出为农民所喜爱的秧歌剧目，使祁太秧歌保持旺盛的生命力。

结　语

祁太秧歌是山西晋中地区的一朵艺术奇葩，是晋中地区在明、清商业繁荣时期结出的硕果之一。作为一种民间艺术，它至今仍是当地民众社会生活中正常流程的一个构成要素，当地流传的一个秧歌小调形象地体现了他们对于祁太秧歌的迷恋："天上掉下个刀子算个甚？跑掉个鞋子往前奔，唱上一段秧歌像喝上了老酒，哼上一段酸曲美杀个人！"

祁太秧歌流传至今，其演出形式与内在的精神空间对民众来说是完全开放的，小戏中潜藏着与民众的心理希冀、人生信念契合的内在精神因素，这正是它的文化价值所在。

在2004年暑期田野调查过程中，笔者曾不止一次地看到载着老老少少的农用车开往唱秧歌的村落，民众的那股热闹劲确实实让笔者感到了祁太秧歌的迷人魅力。无论怎样，它今天仍在原本的土地上继续着自己的足迹。

〔参考书目〕

1. 祁县文化馆印发：《祁太秧歌选集》（1—4），1980、1981、1990、1993年。
2. 山西省戏剧研究所、祁县县委宣传部合编：《山西地方戏曲汇编——祁太秧歌专集》，2000年。
3. 山西地方志编委会：《山西地方志》，（丛刊）1987年。
4. 山西省晋中地区艺术馆：《晋中地区民间艺术概述》，1990年。
5. 祁县文史资料委员会：《祁县文史资料》，1986年12月第2辑，1993年5月第9辑。
6. 太谷文化馆：《太谷史志资料选》，1992年1、2、3、4期。
7. 太谷文化馆：《太谷秧歌》，1990年。
8. 王先明：《晋中大院》，三联书店，2002年10月。
9. 李彬：《山西民俗大观》，中国旅游出版社，1993年6月。
10. 乔润令：《山西人与山西民俗》，中国城市出版社，1995年8月。
11. 中国戏曲志编辑委员会编：《中国戏曲志·山西卷》，文化艺术出版社，1990年。
12. 行龙主编：《近代山西社会研究——走向田野与社会》，中国社会科学出版社，2002年2月。
13. 董晓萍：《田野民俗志》，北京师范大学出版社，2003年3月。
14. 董晓萍：《说话的文化——民俗传统与现代生活》，中华书局，2002年4月。
15. 中国民间文艺研究会研究部编：《民间文学论丛》，中国民间文艺出版社，1981年6月。

16. 李惠芳：《中国民间文学》，武汉大学出版社，1999年8月。
17. 张紫晨：《中国民间小戏》，浙江教育出版社，1995年3月。
18. 乌丙安：《民间文学概论》，春风文艺出版社，1980年11月。
19. 乌丙安：《民俗学原理》，辽宁教育出版社，2001年1月。
20. 钟敬文著，巴莫曲布嫫、康丽编：《谣俗蠡测》，上海文艺出版社，2001年3月。
21. 郭于华主编：《仪式与社会变迁》，社会科学文献出版社，2000年10月。
22. 明恩博著，午晴、唐军译：《中国乡村生活》，时事出版社，1998年1月。
23. 容世诚：《戏曲人类学初探》，广西师范大学出版社，2003年10月。
24. 陈建深：《戏曲与娱乐》，上海人民出版社，2003年7月。
25. 王　毅：《中国民间艺术论》，山西教育出版社，2000年10月。
26. 陆扬、王毅：《大众文化与传媒》，三联书店，2000年10月。
27. 王文宝：《中国民俗研究史》，黑龙江人民出版社，2003年5月。
28. 苑　利：《中国民俗学经典》，社会科学文献出版社，2002年3月。
29. 麻国庆：《家与中国社会结构》，文物出版社，1999年1月。
30. 陈　刚：《大众文化与当代乌托邦》，作家出版社，1996年9月。

附录 1

田野调查主要访谈人员名单（计 24 人）

姓名	性别	年龄	籍贯	文化水平	职业
高荫槟	男	61	山西祁县	初中	退休干部
杨立仁	男	60	山西祁县	初中	退休干部
任 润	男	64	山西祁县	高中	退休教师
王继红	男	43	山西祁县	初中	山西祁县城赵镇文化宣传员
李爱英	女	83	山西祁县	不识字	农民
钱定华	男	84	山西祁县	小学	农民
任玉凤	女	77	山西祁县	不识字	农民
钱守义	男	64	山西祁县	初中	农民
钱熙正	男	57	山西祁县	大专	干部
张秀仙	女	60	山西祁县	初中	家庭妇女
许果芸	女	56	山西祁县	小学	家庭妇女
任润秀	女	50	山西祁县	初中	家庭妇女
苗根深	男	83	山西祁县	不识字	秧歌艺人
张福寿	男	62	山西祁县	小学	秧歌艺人
杨建桃	女	36	山西文水县	初中	秧歌艺人
武喜贵	男	35	山西太谷县	小学	秧歌艺人
畅二林	男	36	山西太谷县	初中	秧歌艺人
武俊梅	女	36	山西太谷县	初中	秧歌艺人
籍红玉	女	36	山西太谷县	初中	秧歌艺人
权盼勇	男	20	山西祁县	小学	秧歌艺人
杨瑞兰	女	37	山西祁县	小学	秧歌艺人
陈明义	男	36	山西太谷	小学	秧歌板鼓手
高诸毅	男	83	山西祁县	小学	农民
杨昌海	男	76	山西祁县	初中	商人

附录 2
田野调查中搜集祁太秧歌手抄剧本剧目名称一览（计 39 本）

名称	名称	名称	名称
回家	拾麦穗	布儿换花	朝天猴借衣
登楼	割莜麦	五更送行	二姑娘梦梦
游湖	卖辣椒	大割青菜	二姑娘算命
挑帘	不见面	苏三起解	游乔家大院
串门	捡麦根	十月怀胎	田二红开店
四骗	送樱桃	偷山药蛋	韩湘子渡妻
换碗	洗衣记	双出东口	刘二姐背娃
上坟	听新房	唤小姨儿	
算账	游晋祠	做小衫衫	
锄田	补凉袜	送丑奴儿	
割田	十家牌	苦伶仃	
	卖烧土	西河院	
	大吃醋		

青海土族节庆习俗中的生存理念研究

蔡秀清

导 言

一、缘起

2003年我搜集整理了1949—2002年有关土族文化研究的期刊文章索引，发现关于土族节庆民俗的学术论文不足10篇，其中6篇都是有关青海省民和土族"纳顿"节日的文章，而对其他节日文化的探讨论文还没有发表在国内公开发行的刊物上。比如关于端午节的文章更是没有见到一篇，但在土族社会中，端午节是继春节之后的又一个大型的节日；关于"勃"（一种古老的娱神活动）的文章只见到了一篇，说明关于土族节日的研究基本处于空白状态。其实土族节庆习俗中饱含了土族的世界观、价值观和民间信仰，是土族生存关系延续和嬗变的交接点，表现了土族与自然生态环境之间的斗争和协调；体现了他们在社会生活中与其他民族间的物质和文化交流情况，以及土族人民勇于和善于吸收外来文化的包容性。尤为重要的是，节日是土族为民族发展、族群适应发生变迁的环境、对后代的生活技能的训练、对自身身心的调节时所形成的民俗传承活动。研究土族节庆习俗，把土族在从游牧民族向农耕民族转化时期如何将保存民族文化和适应新的生存关系有机地统一起来，说明某一民俗活动的产生和变迁是与该民族的生态环境、社会关系、生产方式和对人生价值的认识息息相关，以及民俗、与时俱进的世态变化过程，并以此为契合点展现土族的文化特质，这是我最初的切入点。

社火·社戏：从娱神到娱人的智慧

2004年5月6日《人民日报》在其第4版显著位置刊发了一篇《端午节将成为外国文化遗产?》的文章，报道了关于"端午节"将被韩国申报为文化遗产的事件。一石激起千层浪，引起了普通老百姓和学界专家们的关注，各大媒体也纷纷报道争论。这一事件更加坚定了我对自己研究课题的信心和决心。这一事件说明了我国相关法律的不完善以及政府对民俗文化的习以为常和漠然，更说明了每个社会科学工作者需要付出更大的努力，力争把各种传统文化的来龙去脉研究清楚。这样既能为保存传统文化、加强民族间的文化交流做出努力，又可为政府部门对非物质文化的保护措施提供依据。这种责任感坚定了我对该课题的研究信心。

在生产力飞速发展，各种文化激烈碰撞，给土族文化的取舍和前景带来了空前的发展机遇和挑战的今天，作为发展中社会的一员，如何在纷繁复杂的时代变迁时期既能保持自己的文化和个性，又不被时代所淘汰，这是我研究这个课题的根本动力所在。

二、目的和意义

中国节日习俗的形成与季节、时令和气候有直接的关系，因为中国自古以来就是以农为本的国家，不管牧业、渔业、林业都属于大农业范畴之中，农业生产的季节性和周期性、农业成果的丰欠程度都与人民群众的生活息息相关，并由此形成了农民祈福禳灾的信仰文化，丰富了节日习俗的文化内涵。节日在本质上是一种沟通传统与现实、物质生活与精神生活的综合性文化，长期以来，俗民群体不断吸收消化适合人类生存的各种文化因素并加以筛选和沉淀，把自己的生存需求和对未来生活的追求凝结成了某族群最底层的文化现象。作为社会生活的主体和文化事象的创造者——人不仅需要物质生活方面的生存和发展，而且也需要娱乐和调节，需要调适自然和社会给自己的压力，以便能够得到更好的生存空间。节日恰好充当了这个中间角色——把发展生产和经济与调剂人的心理有机结合起来，节日习俗是俗民群体的共同精神理念的显现。

土族是一个由游牧经济转变为农耕经济的民族，土族的历史、现存的农牧兼营的生产方式以及存在于土族民俗生活中的游牧生活遗迹有力地说明了这一点。究其来源与活动内容，土族的节日可以分为土族世俗性节日、宗教性节日和民间集会三大类。不管何种类型，都蕴含着土族的文化内涵，是土族民族意识（包括土族的世界观、社会观、自然观、思维习惯、处世方式、心理需求、信仰和审美观等）的形象显现，是土族生存关系延续和嬗变的交接点，是传统的沿袭、未来发展的基础，表现了土族与自然、社会和谐发展的历史轨迹。当吐谷浑国发生巨大裂变，民众散落各地时，人们所处的自然环境、社会关系以及每个人的内心感受都有了很大的改变，与此同时有意或无意间进行了新的文化整合进程，吸收了藏族、蒙古族、羌族和汉族等周边近邻的优秀文化，所有的这些变化都是为了族群的生存和调整民族的发展方向。文化的嬗变引起文化系统和民族整体的振动，这种变化使部分文化特质有了新的面貌。研究土族节庆习俗，可以体现土族在从游牧民族向农耕民族转化时期，如何把保存民族文化和适应新的生存关系有机地统一起来，凸现人们为了保存生命所作的斗争精神和思考，从而说明某一民俗活动的产生和变迁是因该民族的实际需要而产生和发生变化，与该民族的生态环境、社会关系、生产方式和对人生价值的认识息息相关，从中探索新时期土族物质文明和精神文明发展的新的结合点和心理适应性。

三、参考文献来源及其评价

本课题研究中所使用的资料有两种来源：国内公开发行的期刊和图书资料；田野考察所得的调查资料。在文章中我以田野调

查资料为主,以文本文献为辅。现将我所搜集到的有关土族节日研究的文本文献进行简单介绍:

1949—2002年间国内公开期刊上发表的,涉及土族节庆习俗的学术论文有以下几篇:

1.《民和官亭地区土族的"七月会"》/马广星/青海社会科学/1981年2期。文章介绍了民和土族"七月会"的基本概况,并探析原因。2.《"梆梆会"及其来源探索》/李存福/青海社会科学/1991年1期。文章简要介绍了梆梆会的主要内容,指出梆梆会是土族萨满教的遗俗,并对其来源及其与佛教、道教之间的关系加以探析。3.《青海民和土族地区纳顿述略》/秦永章/西北民族研究/1991年2期。文章从"纳顿"的起源、分布地区、特点、活动程式和活动内容对"纳顿节"进行概述,探讨"纳顿"是由古代土族先民庆祝胜利的庆典活动中演化来的。4.《傩祭——青海热贡农区藏族、土族"六月会"的重要文化内涵》/刘凯、任丽璋/民族文学研究/1994年第3期。概述同仁六月会的状况并探析了六月会"傩祭"的文化本质。5.《土族"於菟"舞与彝族的虎节》/马广星、辛玉琴/青海师范大学学报/1996年4期。文章通过对土族於菟习俗的描述,探讨了它产生的渊源。6.《土族节俗述略》/邓慧君/中国土族/1998年总第7期。文章对土族节俗进行了分类,并对土族节俗的部分文化内涵进行了初步的探索。7.《青海民和三川地区土族"纳顿"新识》/刘凯/青海社会科学/2000年2期。文章从"纳顿"节所信仰的神灵和活动出发,指出纳顿是土族娱神娱人的传统习俗,并探讨了纳顿中所体现的土族道教信仰,指出特定时代产生的民俗活动因时代内容的变迁而发生的一些变化。8.《民和土族"纳顿"面具艺术述略》/胡廷/青海民族学院学报/2001年1期。文章从纳顿面具舞及其在土族娱乐中的现实意义、蕴含的多元文化因子等三个方面,对民和纳顿面具艺术的内涵作了探讨。9.《民和土族"纳顿"节日的文化功能刍议》/贺喜炎/西北第二民族学院学报/2002年2期。指出纳顿节日是土族民族文化的宝藏及综合展现,对土族人民具有多种现实意义。纳顿作为民和土族喜庆丰收、酬神的传统节日流传至今,是因为它有维系、教化、调适等多种文化功能。

四、关于土族节庆习俗研究的现状和存在问题

研究现状:节日是一种综合性文化,是展示民族文化的大舞台,是走进一个民族心灵的桥梁。但是目前学术界对土族节日研究的深度和广度相对于民俗活动本身来说,远远不够,从现有的文本文献资料来看,多是有关"纳顿"节的研究,但其他方面的研究却基本上处于空白状态。比如有关土族地区端午节习俗的研究文章,笔者还没有在中国学术刊物上见到,只是在一些学术专著中略有现象描述(比如《穿彩虹花袖衫的人》,李有楼编,青海人民出版社,1983年6月第1版),就是现有的研究也基本上处于描述研究状态,缺乏深入的研究,说明土族节庆文化研究领域天地宽广。

存在问题:上述研究现状说明土族的节庆习俗有待更进一步的研究,促使我对土族节日做系统性的梳理,并把事关土族生存和发展的生存理念作为研究的核心,科学研究应用于现实发展是我的创新之处。但这种现状同时也给笔者的研究带来一些困难:1. 参考文献资料缺乏;2. 土族节庆习俗是一种体系庞大的综合性民俗文化,蕴含了土族的世界观、发展历史、宗教信仰及其他们对自然环境、社会关系、人与人以及对自身发展的一系列认识和观念,内容深厚,如果处理不好主位和客位的关系,就会对该民俗活动挖掘不深,体现不出文章的价值;既然是探讨土族文化的变迁问题,就必然要熟悉民族发展历史,这些情况说明本课题的工作量,如果有所疏漏,都会对我当初的期望和设计造成某种缺憾；3. 由于时间和经费的限制，田野调查中没有涉及到甘肃省的土族情况，也成为我将来进行补充的一个方面。

五、理论

1. 文化变迁是文化主体的内部变化和外部环境共同作用的结果

现存的土族文化是土族既继承先祖吐谷浑的游牧文化，又是在生态环境和社会环境有了巨大改变后，吸收藏族、羌族、汉族和蒙古族等周边民族的相关文化而形成的。民族文化的变迁是民族的内部力量和外部力量复合运动的结果，民族内部变化引发他们对生存关系的思考，从而以积极主动的精神面貌，自觉地或不自觉地进行自身文化系统的调整；外部环境（包括生态和社会环境）的变化，也会促使族群文化的变迁。比如在土族地区，吐谷浑国家政权灭亡，民众散落西北各地（主要在青海省互助、大通、民和三县区以及青海和甘肃的其他州县），他们赖以生存的生态环境有了大的改变——大量的草场失去，所面临的民族关系更为复杂。面对这种变化，再加上土族上层阶级一直以来积极效仿、吸收汉文化的政策，导致土族必须积极地、勤恳地劳作于农耕生产，这事关整个民族的生死存亡。这些内外因素的交互作用，引起该族群文化的变迁，他们或创造发明新的文化，或借用吸收外民族的文化，不管哪一种情况，总有一条主线贯穿于其中——在多年来形成的文化积淀的基础上，积极改进，以适应社会生活的需要。也就是说，文化变迁不是彻头彻尾的变化，而是在继承前人成果和已形成的民族共同心理的基础上发生的延续和嬗变。

2. 节庆习俗是土族文化的综合展现，是土族在历史发展中对生存关系的思考和适应

节庆习俗是俗民群体生产和生活经验的总结，凸现了文化主体的群体意识（包括他们的世界观、社会观、自然观、价值观、审美观、共同的心理积淀、思维方式和食俗等），是该文化主体的各种民俗的综合展现，节日文化一旦产生，就会对过节的人群产生无形的约束力，具有相对的稳定性和持久性。土族文化中的节日习俗所蕴含的民俗内涵，体现了土族对自然、社会、人与自身的价值评判和文化取舍标准，显现了土族的生存理念；土族节庆习俗是土族文化继承和发展、延续和嬗变的一个结合点，是历史传统的沿袭，是未来发展的现实基础。为此，通过对土族节庆习俗的民俗内涵分析，可以发现土族文化变迁的脉络和发展趋向，从而为今后的社会发展总结一些历史的经验。本书从土族的世俗节日和宗教节日习俗的民俗事象出发，分析其中凸现的文化现象和隐含在其中的民族心理和信仰观念，说明节日习俗在土族社会历史的发展和生产方式的变迁过程中所起到的承上启下的调节功能；以土族生存关系的延续和嬗变为主线串联节庆习俗中的各种民俗事象，从而说明某种民俗活动的传承和变异是与承载该民俗的俗民群体对自然、对社会、对别人、对自己的适应和调适密切相关，是因社会生活需要而产生和变迁的。

六、研究方法和基本思路

1. 研究方法

①运用历史和现实相结合的方法，把土族节日进行分类，然后从各类节日类型中各抽取一至两个典型节日，即端午节、"勃"和纳顿节，交代土族节日的基本情况。

②运用历史人类学知识，阐述土族的历史概况以及他们从游牧社会向农耕社会转变中的一些基本情况，再使用心理学知识分析土族先民在生存关系有了大的改变时，他们的心理状态和对未来生活的期冀。

③使用观察和参与观察、访问、座谈等形式调查土族人民在

节日中的活动、行为方式和感受，从而说明节日一旦形成，就具有一种无形的约束力，对俗民的生活和心理产生很大的影响。

④在田野调查中，把普通俗民、当地公众性人物——懂行情的人和当地文化人的陈述综合分析，明辨真伪，展现土族节日本来的真实面目。

⑤搜罗当地有关土族端午节、"勒"和纳顿节的地方文化部门的文献资料作补充。

2. 基本思路

首先从节日的缘起和特点等基本知识的阐述出发，介绍土族节日的基本概况，然后从土族节日类型中各抽取某个节日习俗作典型性分析，探讨土族民众在历史进程中形成的其中蕴含于节庆习俗的生存理念和民族文化内涵，最后综合运用民俗学和人类学、社会学的相关理论——文化变迁和民俗变迁理论，总结全文。

七、田野作业地区及其调查的基本概况

我的调查地点选定在青海的土族地区，以互助县为主要调查区。青海省互助土族自治县是全国唯一的土族自治县。历来有互助是土族发源地的说法，这里的民俗活动具有典型性，所以我的田野作业地区主要选定在互助土族自治县，同时，以青海省大通回族土族自治县、民和回族土族自治县、同仁县的土族村庄（土、汉、回、藏文化交流地区，反映不同生态环境下同一民族的不同部落对环境的适应情况）的有关材料作为补充。

互助土族自治县人文概况

互助县地处祁连山脉东段南麓，为黄土高原和青藏高原交错嵌接地带，"全县504万亩面积中，土地资源广阔，有农业用地156万亩，占30.9%；林业用地183万亩，占36.3%；牧业用地114万亩，占22.7%；特用地19万亩，占3.7%；暂不

用地32万亩，占6.4%"①。是游牧生活和农耕生活的碰撞地带。

从互助县的高寨、沙塘川、张卡山等地出土的文物来看，远在4000年前，互助地区就有人类居住。从互助县境内发现的36处古文化遗址中，哈拉直沟乡尚家村的新石器时代遗址、总寨村的青铜时代遗址，下马圈村的卡约文化遗址、高寨乡东庄村汉代墓群等为省级重点文物保护单位。宋朝的白马寺、公元1602年建造的佑宁寺、1624年在县城建造的鼓楼等文物和北山、五峰寺等风景区是天然的陆游胜地和文物胜迹。互助，是古羌人的居住地，在历史的发展中，又融入了吐谷浑、藏族、蒙古族、回族和汉族的文化，这一切都显示了互助县具有悠久的历史和深厚的文化底蕴。

互助县地域广大，截至1985年，全县共有20个乡，1个镇，288个行政村，1005个自然村。② 我将田野考察的地域分为三块，目的是更直观地考察文化变迁的某些轨迹和形式。

1. 威远镇地区——现代文明与传统文化激烈碰撞地区，也是土族和汉族文化的交错地带。（共有22个自然村，我以土族聚居的小寺、大寺、红崖、白崖、纳家村为考察地点。）

2. 纯土族聚居区——东沟乡、丹麻乡、东山乡、五十乡（每乡各选一个村落为考察地点）。

3. 土藏杂居地区——松多乡、加定乡、巴扎乡（农牧林业兼营地区，每乡选一个村落作为考察地点）。

大通回族土族自治县土族概况：

1985年，全县土族人口共29429人，占总人口的8.31%，主要分布在逊让、宝库、青林、多林、西山、青山、城关等乡

---

① 《互助土族自治县志》，青海人民出版社，1993年版，第1页。
② 《互助土族自治县志》，青海人民出版社，1993年版，第36页

镇，多数人从事农业，也有部分人经营畜牧业。①

民和回族土族自治县土族概况

民和土族主要聚居在官亭地区，官亭素称"三川"，该地区有马家窑、齐家、辛店等类型的文化遗址和其他古迹35处。②气候条件优越，文化气息浓厚，著名的土族教育家朱海山就出生在这里，是一块适合人类生存的地方。

同仁县土族概况

同仁县境内的土族，主要居住在年都乎、尕撒日、郭麻日、吴屯上下庄和保安下庄，即历史上的保安四屯（季屯、李屯、吴屯和脱屯）。黄河南岸土族的形成，以蒙古民族为主体，吸收了一部分吐谷浑后裔以及民和三川、互助、河州一带的土人、汉民和当地的藏民融合而成。1982年同仁土族人口发展到6317人，1990年全县共有土族人口7265人。③ 2003年土族人口达到8249人，占同仁总人口的10.42%。④

我的调查时间从整体上可分为两大块：一是利用2002、2003年的寒暑假时间对互助土族的年节、端午节和花儿会等做调查；二是2004年7月20日至8月底在互助、大通、民和和同仁做了为期一个多月的系统调查，其中以互助的东沟乡、五十乡、威远镇地区，大通的青山乡，民和三川地区和同仁县的土族村庄为主要调查区。

在田野作业中，我采取了观察与参与观察、拍照摄像等手段深入各大节日现场，并且大量使用了访谈法和座谈法。根据民族地区的特殊情况（受教育程度低、对外来人有很强的戒备心理

---

① 《大通回族土族自治县县志》，陕西人民出版社，第614页。
② 《民和回族土族自治县县志》，陕西人民出版社，第20页。
③ 《同仁县志》下册，三秦出版社，第926页。
④ 青海省同仁县2003年国民经济主要统计指标，同仁县统计局。

等）事先设计了调查提纲，采用非结构式访谈法，用纵横交错方法，以年龄段为纵线，访谈了老、中、青、少关于节日的认识；以社会角色和职业为横线，访谈了普通俗民、学者文人和政府工作人员，并且以普通俗民为主要访谈对象。

田野工作中，重点访谈58人，随机访谈67人，获得访问笔记大约25000字，照片324张，其中有效照片220张，获得了《黄南民间故事》、《黄南民间歌谣》、《同仁县志》、《互助民间故事》、《互助民间歌谣》、《土汉词典》、《土族史》、《土族民俗》等文献资料。

田野调查能够论证我下田野之前的基本理论设想，需要重新考虑的是关于端午节中土族蛙图腾的设想和花儿会这种民间节日的雏形能否归入土族节日的问题（节日有固定的时间、地点、程式、群体、活动内容、体现了信仰观念）。需要补充的是农历三月三关于"勃"的现场资料。

土族节庆习俗的来源与类型

一、相关概念界定

在土族节庆习俗的生存观念研究中，有几个关键性词汇贯穿文章的始终，所以在这里对它们逐一做出笔者的界定，以免造成混淆和歧义。

生存关系：生存，指"保存生命"，关系，指"事物之间相互作用、相互影响的状态，是人和人或人和事物之间的某种性质的联系"，生存关系就是人在保存生命的历史进程中，和大自然、社会、其他人以及与自己之间的一种联系和相互作用的状态。延续就是"照原来的样子继续下去"，嬗变就是"演变"。（引号中的定义引自《现代汉语词典》，商务印书馆，1993年版）。一种生存关系的延续和嬗变,就是指人们既继承和发展了原来的生活行为、生产方式、思维习惯等,又因为新的环境(自然、社会)的改变而发生的自觉或不自觉的生活模式的演变,力求找到旧的生存关系和新的生存关系之间的有机结合点。生存理念就是对生存现状的思考和调适生存状态的技术。

土族:甘青地区的特有少数民族,主要生活在青海省互助土族自治县、大通回族土族自治县、民和回族土族自治县,还有部分生活在青海省其他各州县和甘肃省的天祝藏族自治县、永登县、卓尼县,据 2000 年统计资料约有 24 万余人,其中青海省 20.9 万余人,甘肃省 3.1 万余人。[①]主要从事农耕生产,部分地区从事牧业和农牧兼营的生产。互助土族自称为"蒙古孔"或"察罕蒙古"(察罕,土语,指白色)。对于土族的族源目前有以下几种说法:吐谷浑说、蒙古说、阴山白鞑靼说,学术界还没有达成一致的看法。在这里我以吐谷浑说为理论基点,认为土族是由公元 4 世纪至 7 世纪活动于青藏高原,并以历史长达 350 年之久的吐谷浑为主,融合了一些不同时期活动于青藏高原的羌族、蒙古族、藏族和汉族再生而成的民族,土族语言中他民族语言借词、口承民俗和一些物质习俗遗风,展现了青藏高原曾经民族邻里纷争、互相交流、互相影响、互相兼并的历史场面。

节庆习俗:节日是一年中的几个特殊日子,是相对于平常的日子而言的,这是中国古人因为生产和生活的需要,根据季节、物候和气候、时令变化而逐渐约定俗成的周期性日子。节庆产生于日常生活,本身却具有不平常的特性。节庆习俗是节日中形成的衣食住行、禁忌、信仰等习俗惯制,周期性、综合性和兼容性是其主要特点(节日由于国别不同,可分为外国节日和本土节日;因为节日出现时间的长久程度,可分为传统节日和非传统节

---

① 转引自《土族民俗》(接待部分),互助土族自治县民族宗教局编。

日；还有区域、族属等标准，我在文章总论中所提到的节日为中国的传统节日，其来源和特点也是中国传统节日的特点，分论中的节日则是中国西北地区特有民族——土族的节日）。

文化变迁：是指由于一个族群的内部结构或外部环境发生变化时，该族群在历史发展过程中所创造的物质文化和精神文化随之发生变化，这是一个渐进的、继往开来的过程。包括创造新文化、传播和吸收以及调适过程，其中调适是因为原来积累的文化不能够适应新的生存环境而进行的相应的变化和适应过程，调适是文化变迁的重要因素。

二、土族节庆习俗的来源和分类

1. 节日的来源

所谓"源"就是事物发生的开端与起头处。研究者所持的角度和立场不同，事物的来源也不同。笔者考虑到文化现象本身和文化的承载者，即从本位和客位出发，将节日的来源分为两种情况：

①从本位（节日本身）出发探究节日来源。

乌丙安先生在《中国民俗学》中说："岁时节日由来已久，岁时源于古代立法，节日源于古代季节气候。简单地说，是由年月日与气候变化相结合排定的节气时令。"说明节日的发生是有巨大的功利性的。中国自古以来就以农业为主，时令、气候的周期性变化，关系到以食为天的百姓的生产生活，更具体地说，气候季节的变化直接影响"民"的生存，即保存生命问题。所以，每年的季节时令交换时节，人们都要适时安排生产，同时进行娱神敬神活动，也就是春祈秋报活动，当这种活动成为周期性活动时就形成了节日。从这种分析来看，人们对生命的渴望以及对大自然的崇拜和原始信仰心理，即生产和祭祀行为成了节日的起源。只是到了后来，随着社会的发展，人们对世界有了新的认识和理解,各种节日活动开始从娱神向娱人方向发展,但节日中总是遗存着古代祭祀的痕迹,比如土族的"勒"、"纳顿"等都体现了这种节日形式发展和演变轨迹。从今天存在的各种节日来看,都是在祭祀活动中发展起来的。比如商贸性节日是以庙会集体祭祀中萌芽和发展起来的,而纪念性节日因为对某个伟大事件或人物的祭祀活动而发展为周期性节日。"无论是世俗的节庆,或是宗教的节庆,其根源都来自祭祀的仪式。"① 信仰活动中的祭祀是节庆的导火索,例如腊月二十三送灶王爷上天言好事渲染了年节的气氛;土族端午节也是因为土族人们崇拜水、敬仰蛙而发展起来;纳顿节以及同仁县土族六月会中的节庆表演都以祭祀拉开活动的帷幕……

②从客位(节日文化的承载者)出发探究节日来源。

一个族群可以创造新文化,即本土文化;也可以吸收外来文化与本土文化结合为本族群民众所认可的再生文化;同时由于外部环境的影响,人们需要自省和情绪调节,所以具有调适功能;宗教文化可另立门户,自成体系。节日这种文化现象也不例外,根据节日承载者或者说"表演者"的身份和节日的功用,可分为世俗时令节日、宗教节日和集会性节日,以求得不同时节人们情感的宣泄和释放。

2. 分类原则

分类就是根据事物的特点分别归类;原则就是行事时所依据的法则和标准。之所以对研究对象有所分类,是为了更好地说明事物的本来面目,更好地完成所要研究的课题。由于节日的综合性和复杂性(蕴含精神、物质、行为等),从目前的节日习俗现状和学术界的分类来看,主要是以节日的活动内容、季节性和民

---

① 《节庆、休闲与文化》,(德国文化丛书),皮柏著,黄霍译,生活·读书·新知三联书店,第37页。

族性作为分类标准。比如春节、端午、中秋等是以季节为标准分的；纳顿、那达慕、尔德节等是以民族划分的。

3. 土族节庆习俗的分类标准

土族在漫长的历史进程中形成了丰富多彩的节日习俗，由于有了文化变迁和文化整合的历程，在本文中，笔者从土族的本位出发，将节日中的主要活动主体作为土族节日的分类标准。由于节日本身的复杂性、发展性和播布性，这样的分类标准不会完全正确，但是能够体现出节日的基本轮廓，限定土族各种节日的范畴。所以作者考虑到土族节日习俗本身的特点（固定的时间、固定地点、相对固定的参加活动的人物、程式化的活动内容、一定的祭祀活动、象征性的饮食以及服饰等）和节日所存在的文化背景，即土族的历史和社会生活的现实情况，将土族节日分为三大类：世俗性节日、宗教性节日和民间集会。

土族节庆习俗概述及其特点

一、土族节庆习俗的基本概况

上文中将土族节日分为三大类，第一类是土族世俗性节日，比如纳顿会、"勒"、赛马会等土族传统文化的积淀和展示性节日以及体现土族勇于吸纳的时令性节日，这类节日在土族节庆习俗占的比例很大，比如春节、元宵节、二月二、端午节、中秋节、十月一、冬至、腊八等，其隆重程度与汉族差不多，但又有了土族的文化特征。第二类节日因其主持者和表演者为佛教僧人，但又与土族群众的生活息息相关，故定名为宗教性节日。第三类节日为各民族群众集体交流的日子——花儿会。由于花儿会既具有节日的一些特征（固定的时间、固定地点、相对固定的参加活动的人物、程式化的活动内容、象征性的饮食以及服饰等）又似乎缺乏一些东西（对神灵的崇拜和节日的祭祀本质），故定名为民间集会。不管哪一类节日，都体现了土族适应自然生态环境和社会关系、处理与其他民族成员的关系以及对自身行为的思考，与土族的历史变迁和文化整合进程息息相关，体现了土族为适应生存关系的转变而做出的种种努力。在下文中，我从各类节日中各抽取一至两个典型节日，即端午节和"勃"（土文"boo"）、佑宁寺的"欠"、花儿会等，通过分析三类节日活动的民俗内涵，从而阐述土族节庆习俗中的俗民对生存关系的认识。

（一）敬畏与崇拜——土族世俗节日

1. 传统文化的积淀与展示性节日——勃、纳顿、军舞、神舞等

①土族"勃"的民俗内涵分析

a"勃"的基本状况：

"勃"，土族语，既指法师也指法师做道场，俗称跳神，青海的汉族人根据会场中的鼓声又称其为"Biang Biang"（汉语），是打发喜乐神佛的庙会。

跳"勃"的日子因地域而异，青海互助土族自治县跳"勃"地区的日子基本上是农历二月二、三月三、四月八。举行跳"勃"庙会的村社有互助东沟乡大庄村、姚马村等；互助五十乡的桑士哥村；威远镇以及所属地区的纳家、崖头等村落；双树乡的杏园堡、大通苑等村；东山乡的纳龙沟、岔儿沟、大小羊圈等村落；丹麻乡的石头山城等地区。大通县的土族地区也举行这种传统庙会，还有民和县、湟中县、西宁等地方都有神庙会，基本情况与互助地区相同。根据神教的传说故事，很早的时候，神和佛抢占山头，"勃"骑的是鼓，"佛"骑的是袈裟。占领山头后，神把山头让给了佛，而"佛"又让"神"到各地区居住，于是各地都有跳"勃"活动。

跳"勃"的法师实行家族世袭制。比如姚马村的马姓人家、

杏园堡的郭家、岔儿沟的李家、丹麻石头山城的王家、桑士哥的贺家、东山大小羊圈的李家，外姓人不能学习"勃"的经法，也不能跳"勃"，如果学会了"勃"的经，不但没有好处，反而还会伤到自己及家人。《神门法书》仍然保存在法师家中，全是汉文，中心主题是"喜乐"和"谢神"。

"勃"属于神教，现在法师都是男性，但法师的根子是女性，着装是女装。服饰有黑色的长袍、花色的壳（读作 bi）夹、黑色的道帽、梳有长辫的网儿帽、红花牌子。在跳"勃"中担任的角色和身份不一样，服饰就会有变化，念经的时候不戴任何帽子，红花牌子代表的是神，法师要先化黄表、磕头，再戴牌子，头戴红花牌子就代表着神，不能表演了，只能跟上下手问答。"勃"的法器是一个山羊皮鼓，鼓的把手上连着三个环环，九个麻钱。还有金钻和钢鞭。

"勃"供奉的神位有 12 个，有黑虎、娘娘、九马爷、龙王、山神、白龙、关老爷、二郎神等，各地都有自己的主神，80%以上的神、经和跳法都基本相同。不管哪里，法师家必须供奉黑虎、三孝娘娘、龙王。因为供奉的是龙王，所以如果该村的庙里供的是龙王，则以村庙为中心举行活动，比如互助东沟乡的姚马村。反之如果村庙里供的是佛，庙会则在村落中央的场院中举行，比如互助东沟乡大庄村。

b 青海互助土族自治县东沟乡姚马村"勃"的场景：

东沟姚马村的"勃"每年农历三月三在姚马村庙举行。青苗队（曾经为 11 人，现在是 8 人）和该村"勃"的传人马姓村民为庙会主干力量。在庙会开始前十几天，法师开始为众人和虔诚的信徒铰幡。以前挂幡的人家由法师指定，要你出你就得出，现在人们的经济条件好了，纸也多了，每个参加者尽量地表达自己的虔诚。单幡 12 张、筒子幡 24 张、龙幡为 48 张，都由黄纸剪成，这些幡都是那些参加三月三青苗会的信徒提前预订的。而村庙则要炸薄什佐①、馓子等食品，给每个添香钱的人打份子。

农历三月初二为小"勃"，这天要请神、准备所需用品、到供神佛的地方巡视，看各处的香火、灯油够不够。主要过程为立幡杆、挂幡、请神、安神、迎喜、请亡和看卦。约10米高的幡杆立在神殿前，埋地60厘米深，迎接上界33天和下界72煞的神灵。用黄表和彩纸剪的云纹、水浪、万字文和连环套等花样的幡和长线挂在杆头，幡杆顶端横置两齿叉，叉尖又各戳着一个大馒头，幡绳的一端连着"粮蛋"②包。三月初三为大"勃"，是庙会的高潮日子，这天把所有的供品拿到广场上，煨桑、上香、点灯、磕头祷告，然后大法师领头，身着法衣、头戴法帽、手执法鼓的小法师随其后，鼓点整齐有力。跳神活动开始，主要动作有：踏四门、满天星、凤凰三点头、立马庄、翻跟头、上单桌跳木马（因为难度高，现在已基本取消）、鸭子偎蛋、黄莺展翅、空中取雨、抬鼓条（用嘴衔细棒）、打车轮。法师跳神约2—3小时左右，大法师还要做法招魂，把一小瓷瓶钩倒，意为勾来一童男灵魂酬神（过去有个老汉三月三跳神时，因为幡杆倒了，砸死了他的孙娃子，也就是说他把自己孙子的魂给勾去了，从此，法师一般不举行这一步，以免遭殃）。每到三月三跳"勃"时节，大人就给男孩子佩戴一个装有蒜和五色粮的小红布袋，以免被勾去魂魄。跳"勃"结束放幡杆时，众人抢"粮蛋"和插在杆头的馒头，据说抢得馒头者能成"状元郎"，得到"粮蛋"则能禳灾避祸，人们还会撕一些幡纸，给孩子避邪。跳"勃"的法会上，法师们还讲一些类似于脑筋急转弯的经文："阳世上先有鸡还是

---

① 土族的一种油炸食品，因制作时手法像翻跟头，所以当地汉语叫牛肋巴或翻跟头。

② 有五色粮食、红枣、糖、核桃等，是土族地区盖房上梁、打庄廓、宗教仪式时不可缺少的吉祥物。

先有蛋?"回答是先有蛋,因为鸡蛋是太上老君的一口仙唾。"请你说一说,阳世上有多少个人?"回答是阳世上只有12个人,他们是属鼠、牛、虎、兔、龙、蛇、马、羊、猴、鸡、狗、猪的12人,除此外,没有别人……这样的问题,引起观众的哄堂大笑,据说是为了取悦龙神,人高兴了,神也就高兴了,就会给人们赐更多的福。

传统庙会期间,十里八乡的土族群众会赶到姚马村,给龙王、三孝娘娘等神灵献牲酬祭。绝大多数赶庙会的人一则上香、供灯、敬香钱,祈求神灵保佑,听法师诵经,看法师跳神舞,以避祸禳灾,比如50岁以上的群众祈求儿女的功名、好姻缘等,但有一些年轻人则抱着看热闹的态度参加庙会。二则借农闲时节欢庆一番。神会期间,时值母鸡下蛋的旺季,赶会的人都带许多煮熟的鸡蛋,既是自备的食品,又是在会场上敲击做游戏的工具。在会场上,男女老少手持鸡蛋,三五成群碰鸡蛋做游戏,有经验的人挑选红壳鸡蛋,煮的时间稍微长一些,使蛋壳更为结实。敲击比赛如同打擂台,当选定上下家时,下家紧握鸡蛋,露出一点点让上家从上往下敲。鸡蛋的大头对大头,小头对小头,被敲破者为输,要将蛋送给赢家取乐,取胜数次多者是一种荣耀。所以人们习惯性地将龙神会叫做"鸡蛋会"。青苗神会结束了,地上却布满了白花花的蛋壳,如同下了场冰雹,群众认为这样便能禳解雹灾。据传"鸡蛋会"是明代嘉靖年间,因一次春天的雹灾而举行的,从此留下庙会打鸡蛋禳灾之俗,迄今已有400余年历史了。这种活动的产生与青海地区多冰雹灾害天气的生存环境密切相关,用这种相似巫术手段缓解人们对灾难的恐惧,从而从一个侧面说明了节日的巫术和祭祀的本源。此外,人们还会在远离村庙的山冈林间"漫少年",是青年男女交往的一个好机会。

②纳顿——世界上最长的狂欢节

纳顿，土语，玩耍、游戏和娱乐的意思。是土族民间庆丰收、谢神灵和娱乐黑头凡人的一种土族节日名称。发端和流行于青海民和三川地区，从农历七月十二开始一直持续到农历九月十五止，历时近两个月，被誉为世界上最长的狂欢节。近年来，因政府重视和青海土族研究会的积极努力，青海的互助地区也开始有了纳顿节，并且由土族研究会主持，大通、互助、民和三县的土族群众轮流举办大型的纳顿节，以宣扬民族文化，拉动地区经济发展。因为纳顿的狂欢起自农历七月，故也称为"七月会"。

每年夏末秋初，金黄的五谷给了土族人民一个金色的心情。碾好的谷物收入家中的谷仓，使劳作了一年的土族群众格外兴奋，为激励人们再接再厉，表达丰收的喜悦和对神灵的感激，促使土族人民用"纳顿"来表达自己内心的欣喜和希冀。一年一度的纳顿以村社为活动主体，可由一村单独举行，亦有两村联合举行。在民和三川地区，"纳顿"从庄稼成熟最早的下川宋家村开始，间隔一天或数天，从下川地区经中川地区的祁杨家等地，逐渐向北移，一直延续到上川的赵木川、官亭鲍家一带，历时两个多月，最后以农历九月十五的朱家"纳顿"收尾。关于它的起源，自古以来就被神秘气氛笼罩着。相传从前土族地区出了一位技艺高超的木匠，被皇帝召去修建皇宫。三年后，美轮美奂的宫殿建成了，可是心胸狭窄又贪婪自私的恶毒皇帝，一想到这么一座富丽堂皇的宫殿竟然出自一个微不足道的木匠之手，心中很不服气，就下令除掉木匠。木匠得到消息，连夜逃回故乡，组织遭受皇家剥削的乡民们起义。皇帝闻讯后派出大批军队前来镇压，面对强大的敌人，机智的木匠灵机一动，组织乡亲们敲锣打鼓，扛着制好的战旗，挥舞着已涂上染料的兵器，高呼"大好！"向村庄的庙宇集合。本来准备战斗的皇家军队大惑不解，村民们则告诉他们：我们正在举行纳顿，庆祝今年的好收成，答谢上天和神灵的恩赐。皇家军队只好不战而撤。从此为了纪念这位机智勇敢的木匠,一年一度的纳顿就流传了下来,只是从最初的起义性质逐渐演变成后来的庆丰收、谢神灵的活动。这也从某一方面说明了节日的产生是与人民的生存关系有着重大的联系。

"纳顿"是纯粹以庙会的形式发起组织的。各村都有村庙,具体组织和负责主持"纳顿"事务的总家、排头,都由村民选举产生,或轮流担任。村庙是土族社会中真正起作用的社会组织,这里规定了若干村规民约,谁违犯就会受罚,向村庙供奉一定数量的香表、钱粮等。在纳顿前一天,一切准备工作就绪,每户都要来一个成年人,带一瓶酒,一个大蒸馍,这些食品(应该说是供品)都由庙倌保存。在纳顿开始的日子,村庙正前方约100米左右处设一顶帐篷,设香案,上供二郎神位和其他地方神位,对面竖立一长杆,高悬幢幡,会场肃穆又不失喜悦的气氛。

两村联合是纳顿最为常见的形式。当本村的大型集体舞蹈——"会手舞"跳起来时,邻村也组织会手前来庆贺。一村充当"主人",而另一村为客,两村男性排成长列,扛着各色彩旗,敲锣打鼓,高呼"大好!"在主方村外麦场上会合,是最热烈最令人激动的时刻:几十面画有阴阳太极图的大鼓擂得震天响,伴随着沉稳有力的鼓声,会手们闪腾跳跃,在粗犷的高呼声衬托下,表现出健与美的雄姿。

队伍一到麦场,就拉开了纳顿的序幕。首先开始的是会手舞。"会手舞"一般由七八十人至上百人组成,参加者为男性,按照老、中、青、少年的顺序列队,穿长衫,舞动彩旗、耍着扇子,击鼓敲锣,左右侧身,摇摆身段,纵情表演(纳顿队伍的装束似乎与青海海东地区民间社火的装束有点类似,这种似与不似又体现出各种文化间的交流性)。舞在最前面的是身着长衫、手执扇子的老人,他们往往是纳顿的组织者和纳顿舞蹈的传人。年过花甲、银须垂胸的老者,步履强健,舞姿从容自如,呈现出无限的生命活力。年轻人手持各色彩旗,孩子们手拿柳条依次跟在后面,他们摆动身子，绕场而舞。简单而整齐的舞步，伴随着有节奏的鼓锣声，谐调地跃动，舞姿十分优雅。在舞蹈的同时，主方不停地用大碗给会手们敬酒助兴，人们在舞蹈中陶醉了，陶醉在丰收的喜悦中，陶醉在优美的节奏中，陶醉在对美好明天的希冀中。

表演完以上舞蹈，法喇跳起节奏剧烈的神舞，手执大月刀，将垂挂在长杆上的纸"钱粮"（幡）砍下送到圣火中焚烧，把民众的感谢和祈福送入天界，"纳顿"就在这袅袅桑烟中进入尾声。会手们齐齐跪在场中，由老人唱"喜神"曲，赞美祈神的服饰穿戴、坐骑器具等，答谢神灵降临尘世，与民同乐，赐福于民的厚恩。在麦场上"会师"三次后，纳顿的节目在观众围成的圆场内开始了纳顿面具舞。例如面具舞《庄稼其》（其，土语，匠人，意即庄稼人）：该剧的情节是父亲请老者说服重商轻农的儿子立志种田，并手把手地教会耕作技艺。

表演者动作滑稽，神态活泼，富有乡土生活气息，深得观众喜爱。表演的另外几出面具舞节目多由古典小说《三国演义》中的片断改编而成，如《三将》、《五将》、《关老爷》等，角色是三国时的关羽、刘备、张飞等。他们穿战袍战裙，各执武器与吕布、曹操等人厮杀。表演者头戴面具，随着有节律的锣鼓声，挥舞着木质古兵器疾缓有序地进行，不由使人联想起三国时骁将们驰骋疆场的英雄形象。从表演来看，舞姿刚劲有力，可是当表演者摘下面具时，你会为那些须发苍苍的"演员"大吃一惊，心中油然生出对生活、对生命意义的深刻思考。《打虎将》等舞蹈则显示了祖先们同大自然斗争的活动。这是一出古朴粗犷的舞剧，舞蹈动作主要是角抵和相搏，虎、牛、杀虎将、猴子等众角色模仿兽类动作。先是虎与牛相搏，几经回合，虎摔倒牛，表示吃了牛；杀虎将戴着类似牛头的面具，双手挥长剑，杀入场来，与虎交战，最后用剑挑下虎面具，表示降伏猛虎。这期间还有猴子（猴子扮演者）上蹿下跳，据传是猴子引诱猛虎下山吃牛的。杀虎将等上场时，皆被长木梯抬入表演场中，传说这是一位山神，请他下山是为了降伏老虎。

热闹的纳顿同时成为访亲拜友的好时机。一大早即可见到身着节日盛装的男女老少，打扮一新，乘坐车、马、驴等现代与传统交通工具，浩浩荡荡行进在乡间的路上，别有一番乡村风味涌动在秋天的田园间。对于青年男女而言，纳顿则提供了一个浪漫聚会的时刻，同时孕育了新的社会因子——家庭。

③同仁六月会——土族人们对丰收的喜悦，对神灵的感激和祈祷，呈现自强不息的民族生命力

"黑箱"（同仁年都乎土族语）指的是农历六月同仁土族地区的六月会，主要是军舞、神舞和龙舞表演。同仁现有5个土族村庄，即年都乎、尕沙日、郭麻日、吴屯上下庄、保安下庄。这些村落每年以自己定下的时间表演军舞和神舞，其他村落的表演队会来拜年，届时全村欢腾，邻里和亲朋相聚，呈现出一派节日的气氛。年都乎的"於菟节"乃为同仁土族文化的一朵奇葩。於菟舞在每年农历十一月二十祭二郎神时表演，一般在当天午后开始。由7名男子全身画上虎纹扮演"於菟"，双手挥舞木棍为道具；由一名头戴五佛冠、手持单面羊皮鼓的巫师前行聚集于村中二郎神庙前，巫师诵经祭神、吹白螺（土语音"duang"），伴着铜锣、鼓点，"於菟"们翩翩起舞演出虎的各种动作。① 届时，土族及当地的藏族群众准备丰盛的节日食品，迎接远道而来的亲戚，到处都喜气洋洋，呈现出一派节日的气氛。

2. 吸纳与适应性的时令节日——春节、端午节、中秋节

春节、元宵、端午、中秋等是中华民族的传统节日，更确切地说是汉民族的节日，可是在土族地区这些节日的隆重程度绝不亚于汉族地区，同时又具有土族的文化特色。

---

① 《同仁县志》下册，三秦出版社，第724页。

社火·社戏：从娱神到娱人的智慧

①春节：每年一进入腊月，土族人就开始为新年做准备，卖掉富余的农作物，置办年货，为家里的老小每人做一套新行头以迎接新的一年的到来。腊月二十三祭拜灶王爷，送其上天言好事，然后扫房除尘，蒸炸年馍，杀猪宰羊，忙得不亦乐乎，民间有"快腊月，慢正月，不过三十不歇脚"之说。平常老百姓看到某人干活急匆匆的样子时就会说"日子长着树叶儿，急啥哩"，可是进入腊月人们对懒惰的人会说"日子都没有了，还不勤快些"。可见人们对年节的热情程度。大年三十早上吃过蒸包子，大家就分头干活，孩子们洗头洗脚理发，常言道"有钱没钱，光光头过年"；平时借用的家具及其他物件都要自觉送还，把借出去的东西要回来，"连个扫帚疙瘩也要回家过年"；下午彻底地打扫卫生，把所有不用闲空家私扣起来；并开始准备年夜饭，准备上坟祭拜亡人的东西；傍晚，人们到祖坟上给亡人烧纸，请祖先们回家过年。等一切收拾停当，就开始贴年画、对联和钱马，堂屋正中的桌上设香案，供福、禄、寿三大神，献上"酥盘"（酿有红枣的大馒头）等供品。大门上一贴上对联就意味着忌门，外人不再进入了。然后点长明灯、煨桑、祭拜四面八方神佛。母亲会打醋蛋——即把烧红的白石头放在煮有柏香（柏树枝，用于煨桑祭拜，是干净神圣的象征）和醋的开水里，洗孩子们的眼睛，并端着沸腾的醋蛋水在各房间驱赶不洁的东西，然后将其倒在大门旁侧，之后，孩子们最喜欢的时刻到来了：吃年夜饭，全家团聚，喝酒、吃肉和长寿面。过去土族除夕晚上吃长面条，意为长寿，现在也吃饺子（并且捏一些放有硬币的饺子，通过每个人吃到的硬币数，占每个人来年的运气）、吃手抓饭等。俗语"吃成三十晚夕了"指的就是年夜饭的丰盛，以象征来年的富余。三十晚上有守岁习俗，如果睡着了，就会有小鬼来称你的重量，人就会短命。子夜过后开始接神，在院落中间点一堆火，迎接神佛们莅临赐福，人们以噼噼啪啪的鞭炮声迎接新年的到来。正月初一

早上大人要到庙里去添灯油，给佛爷们拜新年；孩子们到长辈家拜年，正月初二到舅家拜年，拜年越早越好，表示重视和尊重。除了传统的安昭舞外，人们还荡秋千，据说可以治腰痛病。从正月初八开始，各村出演社火，甚是热闹。

②元宵节：正月十五晚上撤去所供神位，焚化钱马。"正月十五避灯儿"，说的是出嫁了的姑娘要在这一天回家省亲，避免灾祸。这本是汉族的习俗，现在的土族妇女也乘此回趟娘家，可窥见文化融合之一斑。互助的土族人这一天收拾猪下水（猪头和猪蹄），并且做好吃的麦仁饭，表示整头年猪肉也吃完了，年也过完了。人们白天看高台社火，晚上跳冒火（一般要点3、6、9、12或15个火堆），除邪气，年长者还会观看火光色彩，火光呈暗红色，判断气温升高，雨量较多，丰收在望；火光淡黄，则认为气候不正常，出现旱灾。跳完冒火，县城附近的群众便逛夜市看花灯。

③端午节：如果没有媒体信息交流，如果没有市场经济，居住在青藏高原的土族人民根本就不知道屈原为何人，也不知粽子是何物。可是他们仍然代代、年年过端午节，从没有表现出一丝的倦怠。端午节，当地人称为"当午（五）"，是继新年之后的又一个大型节日。从农历四月下旬开始，人们就开始着手准备过五月初五的端午节，给孩子们缝制一套新衣服，做一双新鞋，而且以五颜六色的绸缎做面料，填充棉花和香草，缝制各种各样的荷包。这些荷包是人们生活中熟知的各种吉祥物的形象，例如茶壶、簸箕、元宝、鸽子、鱼、柿子、羊心、莲花、石榴①和十二

---

① 土族人会在五月端午节的时候给心跳异常的老人做"羊心"荷包，据说可以治心跳病，大约与古代"羊、阳"相通说有关，因为太阳是生命之源，也可能与羊在宰杀前的镇定自若有关；莲花则是生命、吉祥、纯洁的象征，大约与佛教信仰有关；其他荷包类型，也与人们的生活息息相关，取其吉祥之意。

生肖等，当地妇女称这种工作为"出包儿"。①此时节，万物返青，春暖花开，麦田碧绿，时值农闲季节。小媳妇、大姑娘们手拿针线，在向阳的巷子里闲聊，彼此交流针线活的样式与技术，享受着隆冬过后自然的温暖和生活的闲适。进入五月初三家家户户忙着准备做食品，有花卷，旋旋②、狗浇尿③、韭饸儿④、凉面⑤、凉粉⑥。凉面和凉粉要配上油泼辣子、油泼韭菜（或葱蒜，土语叫"xiang xu"，区域汉语称其为"韭辣辣"）、醋等，味道鲜美。其中韭菜饸子、凉粉、凉面是土族端午节代表性食品，如果谁家没准备这些食品，节日的味道就会失去了一大半。初四晚上或初五清晨（多为初四晚上）家家户户插凉柳⑦，人们把树枝撅下来，插在大门、屋门、屋檐和庄稼地里，求得上天对家人的保佑，保证庄稼一年不生虫子。

初五早餐后，孩子们穿戴一新，连上大人"出"的香包（俗称三角绊，脚腕沿革男左女右的古训），两个手腕和一个脚腕戴

---

①出，地方音，当地人将皱纹、褶子等称为"出出"，名词动用时，指缝制东西时打褶子。

②干粮，就是抹有食品香料——香豆的小圆饼。

③是油烙的一种薄饼，所用油多为油菜子油或胡麻油，色泽金黄，味道鲜美。烙饼时两面均浇油，烙饼时一手掀起饼子，一手浇少许油，该动作重复几次，名称虽不雅，可形象具体，令人印象深刻。

④将鲜嫩的韭菜洗干净切成两三寸长的小段，拌上盐、花椒等作料，用擀好的烫面圆饼包成月牙状，油烙煎而成。是青海土族地区传统的端午节食品。

⑤传统上将手擀面切成细长条，下锅捞出用凉水弄凉，用熟清油拌开即可。现在多用机器加工面。

⑥用凉水将豆粉搅成糊状，另烧开一锅水，然后将搅好的粉糊一点一点地搅入开水中，直到成稠糊状，能立筷子为准，然后舀到盆或盘子中使之冷却。

⑦是当地的一种白杨树树枝，而非垂杨柳枝。

上大人手搓的五色线①，和已经约好的伙伴们拿上家人为他们准备的面、菜、油、鸡蛋等生熟食品去野炊，谓之"过会"②。其实，四月底五月初时，孩子们个个兴奋至极，寻找性格脾气相投、年龄相仿的伙伴准备一起"过会"，在向阳背风的山坡或崖坎地区选择合适的地方——可以挖"孤孤灶"。③ 孤孤灶与家用锅台相似，有灶门、支锅口和出烟口，只是因为没有其他组合锅台，故称为孤孤灶。孩子们挖好了灶，将四周的环境收拾整洁，便商量好端午节做什么饭，以及每个人的分工——拿什么、做什么。五月初五这天，虚岁十五以下和能够自己走路的孩子都三五成群和自己的兄弟姐妹们带上家人准备的东西去野营，食品（成品、半成品或米面等原材料）可以带，但一般不让带柴火，孩子们只拿一些引火的麦草秆。到达"过会"地点，年龄小的孩子去拾捡柴火，年龄大的则着手准备饭菜。大人们留在家里，如果有人出去看孩子们"过会"，那也是看哪组孩子挖的灶火利烟通风、哪组孩子团结、哪组孩子做饭又快又好吃等等，但绝不插手帮忙。这一天孩子们是节日的主角，是土族地区名副其实的民间"儿童节"，孩子们玩得多疯多晚都不会受父母的责骂。

在端午节的前一天，人们会把水缸担满，据说当午这一天，"巴蛙（土语，青蛙、蟾蜍的称呼）避当午"，会躲在水里不出来，将尿尿在水里。初五清早，人们还会到水源出煨桑、上香。

---

①当地人称为"锁儿"，用红黄蓝白黑五色线搓成，是土族"彩虹"观念的延续。

②调查中，有"过会"、"过风"、"供奉"、"过活"等不同称谓，疑为文化传承中发生的口误与变异。

③当地人称为"孤孤灶"，这是相对家里的厨灶而言。因为在土族地区，每家的灶火锅台是由两个大灶火（名曰里灶和外灶）附带一个小灶（名曰当地人称为"孤孤灶"，这是相对家里的厨灶而言。因为在土族地区，每家的灶火锅台是由两个大灶火（名曰里灶和外灶）附带一个小灶（名曰带锅儿）组合而成。）组合而成。

民和的土族还要敬水碗,说明土族有敬水、敬蛙的习俗,这可能跟土族先民跋山涉水,寻找可以休养生息的地方有关。蛙类动物水陆两栖,只要蛙出现,就表明水在不远处,同时,蛙类动物超强的繁殖能力,也使征战多年的土族人把它当作一种生殖神物崇拜,以繁衍人口。在土族民间传说中,巴蛙是雷神,据说在某个山崖下,有只簸箕大的巴蛙,它的肚子里有冰雹,如果发怒了,它就会把冰蛋射出来,造成雹灾。又说巴蛙不长眼睫毛,如果长眼睫毛,就会吃人,人们就会罹难。土族人对巴蛙的这种敬畏感情,在土族神话《混沌周末歌》中也有体现:很久以前,阳间一片汪洋,没有陆地,天神让一只大巴蛙抱着一团土躺着,并在它的肚脐眼上插了一根火棍,说什么时候火棍发芽了,你什么时候才可以起来。所以,形成了现在的陆地,而巴蛙想看火棍发芽了没有时,就造成了地震。

④中秋节:每逢佳节倍思亲。农历八月十五是一个阖家团聚的日子,土族人们在这一天,笼蒸各种大小不一、花色万千的千层月饼,晚上在月亮出来之前,在房顶上或院落中央把最大的月饼和果子、核桃、枣儿之类供品献给月亮,并点一对油灯。月亮出来后赏月,一直等到明灯油干熄灭之后,将所有供品拿下来,一家人坐在月明星稀的院中赏月吃饭。当然互助的有些土族也不拜月,据说与"八月十五杀鞑子"的说法有关,也说明了土族来源中的不同民族成分。土族信仰中把月亮视为有灵性的天体,如果有谁用手指指月亮,那他的耳朵就会被月亮割去,老年人常常教导小孩要敬月,表明了土族人对永恒生命的探究精神。

(二)环境适应和人的自省——宗教性节日

宗教性节日与其他类型的节日有着千丝万缕的联系,在前文节日来源的阐述中,宗教祭祀本身孕育了节日。但是,宗教已经成为一门独立的文化和学科,在社会生活中发挥着独立的功能,它是人类对环境认识和思考的结果,是人们内心世界的感受和信仰。土族的宗教信仰很复杂，除了原始信仰外，还有藏传佛教和道教信仰，说明了人们的某种心理需求。我在这里以互助县佑宁寺的"观经会"（土语称为"欠"）为例，阐述宗教性节日中土族人们对环境和自身问题的思考。

佑宁寺位于互助土族自治县五十乡，是土族地区最大的藏传佛教格鲁派寺院，旧称"郭隆官巴"（鹰谷寺）。历史上有"湟北诸寺之母"之美誉，说明了它在土族地区的重要地位。土族人们不论婚丧嫁娶、年头节下都要到佑宁寺供奉以祈求佛爷的保佑。佑宁寺在每年正月十四和六月初八都要举行两次规模宏大的跳"欠"（即观经）活动。"观经会"是佑宁寺历年举行的祈愿法会，群众习惯地称之为"郭隆兰迦"（即佑宁寺法会）。它不仅是寺院的重要宗教盛会，而且又是民间文艺活动的盛会。在观经会上，有信教群众的一般宗教活动。但最吸引人的算是叫"欠"的神舞表演。此外，信教群众则有施食茶、布施、点灯、煨桑、背经卷转"过拉"等活动。其目的是捉净人间的"鬼魅"，祈求世间太平，人民富裕。

（三）族际交流的渠道和结果——民间集会（花儿会）

农历六月，青藏高原绿茵满地，百花齐放，成片的金黄色的油菜花映着蓝天白云，高寒缺氧的大地呈现出生命的活力，到处是花的海洋，到处是歌的会场。这时节各地举行的花儿会成为人们访亲拜友，结交新朋友的又一个好时段。青海地区土族与藏、汉、回等民族比邻相居，大家友好相处，花儿会是他们进行族际交流的机会。由于花儿会也具有了节日的大多数特征，所以我将它归为节日的雏形，姑且称为民间集会。

比如互助丹麻乡，于每年农历六月十一至十五唱青苗戏，同时制定乡规民约，加强护青措施。远近群众赴会看戏，故称"丹麻戏"。丹麻会的影响波及整个互助东部地区，各族群众特别是那些穿戴民族盛装的土族群众，撑着深蓝色的雨伞，像彩色人流从四面八方汇聚到丹麻会场上。男女老少喜笑颜开，游人三五成群以歌会友，在草坪上、溪流旁、林阴间围成大小规模不一的圈子，进行花儿对唱，用歌声表达对幸福生活的憧憬。届时也成为土族阿姑和小伙子们寻找意中人，互诉衷肠的好时节。互助地区还有五峰寺花儿会、松藩寺花儿会等。花儿会的选址都在山清水秀、远离村落的地区，每个会场都有固定的时间，有的地方还唱戏，是土、汉、藏、回等民族人民交流的场所。人们不辞辛苦，届时要成群结队前往，歌颂美好的大自然，歌唱涌在胸中的情谊，歌声抹去了民族间的隔阂，为地区的安定繁荣打下了隐性基础。

二、土族节庆习俗的特点

特点是事物独具个性的地方，体现了它们不平常的来源、独具个性的承载者、复杂的活动背景和滋生在这种文化底蕴下的某些功用。综观土族节日可以分析出它有以下几个特点：

1. 时令性与周期性。从土族的节日概况来看，大多数节日因时令而产生，比如春节、端午节、中秋节等，同仁地区的军舞和神舞表演也是在每年的农历六月至七月间，民和的纳顿节也有固定的时间，而这种周而复始的表演又形成了它的周期性。

2. 集体性和约束性。节日自产生之日起，就表现为它的集体性，因为共同的祈愿，人们进行大型的祭祀活动，以回报神灵的恩赐，并祈求来年的丰收。小到一个家庭，大到一个村落乃至一个民族都是节日的主体，同时节日一旦产生就对节日的创造者进行约束，人们必须依既定的规则和程式行事，否则会受到神灵的惩罚或长者的谴责，被视为没教养的人，从而影响自己的声望。在俗民众调查时，问他们为什么要这样过节，好多人的回答："上辈人就是这么过的，是我们的规矩。"说明某种民间文化一旦产生，就具有很强的约束性，成为社会和谐发展的秩序。

3. 地域性与扩布性。土族节日是一种既具有民族性又具有地区性特点的习俗。例如纳顿是青海省民和县三川土族的传统节庆，军舞和神舞表演是同仁土族与该地区的藏民族进行文化交流而创立的节日。可是，表现于共同文化上的共同的民族心理素质，并没有使这些节日局限在某一地区内。近年来，一大批的民族精英，为民族文化的弘扬做出了巨大的贡献。例如在中国土族研究会的支持下，互助土族也开始了一年一度的纳顿节日欢庆活动，丰富了民族文化的内涵，扩布了节日的流行区域，从某种意义上增强了民族自豪感和民族自信心，既娱乐了群众，又保存和宣传了民族文化。

4. 稳定性与变异性。节日一旦产生，就具有巨大的稳定性，这也是上层建筑的滞后性的一个表现。传统的文化在现实中流动和复现，传统的生命力在节庆习俗中表现得更为明显，是一种严格意义上的传承，这种传承不仅是节庆仪式的延续，更是代与代之间的一种类似血脉又胜于血脉的精神的延续。如果后代不再了解父辈所举行的节庆习俗的意义，那么两代之间最紧密的联系就会被破坏，可以说传统就被割裂了、丧失了，从而会斩断一个民族维系的文化脉络，所以稳定性也就是传承性的现实体现。可这并不说明节日这种传统文化是保守的，恰恰相反，节日是一个开放的系统，它随时接受新生活的冲击，吸纳新时代的强音，奏出新的乐章。例如土族群众在春节期间举行的安召歌舞表演中加进了迪斯科和交谊舞的表演，人们哈哈一笑，坦然接受年轻人的"鲁莽"；如果传统的花儿演唱中，陡然冒出一位将传统"令"演绎成摇滚的歌手，请你不要吃惊，这只是说明了节日的开放性，展示了土族是一个热爱生活的民族。

5. 功利性与调适性。从表层来看，节庆日不同于日常工作，不仅不需要工作，而且还要奉献工作的收获，比如祭祀时所用的牺牲等，这种本质为牺牲的奉献，恰好与功利相对立。可是，我们剥开节庆的外衣就会发现不管是世俗节日还是宗教性节日，他们都具有极强的目的性，带有巨大的功利性，人们所做的一切都是为人的现实生存服务的。就连那些祭祀性很强的民间节日，比如佑宁寺的"欠"、互助一些地区的"勃"、同仁县的"神舞"等，不管是承办者还是参与者，都表现了巨大的功利性——祈求平安、健康、财富、婚姻美满。人们娱神是为了能得到神佛的庇佑，娱神是手段，目的是为了人更好地生存下去。节日的这种功利性，恰恰释放了郁积在人们心中的压力和负担，让人们能够自我安慰，调适自然和社会给自己的压力，从而更好地活下去。

6. 综合性与兼容性。节日是一种综合性习俗，不仅娱神、娱人行为并存，还是民族服饰、饮食等表层文化的舞台，同时，还体现了土族的处理社会关系等方面的深层内容。例如人生观、社会观、价值观和信仰等，是民族文化的大展台，兼容了物质文化和精神文化的方方面面。"真正的节庆不能局限于任何一个特殊的生活领域，不管是宗教或任何其他的领域；它囊括了所有存在的层面——因此，从对节庆进行过程的纯粹描述中，我们无法很轻易地分辨此一节庆'真正'是一次社交性的、商业性的、运动性的或教会的活动，或是一次游园会、交谊舞会或一场盛宴。"[①]"无论在哪里，只要节庆活动可以用一切可能的形式来自由地让感情得到发泄，人们便会举办一个囊括所有生活领域——包括世俗与精神方面——的庆祝"。

节庆习俗——土族生存理念的延续和嬗变

一、节日与俗民生活

节庆是"全民族在其生存和发展的文化过程中，进行选择的

[①] 《节庆、休闲与文化》（德国文化丛书），皮柏著，黄霍译，生活·读书·新知三联书店（德国文化丛书），第35、36页。

结果。"①它沟通着民众的社会关系，反映着民众集体的意愿，是该群体共同心理素质的显现，同时，又以族群为载体进行播布，从而生生不息。节庆与俗民的关系是创造与被创造、限定和被限定、利用和被利用的相辅相成的互补关系。族群创造了节庆文化并代代传承形成体系，人们规定了节庆的地点、时间、仪式规程等，并利用它来完成社会关系的调整和族群的生存和发展；反过来，被创造出来的文化在一定程度上创造了该文化氛围中的人民，限定了他们的思维方式和行为活动。就如本尼迪克特在《文化模式》中阐述的那样："个体生活的历史首先是适应有它的社区代代相传下来的生活模式和标准。从他出生之时起，他生于其中的风俗就在塑造着他的经验与行为，到他能说话时，他就成了自己文化的小小创造物，而当他长大成人并参与这种文化的活动时，其文化的习惯就是他的习惯，其文化的信仰就是他的信仰，其文化的不可能性就是他的不可能性。"②

1. 世俗生活与想像生活的桥梁

节日期间所采用的各种仪式和符号在某种程度上，或者说在象征角度上，是人类社会与神灵世界交汇的中介物，是人神情感交流时的特殊场景。土族端午节家家户户插柳的习俗有这样一个民间故事：传说有一年天旱缺雨，还没抽穗的庄稼急需雨水。孙悟空恰巧路过土族地区，看到老百姓的苦，就出主意让家家户户插柳，他则上天求玉皇大帝，说人间天旱，人间的黑头凡人被日头晒死了，连房檐大门上都长草。玉皇大帝信以为真，就给当地下了七天七夜的毛毛雨。孙悟空一高兴，一个跟头翻下来，头碰到石头上弄痛了，他一生气，又重返天庭，拉倒了装雨水的缸，

---

① 《现代民俗流变》，仲富兰著，上海三联书店，1990年9月版，第211页。

② 《文化模式》，露丝本尼迪克特著，何锡章、黄欢译，华夏出版社，1987年版。

社火·社戏：从娱神到娱人的智慧

于是田水泛滥四流，形成了人间的沟沟壑壑。这天恰好是五月初五，从此留下了端午节插柳的习俗。另外，节庆意识中的幡和幡杆、牺牲供品等在无形中增强了神的权威性和人们的虔诚之心。例如青海互助土族每年举行的跳"勃"活动就是黑头凡人诚请地方保护神（如龙王、娘娘、黑虎、山神等），而该地区的保护神又邀请各地的诸佛神来参加庙会，享受人间的香火和祭拜，并且赐福于人间。那么，神佛在什么地方观看法师的神舞呢？据说，神灵就在高高的幡杆顶上。所以，神会中的幡杆和神殿忌讳女人，据说是龙王还没修行成功，眼里见不得女人。但因为这一天，神在忙着招待各地的"来客"，又高高在上，所以看神会的时候他的眼中没有女人，女人可以观看法师的跳"勃"活动。从这里可以看出，幡杆等节庆符号就是神临人间的桥梁，而节庆活动中的法师则是人和神交流的媒介，他传达人的虔诚，又将神灵的恩赐带给民众，完成了天地两界的沟通。法师的诵经和跳神舞是表演性的，也是象征性的，是特定文化交流中沟通人与神、人与人、地区与地区，过渡、强化和整合新的社会秩序的一种方式、桥梁和通道。

2. 教育的平台

节庆的产生不是源于教育，可是教育和传承却是节庆的结果之一。土族节庆活动中，孩子们的模仿活动不但不会被大人训斥，反而得到大人的赞赏和指正，给节日增添气氛。比如，在同仁六月会中，参加活动的都是男性，老中青少搭配合理，少年在队伍的最后，模仿前面人群的动作，当主要的活动程序进入村庙大殿中进行时，三五个身着民族服装的儿童就会拿着小一些的山羊皮鼓，在活动场地模仿法师的步法和举止，深得大家喜爱。而且，一些宗教气氛很浓厚的节日（比如军舞、神舞等）的活动者都为男性，说明了土族隐性的社会结构——男人是家庭和村落的主力，是征战和祭祀中的主力。同仁县年都乎村的神舞表演中，成年男子要"插口钎"（插在腮上的金属钎），据说神舞表演前十几天要斋戒和沐浴，严守规矩的人在插口钎时不会出现红肿发炎等现象，而那些"不守规矩"者则反之，从而对青年进行行为规范教育。互助土族的端午节，孩子们充分享受着春天的温暖和生活的美好，也尽自己的最大努力展示选址挖灶、生火、做饭的生活本领和技能。孩子们的这一天是欢乐的一天、团结的一天，也是做事必须负责认真、责任落实到家的一天。如果说这一天某个孩子在聚会中因某种原因拉了大家的后腿，把野炊搞得一团糟，那他不仅因遭到大家的责难而惭愧内疚，而且成为在明年的聚会中是否吸纳的考虑对象，总之，这一天，认真负责和团结合作是完成野炊大事的重要基础和保障。土族节日中人们追忆祖先的足迹，在无意识中教育了后代，传承了民族的文化。在民和土族的纳顿节中，有一个剧目是《庄稼其》（其，土语，匠人），讲述的是一家人，儿子净想着到外地去挣钱不好好务农，很使老人不放心，于是几个老人手把手地教给年青人怎样做庄稼活。该剧幽默诙谐而又真实，反映了土族从游牧向农耕转变过程中对农事的重视和对后代的教育。

3. 族群认同的凝聚点

从上述土族的节庆情况来看，全民族在基本相同的时间、基本相同的地点（家庭或村庙等）以基本相同的方式（有基本相同的祭祀活动、饮食、服饰甚至观念和思维）庆祝节日，全民族或者说某一社区的群众在时空和行为方式的共享模式中，获取一种心理上的共同性。由此可见，节日是一个民族、一个地区和一个村落认同的凝聚点，是社会互动的一种标识。每到欢庆的节日，人们除了举行相应的祭祀仪式外，更重要的是借此机会串亲戚，通过招待和走访外村落的亲属，加强了本村落和外界的联系，和亲属，和庄员①，和挚友的感情联络，重新构建了新的社会关

---

① 统一村落中没有血缘和亲属关系的社会交往圈子中的人。

系。节庆中熟悉的服饰、食品、乐舞、语言等都会引起人们强烈的民族意识，民族的自豪感涌动在每个人的心中，在无形中调整着方方面面的关系，加强了民族和社会的凝聚力。

4. 积郁的宣泄与释放

人是自然界的一员，与其他生物分享生态环境和维持生态系统的平衡。由于视野和科学探索的限制，人无法全面地认识自然界以及人类自身，作为一个渺小的生物，面对浩渺的宇宙，人的内心充满了惶恐和不安；面对变化无常、无法把握的气象变化，幻想着湛蓝色天空的背后生活着能量巨大的神灵，他们在左右着人世间的生活，心理上负担了莫名的压力。同时，随着人脑的发达，人们的思想变得越来越复杂，再加上人的难以满足的私欲，生活在同一组织中的人们越来越难以处理各种复杂的人际交往，所有的恐慌不安焦虑积聚在一起，成为人是否正常生活的天敌。为此，人们需要释放积郁，求得心安理得，节日恰好是一个合适的释放点，如同气体急剧翻滚的茶壶嘴子，宣泄了多余的情愫，保持系统的平衡。从本质上讲，节庆是一段宣泄的时间，是人的能量和精力进行彻底转换和释放的时节，是个体彻底融入集体的力量之中，并尽情地把个人在平常生活中储存的力量爆发出来。甚至是对平日省吃俭用所得的钱财的疯狂消费，也可以说是精神和财富的一次大挥霍。在土族社会中，关于土族人为什么要在农历二月二龙抬头的日子吃大豆，有这样一个说法：每年的腊月初八，土族人不仅从"冰花"卜来年的收成①，吃几块冰以消病除

---

① 青海的土族有腊八献冰、储冰、吃冰和冰花占卜的习俗。每年腊八，正值三九，冰天雪地，天亮前人们就到泉眼边或河床边敲下坚硬的冰块，一部分献在院落地头，以求来年风调雨顺；一部分储存在南墙根，如果家中有人生病可嚼几块以除病痛；老人们还从冰层中圆形或条形气泡的多少，来预测来年麦类、豆类农产品的收成情况。

灾，而且要吃"搅团"饭来庆祝腊八。① 腊八一吃搅团饭就坏事了，把人们的心窍糊住了，人们开始疯狂地消耗一年来辛辛苦苦挣下的东西：杀猪宰羊、请客送礼、置办新物……一个正月，汗珠子摔成八瓣挣来的财物基本耗尽，到了二月二，人们吃炒大豆，心窍被弹开了②，人们清醒了，看来年的生活有问题，就又开始了一年的辛勤劳作。这个故事恰好说明了节庆在本质上就是一段供人发泄的时间。"节庆假日基本上是一种财富的表征；当然，这种富裕不是金钱上的，而是精神上的"。③ 精神上的富足形成了一种慷慨的物质观，人们不再斤斤计较，这种过度地铺张和挥霍对生产造成一种隐性的破坏，可同时又锻炼了人们的理财能力，怎样用有限的财物过一个像模像样的节日，这种心态在一定程度上阻碍节庆的发展和人们情感的宣泄，所以人们常说：等明年有钱了我们过一个好节，好好玩一下。也许这种希冀促使人们在节庆之余不停地努力工作。

5. 展现民族文化的大舞台

一个没有歌舞、没有新装、没有装饰物、没有任何艺术气氛点缀的节庆是无法想像的，是一个"贫乏"的节日，也是不能够长久存在的。土族节庆是各种民族文化展现的大舞台：饮食、服饰、语言艺术、装饰艺术、仪式行为、信仰等，这些是节庆的衍生物，也是节庆所必须有的。例如宗教节庆中迎风招展的各色布

---

① 将豆面或青稞面等杂面粉撒入滚水中搅拌直到黏稠状，盖锅盖焖熟，拌上油泼辣子、蒜泥、醋等作料，另外做点臊子、炒点菜，味道更为鲜美，相当于其他地区的腊八粥。土族地区还有洋芋搅团，可谓具有地方和民族特色，相当于腊八粥。

② 有趣的是土语中大豆（Pujag）和文字（Pujig）的发音极其相似，意味着开化和智慧，这也许是土族二月二吃炒大豆的真正意蕴所在。

③ 《节庆、休闲与文化》（德国文化丛书），皮柏著，黄霍译，生活·读书·新知三联书店（德国文化丛书），第19页。

条旗子，真的能给人神灵降临的神秘感，也是土族宗教信仰多元化的一个表现。在平常生产劳动时身着汉族服装的人们，过年过节必定会穿起美丽的民族服装，在一年一度的活动中延续着民族的文化。

二、节日是生存经验的总结和延续

人类社会初期，人们歌唱是为了协调劳动动作、减轻劳动强度和提高生产率，以获取更丰富的消费物质；人们跳野牛舞是为了获得野牛的魔力，战胜野牛；人们穿衣装饰是为了博得异性的欢心，以便繁衍后代，扩大种群……不言而喻，人类最初所做的一切活动都是因其生存问题而发生的。不断地探索和实践，不断地积累经验和智慧，并从中求得某些适合自己的发展道路，找寻那些有利于人们自身发展的规律，并延续之，人们的创造动机不外乎如此。节日也是人们在漫长的生产斗争中创造出来的，本质上与原始劳动、诗歌等文艺活动的产生一样，适应生存是首要目的，当其目的达到时，才会上升到娱乐的层面。当然生存问题随着社会的变化而发生变化，人们会及时调节各种关系，但如同古代神话反映的是过去历史的影子一样，土族节庆习俗中我们仍可以追溯到该民族人们的生存斗争史，并影响着今天发展的一些心理和文化积淀。

1. 永远的游牧情结

远古的文化积淀使已经习惯于农业耕作的土族人们，仍然无法抛弃内心的游牧情怀。同仁县表演的"军舞"是土族面对纷乱的民族争战而进行的训练，体现了远古时代土族人平安时节为农牧民，战乱时节为军人的社会组织形式，相似于古代蒙古地区的牛录制度，说明这是每个游牧民族必经的道路。"神舞"则体现了土族的萨满遗风，法师身着花色的服饰，留有长长的大辫子，这是原初女萨满的象征。萨满是神与人、凡间与仙界相互沟通的桥梁,他传达着凡人对神的崇敬和祈愿,也把神灵的恩赐带到人间。这是游牧时代人们面对喜怒无常的大自然,为了保存生命而创造的文化。民族的根基靠一代又一代的后继者对祖先文化的崇敬而发扬和壮实。现实生活中,纳顿节中的传统剧目《杀虎将》重现的是土族先民在从事畜牧业生产时与大自然的斗争精神;日常生活中人们对酥油炒面的喜爱,对酒壶上白羊毛的讲究;婚礼上娶亲时给娘家人的"央立"①,而喜客则要在羊圈里坐席;过春节时端上桌的方块肉等习俗,②都表明游牧情愫的涌动是土族文化的一个特性。这种情愫使土族在现实生存中努力农业耕作的同时,发展畜牧业,使农牧互补,尽力追求一种完善而满意的生活方式。土族精于养羊,现在互助土族自治县成为著名的畜牧县,不能不说是土族人民传统的畜牧生计文化起了很大的作用。

2. 敬畏天、顺从天与反抗天

作为一种文化积淀,万物有灵观念和泛神论思想存在于土族人的潜意识当中,"腾格热"是存在于冥冥世界中左右人们生活的自然神力,是土族人心中最具威力的生命主宰。除"天"以外,生活中的万事万物都有灵魂存在,山有山神、水有水神、树有树神,甚至飞禽走兽、泥土石子都有"灵",并且通人性。所以除了宗教禁忌外,土族社会中还有许多的生活禁忌,人们的畏、讳、敬、祈都会被各种精灵知道,从而能通过自然神力传达人的意愿。这种精神的物态表现不仅是现存于民间的口头叙事文学,而且还与人们的生活息息相关:人们敬仰天、顺从天、信天命。节庆之日,人们首先把劳动的果实奉献给天,第一碗茶、第

---

① 传统上,娶亲时,男方娶亲人要牵一头白母羊前往女方家,象征财富和纯洁,也有为新娘赎身之意,现在也用现金代替,提前由媒人为两家调节好钱数。

② 春节时,土族人(尤其在互助地区)会给拜节的人们端一块方形的猪肉块,上面插一把刀,笔者认为是土族游牧时代手抓肉的演变。

一滴酒、第一块肉等属于天，人们煨桑、烧香、磕头感谢天的照应和恩赐，祈求来年的幸福。这是对神的敬仰，可是人们还具有人性，当人们的祈求或好心得不到相应的报应时，人们还可以咒骂天："老天啊，睁开你的眼睛吧！""老天爷，你的眼睛瞎了吗？"……这些质问，又表明土族人并不完全把自己的命运交给老天爷，他们的祈愿得不到相应的回报时，人们把目光转向现实，从现实中求取生命的意义。自己的生活靠自己的努力去创造，"靠天不如靠自己"、"求人不如求自己"、"别人的巷道热，不如自己的锅底子热"、"烧得纸多，惹得鬼多"……这些民间俗语，都说明土族是积极主动生活的，从来都不把自己的命运交给别人，也从来不把幸福交给神佛安排，只有自己才能拯救自己。这样的文化因子和世界观、人生观与社会观就是土族多元信仰导致的一种结果，也从一个方面说明土族一直以来都在积极吸纳优秀的符合时代要求的文化，探索一种适合于自己发展的道路和规则。这也是土族虽然人口不多，经济不发达，在民族和社会关系的夹缝中能够顽强生存至今的一个不可忽视的原因。

3. 互惠的交换关系

人们欢庆节日，是因为人们心中充满了生活的希望和爱。节日每年都一样，我们给亲友的祝福也没有多大的新意，可是我们乐此不疲，我们喜欢这种忙中偷闲的日子，我们需要把辛勤劳动得来的成果好好地与亲近的人们分享，如果我们都很富有，我们都很清闲，也许我们更加孤独和绝望，因为心中没有了那种希冀。这种情形在小孩的身上最能体现出来。等待是漫长枯燥但又是那样的吸引人。人们在节日中去远方看望一个多时不见的老朋友，去亲戚家联络感情，给平日里关系好的邻里拜节，也会根据节日中各家亲戚的来往关系，重新调整自己的社会关系……这些说明节日中的亲友往来，不仅是一种物质的交换，更是一种价值的交换。土族人民讲究"礼"，该"礼"指的不是"礼品"，而是礼节,是对他人的尊敬和他人对自己的尊敬。所以不管两家隔得多远,只要节日中相互来往,亲戚的路子就如长流水,源源不断。邻里庄员间的关系很大一部分也是根据节日中的相互来往决定的,比如在春节中,关系好的人家在相互拜年时,商量开春后劳动生产中的"变工"①等问题。这种表象上的物质交换,实质上是人与人、婚姻集团乃至两个村落之间的价值交换,蕴含着人们的价值评判、社会地位以及自己的这种地位和角色是否被社会承认等方面的深层内涵。互惠规范不一定要求交换的好处相等或相当,而是要求一种分配上的公正性,也就是要求相当的代价得到相当的报酬。在土族的俗民社会中,人们并不煞费苦心地计算得失,每个人似乎有一种很强的记忆力能够记住别人对你的关心和给予,在适当的时候用适当的方式回报亲朋好友的帮助和友情,节日正是这种互惠规范存在下去的一个平台。

4. 传承与变迁

土族的族源比较复杂,可是经过大量的研究,"我国学术界和广大土族人民对土族历史和土族族源的认识已基本趋于统一,即:鲜卑慕容氏吐谷浑是今天土族的主体先民,同时融合了蒙古、藏、汉等民族,形成了统一的新型民族。所以,土族的民族历史是悠久而辉煌的,土族民族文化是多元而灿烂的"。② 因为这样的历史渊源,岁月流转,时代更替,土族人民的生活和文化也发生了很大的变化。我们不难发现,土族文化是一个开放的系统,它应时代的要求不断地学习、筛选、吸纳、融会他民族的文化为本民族的发展服务,这种开放和积极学习的文化传承精神在

---

① 劳动生活中由于劳动力不够(青年男性外出打工等),关系好的邻里之间相互帮助,以一定方式进行劳动力互补的一种小型"合作制"。
② 《弘扬民族文化 振兴民族经济——在青海土族研究会第三届会员代表大会上的工作报告》,鲍义志:《中国土族》,2004年冬季号,第14页。

节庆习俗中也有很明显的体现。端午节在农耕地区（更准确地说是汉族地区）是对屈原的纪念节日，粽子、艾草、雄黄酒、赛龙舟是其典型标示。但在土族地区却成了儿童节，人们用凉柳、凉面、凉粉、韭菜饸子等取代了端午节原有的民俗物质，并且与土族原有的水崇拜、蛙崇拜联系在一起，重新塑造了土族端午节的形象，富有土族文化特性。不难看出，端午节对土族俗民心理的调适功能，土族以此为契机表达自己的喜悦和祝福，表达自己对自然和生命的热爱。明显地，端午节是从周边的汉族文化中汲取的，因为端午节是农耕文明时期的一个祈福禳灾的标志。同时，部分藏族和蒙古族等民族的游牧部落也不过端午节，说明出生于游牧生活的土族是从具有悠久农耕文明的民族文化中学习和吸收，以适应向农耕时代转变过程中的种种变迁的选择，是寻求文化延续和嬗变有机统一的一个契机，是土族社会发展中生态系统发生变化，导致其生计方式从游牧方式向农耕方式转变时形成的。还有年节、元宵节以及一些宗教性节日都吸收了毗邻民族的文化，这说明节日文化是俗民对生存关系进行思考的结果，同时反映了土族的文化精神和生存价值观，正如闻一多先生所说的那样："如果要让这个节日存在，就得给它装进一个我们时代所需要的意义。"节日的存在是俗民生存观念和生存环境的体现，开放、吸纳和融会的文化特征，是土族以宽容、开放、平和的心态对待生存关系的一个典型体现。

5. 勇于自我反省

节庆是一种生活的恩赐，是要人们在工作之余彻底地松弛自己。可事实上，放松自己的心情比起努力工作要困难得多，人们如何透视自己，如何与他人达成共识，如何肯定自己和世界，也是需要努力学习才能获得。宗教节日中的祈祷与忏悔，宗教仪式中祭祀活动时人们对世界的彻底赞同，是对生存表现出的一种无以复加的肯定，这种赞同感是对现存的肯定和对来世的期冀。同样,对于宗教节日来说,不重视或拒绝对宗教仪式的崇拜,则是对宗教节庆乃至对宗教本身的最无情和致命的破坏,同时,内心信仰的迷失,使多数人的内心处于严重的失衡状态,会导致大量的社会道德问题。反省自己、努力完善自己是土族人民一贯的作风,这种精神在节庆中表现得更为直观。土族深受藏传佛教的影响,在每个土族人的心中都烙下了信仰的印痕,小到村落的宗教仪式,大到地区性的宗教庆典,人们都尽全力参加。比如互助县佑宁寺举行"观经会"时,有能力的男女老少都要去参加,虽然大部分人其实并不真正了解整个活动的内涵,可是每个人都能感受到这种庆典给自己心灵的洗礼。一心向善是佛教永远的宗旨,努力减轻自己的罪过是崇拜者的目的,人们反省自己日常的行为举止,尽量完善自己。没有摩擦的社会是不存在的,日常生产生活中的一些积怨总是让矛盾双方生活不尽如意,所以人们常常借节日之际化解往日的怨恨,土族有几句俗语:"上门都是客"、"客来了,福来了",所以平日里有些积怨的人们总是在节日中借机释前怨,虽然没表现出痛哭流涕的忏悔,但大家都心知肚明。

三、节庆文化与土族现代化

如果人类的历史进程是一个不断积累、循环有序的大海,那么节庆文化则是其不断的水源之一。不断积累、不断认识,在潜移默化中更新和取舍,保留最适合人类生存的文化,是文化发展的本质,节庆也不例外。

对现代化含义最一般最明了的解释是:现代化是发展中的社会为了获得工业发达社会所共有的某些特点。而经历的文化和社会经济变迁的、包容一切的全球性的过程(包括四个亚过程——

技术发展、农业发展、工业化、都市化)①。既然现代化不仅是社会物质经济的变迁,而且是文化的变迁,那么节庆文化必然会影响到民族现代化的进程。用辩证的态度分析,一方面节庆作为文化传承,它是文化变迁不可或缺的根基所在。它不断地总结经验,留给后人最好的最适宜生存的东西,但另一方面,文化属于上层建筑,意识形态的东西总是落后于物质经济的发展,所以必然地会阻碍(如果可以这么说)现代化的进程。

　　土族的现代化,不仅是物质现代化,而且还是文化乃至人的现代化。"文化搭台,经济唱戏"是现实中文化的尴尬处境,使用一个不太恰当的比喻,如果经济是妻的话,那么文化似乎总是处于妾的地位。可是目前还没有找到一种更好的途径来构建新的文化发展方向,这也跟我们目前的经济发展水平有关。根据马斯洛的需要理论,当人的基本的物质需求得不到解决的时候,人们无法思考更高的、更深层次的精神需求问题。可是不管文化的地位如何,它都对现代化的发展做出了自己的贡献。

　　1. 土族的年节以及其他重要节庆中,人们常常举办大型的物资交流会,卖出生产成果(粮食和牲畜等),买回必须的生产和生活用品,以节庆为契机,促进了商品的流通,繁荣了经济。同时让那些面朝黄土背朝天的民众尝试了市场经济带来的冲击,加强了自己的理财能力,促使他们加强对现代化知识的学习。

　　2. 节庆时节,民间力量和国家权力相结合,引进外界信息,丰富和活跃了文娱体育活动,不仅增强了人民的体质,还开阔了人们的视野,增强了人们对生活的热情和信心,唤起人们内心深处对国家、对民族、对生存家园的热爱之情。

　　3. 每到大型节日,政府机关和其他职能部门都派出人员进

---

① 转引自《民族学通论》,林耀华主编,中央民族大学出版社,1997年12月版,第501页。

行各种农业技术宣传和法律等方面的宣传,群众在节日的气氛中进行学习,使"农闲"变成"农忙",促进了生产的发展,加强了民族地区的稳定和各民族的团结。

4. 利用节庆,宣扬民族文化风情,并将民族风情作为旅游产业化的一个方面,发展了第三产业,解决了农村剩余劳动力,并且以文化养文化,一定程度上保存和发展了民族文化。

5. 节庆总是与民间信仰联系在一起,土族的神山、神水等民间崇拜以及各种民间禁忌俗信,无形中对现代四大文明(物质文明、精神文明、生态文明和政治文明)的建设做出了贡献,是净化社会风气,保护生态环境工作中不可或缺的文化资源。

结 论

土族节庆习俗是土族人民劳动实践和智慧的结晶,体现了土族对自然、社会关系的认识,是他们为了更好地适应生存环境创造、吸纳他民族文化而形成的民间文化之一。生存环境因时代而变化,可是作为土族地质层的文化,节庆习俗仍以其顽强的稳定性传承着土族先人留给后世的思考和认识问题的观念与方法,把信仰、世界观、社会观乃至人生观以文化积淀的形式传承下来了。节庆习俗是一种桥梁,它架设在传统与现实、真实与幻想、自然与社会、个人与集体乃至各大婚姻集团之间,规范着人们的行为,调整或完善社会秩序,寻求人与人、人与自然之间的和平相处,在周而复始的活动中把建立和谐社会的理念潜移默化地传递给节日的承载者,完成自己传承和教化的功能。思则变,变则通。面对变化纷呈的生存环境,土族人勇于自我反省,积极实践,和谐地处理了继承和变迁的关系,在新的发展征程中思考和变通,争取更大的发展。

〔参考书目〕

1. 乌丙安著：《中国民间信仰》，上海人民出版社，1995年。
2. 王献忠著：《中国民俗文化和现代文明》，中国书店出版社，1991年。
3. 直江广治著，王建民译：《中国民俗文化》，上海古籍出版社，1991年。
4. 谷德明编：《中国少数民族神话》，中国民间文艺出版社，1987年。
5. 李有楼编：《穿彩虹花袖衫的人》，青海人民出版社，1983年6月。
6. 徐万邦主编：《中国少数民族节日与风情》，中央民族大学出版社，1999年2月。
7. 徐万邦、祁庆富著：《中国少数民族文化通论》，中央民族大学出版社，1996年3月。
8. 赵东玉著：《中华传统节庆文化研究》，人民出版社，2002年10月。
9. 吕建福著：《土族史》，中国社会科学出版社。
10. 第二集，上海民间文艺家协会编：《中国民间文化——民俗文化研究》，学林出版社，1991年7月。
11. 皮柏著，黄霍译：《节庆、休闲与文化》，生活·读书·新知三联书店（德国文化丛书）。
12. 顾建光编译：《文化与行为》，四川人民出版社，1988年4月。
13. 韩养民、郭兴文著：《中国古代节日风俗》，陕西人民出版社，2002年9月。
14. 彭金山著：《陇东风俗》，敦煌文艺出版社，2001年5月。
15. 谢佐主编：《青海民族关系史》，青海人民出版社，2001年8月。
16. 谢佐主编，刘得庆编著：《青海风俗》，青海人民出版社，2004年1月。

附表1：土族节日现状表（以互助土族为主）

节日名称	节庆时间	流行地区	活动内容	主要饮食	热情程度	禁忌
春节	正月	土族地区	拜节、祭祖、表演社火	牛羊猪肉、盘馓等油炸食品	隆重	吵架、纠纷、不祥言辞、有破口的碗碟
元宵节	正月十五		看社火、逛花灯、跳冒火、出嫁姑娘回娘家避灯	猪头和猪蹄肉、麦仁饭	隆重	
正二十	正月二十		扎耳朵眼		一般	
二月二	二月初二		逛庙会、看戏	炒大豆		
三月三	三月初三	互助的个别村落	跳"勃"神会	油炸食品、煮鸡蛋		
四月八	四月初八			"过也罢，不过也罢。"		
端午	五月初五	土族地区		韭菜饸、凉粉、凉面。	隆重	初五早晨挑水
六月六	六月初六	互助	花儿会		热情	亲属
六月会		同仁地区	军舞、神舞表演		隆重、严肃	

节日名称	节庆时间	流行地区	活动内容	主要饮食	热情程度	禁忌
中秋节	八月十五	互助地区	祭拜月亮、串亲戚	月饼、瓜果	隆重	用手指指月亮
纳顿节	九月至十一月	民和地区			世界上最长的狂欢节	
十月一	十月初一		祭祖上坟	饺子	关切	
於菟节	十一月	同仁地区	祭拜二郎神		隆重、严肃	
腊八	十二月初八		冰花占卜	搅团、冰块		
腊月二十三	十二月二十三		送灶王上天			

附表2：访谈对象一览表

姓 名	性别	年龄	民族	文化程度	职业	住 址	访谈时间
祁文礼	男	58	土族	小学	农民	青海互助县威远镇	2002. 2
石成梅	女	52	土族	文盲	农民	青海互助县威远镇	2002. 7
祁四十花	女	54	土族	文盲	农民	青海互助县威远镇	2003. 2
益拉毛姐	女	24	土族	中学	农民	青海互助县东沟乡	2003. 1
徐五十九	男	38	土族	文盲	农民	青海大通县东沟乡	2003. 1
李录林	男	50	汉族	中学	铁路退休干部	青海互助县东沟乡	2003. 12
麻宝有	女	55	土族	中学	纸板厂退休工人	青海互助县东沟乡	2003. 12

姓名	性别	年龄	民族	文化程度	职业	住址	访谈时间
祁存姐	女	75	土族	文盲	农民	青海互助县威远镇	2004.1
祁仁增	男	63	土族	文盲	农民	青海互助县五十乡	2004.2
祁金花	女	76	土族	文盲	农民	青海互助县威远镇	2004.2
祁洛哲坚措	男	33	土族	小学	寺院僧人	青海互助县五十乡	2004.7
乔志良	男	42	土族	大专	干部	青海互助县民族宗教事务局	2004.7
张延祥	男	50	土族	中学	村干部	青海互助县东沟乡	2004.7
刘连德	男	66	汉族	中学	民间艺人	青海互助县哈拉直沟乡	2004.7
马得良	男	64	土族	文盲	民间萨满法师	青海互助县东沟乡	2004.7
王国兴	男	72	土族	文盲	农民	青海互助县东沟乡	2004.7
马元生	男	69	土族	文盲	农民	青海互助县东沟乡	2004.7
王国英	男	69	土族	文盲	农民	青海互助县东沟乡	2004.7
赵生英	男	68	土族	文盲	农民	青海互助县东沟乡	2004.7
李占荣	男	65	土族	小学	村主任	青海互助县东沟乡	2004.7
张清福	男	62	土族	文盲	农民	青海互助县东沟乡	2004.7
多吉	女	53	土族	文盲	热贡民间艺人	青海黄南同仁县年都乎乡	2004.8
曹明成	男	46	土族	大学	黄南群艺馆干部	青海黄南州群艺馆	2004.8
扎西东智	男	50	藏族	大学	黄南群艺馆馆长	青海黄南州群艺馆	2004.8
白生良	男	35	土族	中专	干部	青海互助县加定乡	2004.8
杨玉奎	男	40	土族	大学	干部	青海同仁县办公室	2004.8

姓 名	性别	年龄	民族	文化程度	职 业	住 址	访谈时间
张守荣	男	33	土族	大专	干部	青海互助县东山乡	2004.8
星全鹄	男	33	土族	大学	干部	青海互助县红崖子沟乡	2004.8
李香花	女	33	土族	大学	干部	青海互助县红崖子沟乡	2004.8
马得统	男	47	汉族	中专	民和县文化馆馆长	青海民和县文化馆	2004.8
马海涛	男	46	土族	大专	民和社会发展局长	青海民和社会发展局	2004.8
曹秀花	女	34	土族	小学	农民	青海民和县官厅镇	2004.8
谢生财	男	50	土族	大学	中国土族主编	青海省西宁市	2004.6
何文祥	男	65	汉族	大专	中国土族编辑	青海省西宁市	2004.6
马得才	男	50	回族	小学	花儿会歌手	青海大通鹞沟乡	2003.7
马占龙	男	33	回族	文盲	花儿会歌手	青海大通塔尔镇	2003.7
马得旺	男	50	回族	文盲	花儿会歌手	青海大通华林乡	2003.7
李保姐	女	30	土族	小学	花儿会歌手	青海大通青山乡	2004.7
张国寿	男	26	汉族	中学	花儿会歌手	青海大通西山乡	2004.7
黄喜柱	男	26	土族	中学	花儿会歌手	青海大通青山乡	2004.7
张成良	男	30	汉族	小学	花儿会歌手	青海大通青山乡	2004.7
张 剑	男	40	回族	大学	教师	青海大通县一中	2004.7
丹增尼玛	男	23	藏族	大学	学生	青海同仁县	2005.4

民和土族"纳顿"节庆习俗的现状调查与研究

——以青海省民和县三川地区鄂家村为例

贺喜焱

导 言

笔者于 2002 年 7 月至 9 月进行了为期 30 天的田野作业,对青海民和土族娱神、庆丰收节日"纳顿"的节庆习俗做了较为详尽的调查。通过参与观察、访谈(深入访谈、一般访谈),并辅以照相、录音、笔录等方法获取了第一手调查资料,保证了资料的系统性和丰富性。"纳顿"这一节日解放后基本处于休眠状态,20 世纪 80 年代初开始复活,这一现象与同期全国兴起的"庙会热"几乎同步。"纳顿"作为一种民间文化现象,对它进行调查和研究,对于民间文化的民俗学研究具有不容忽视的学科价值和意义。

"纳顿"在土语中是"玩耍、娱乐"的意思,"纳顿"节是青海民和土族娱神庆丰收的民族节日,在民和三川地区的大部分土族村基本上轮流举行一天,每年从农历七月十二日开始到九月十五日结束,历时 2 个月,被称为"土族民间狂欢节"。这样一个大型的民族节日长期以来研究者却甚少,就笔者现在掌握的材料来看,比较深入系统的分析研究还没有。仅有的几篇研究"纳顿"节的论文,如秦永章《青海民和土族地区"纳顿"述略》、鄂崇荣《浅论土族"纳顿"节》,胡廷《民和土族"纳顿"面具艺术述略》,刘凯《青海民和三川地区土族"纳顿"新识》,贺喜焱《民和土族"纳顿"节日的文化功能刍议》[1]等,大都从整体上进行概

---

[1] 分别发表于《西北民族研究》1991 年第 2 期;《中国土族》1999 年总第 8 期;《青海民族学院学报》2001 年第 1 期;《青海社会科学》2000 年第 2 期;《西北第二民族学院学报》2002 年第 2 期。

述，或就某一个方面如艺术、功能等角度进行论述，都存在缺乏较系统、完整的田野作业来支撑其论点的不足。基于"纳顿"节规模大，举办时间长，活动丰富等自身的特点，笔者感到，如果对"纳顿"从总体考察研究去把握，由于时间及个人精力的限制很难做到考察与研究在广度与深度上的完美结合。因此，笔者认为从方法上选择这样一个视角，即以一个村庄（鄂家）作为个案和视点进行田野作业来观察青海民和土族"纳顿"节这样一个与农耕、节气有关，与宗教、传说有关，与音乐、舞蹈有关，与劳动、体育有关，与民间组织有关的综合性节日，从这一非日常事件去认知民和土族的日常生活。笔者在文中通过具体考察"纳顿"这一节庆活动的程序与社会—文化内涵，以便通过这个考察探讨本文关心的问题："纳顿"得以传承、复兴的动因是什么？"纳顿"在今日民和土族社区中的角色和作用是怎样的？

背　景

1. 民和三川地区"纳顿"节概要

"纳顿"是土族人庆丰收、酬神的节日，主要流行于青海省民和土族聚居的三川地区，它通常从每年农历七月十二日开始到九月十五日结束，历时两个月之久，几乎每个土族村落都要举办，被称为"土族民间狂欢节"。如若遇灾年，庄稼歉收就不举行。"纳顿"与土族人民的生产生活有十分密切的联系。据说，这样的时间安排规范化是"三十年代时，土族知名人士朱海山先生为了使各村的'纳顿'会与农忙时节互相不冲突，按夏粮收割早晚排列的"①。

"纳顿"至今未证实有史料记载，有学者认为从节日的主要

---

① 《浅论土族"纳顿"节》，鄂崇荣，载《中国土族》1999年总第8期。

活动来看,"纳顿"至少在元代土族先民从事畜牧业生产时就已经开始了。笔者通过在鄂家的调查了解到,"纳顿"所祭神灵多为汉文化崇拜物,而汉族大批进入民和地区当在明代,况且在"纳顿""搭头词"中"今祭祀大清皇帝"来看,这一节庆习俗可能源于明清之际。从 20 世纪 50 年代到 70 年代由于政治的原因,"纳顿"节一直没有举行过,直到 80 年代初,国家政策放宽后,随着村庙的重修,村中的宗教活动逐渐恢复,"纳顿"节也就复兴起来。"纳顿"在今日的现状是一个有组织的由村民集体参与,包含祭祀仪式、民间歌舞、傩戏表演以及经济行为的综合性活动。笔者在文中将"纳顿"界定为在特定时空布局下的以庆丰、酬神、自娱为主题的民众节日,认为其具有节日文化的一切特色。同时,从"纳顿"活动的特点来看,充满了民间宗教信仰的色彩,娱神、娱人相互渗透,可以从某种程度上说,"纳顿"发展至今已成为民和地区土族的一个庙会,即"以寺庙为最初依托,以宗教活动为最初动因,以集市活动为表现形式,融艺术、游乐、经贸等活动为一体的社会文化现象"。[①]

"纳顿"节期间主要的活动便是村民们的祭祀活动,人们向神灵祈福消灾,其中主要的神除了自己村上的村神外,便是三川地区的地方总神——"二郎爷"了。"二郎爷"平日每到"纳顿"节时就要被供奉在神轿内游神整个三川地区的土族村落,哪一天哪一个村举行"纳顿","二郎爷"便要被请到该村享受村民们的祭祀。有关二郎为何许人有许多种说法,其中比较有代表性的说法有:一说三川地区供奉的是封神演义中能够变化通神的杨戬,主要依据是"纳顿"节上唱的"喜讯"歌中有七十二变、受神力、花果山上降猴精等唱词。[②] 另外一说是因为甘肃省临夏州积石山县

---

① 《高占祥论文化》,高占祥著,百花文艺出版社,1997 年 7 月第 1 版,第 20 页。

② 这一说法来自于笔者对原官亭文化馆干部徐秀福的访谈。

有关资料上记载"二郎爷"是从四川引进来的,是古代修建都江堰的李冰的二公子,因在工程中排险而献身,后被群众供奉为神,所以二郎神又被称为川蜀大帝。[1] 第三种说法是说"二郎爷"指的是赵昱赵二郎,隋炀帝时他为蜀嘉州太守,曾在蜀江斩蛟为民除害,并曾平水患,唐太宗时被封为神勇大将军,宋真宗时,又被封为清源妙道真君。这里面临黄河,又有湟水、大通河汇流,引来赵昱二郎神供奉,求其为民除害避免水患是顺理成章的事。[2]

在鄂家"纳顿"上还供奉着本村村神——"红石宝山摩羯龙王"(又称"龙王爷"),据老人讲摩羯龙王是个瘸子,很早以前他管辖地方遭到大旱,河水断流,泉井干枯,摩羯龙王为了挽救百姓,上天庭求玉皇大帝下雨,玉皇不允,摩羯龙王一急之下搬倒了南天门上的大水缸,结果倾盆大雨从天而降,一方百姓生灵得救,但摩羯龙王的腿却被砸伤了。现在中川乡美一、美二行政村一带有很多水草滩,据传就是那时候留下的。至今,鄂家法拉"发神"时一条腿还是瘸着走的。[3]

另外,鄂家"纳顿"神帐内还供有前来庆贺的桑卜拉的地方神——"九天圣母娘娘",当地人称"娘娘爷"。传说中,这是一位顺乎天命传授天书于英雄,且能裁决人世劫运的女神。桑卜拉之所以供奉"娘娘爷",据说跟13世纪蒙古军队在此征战有关,土族先民中有蒙古族的成分,征战胜利后不忘九天圣母娘娘的护佑,从此被供为地方神。[4]

---

[1]　《青海民和三川地区土族"纳顿"新识》,刘凯著,载《青海社会科学》2000年第2期。

[2]　同上。

[3]　这一说法来自于笔者对原官亭文化馆干部徐秀福的访谈。

[4]　《青海民和三川地区土族"纳顿"新识》,刘凯著,载《青海社会科学》2000年第2期。

2. 有关鄂家村落背景

鄂家地处青海民和回族土族自治县三川地区，三川是民和土族的主要聚居区，主要包括官亭镇、中川乡和峡口乡。这里位于县境东南部，靠黄河北岸，地势较平坦，气候温和，适宜农作物生长，聚居于此的土族主要从事农业生产。在过去，由于这里的耕地主要靠水渠灌溉，时有纠纷发生。现在，水利灌溉条件大为改善，大部分耕地已变为水浇地，盛产蔬菜瓜果和小麦。

鄂家是一个自然村落，位于三川地区的中部，距民和县城99公里，距离官亭镇10公里。鄂家是一个单姓村，属于中川乡美一行政村（包括鄂家、文家、宋家三个自然村9个社）。作为一个单姓自然村，鄂家现有总人口780人，共152户，均为土族，在鄂家周围的村落也均为土族村落。据老人回忆，鄂家在解放前的经济生活在很大程度上是自给自足的小农经济，主要依靠自家的种植业、养殖业和家庭手工业提供消费品，自给的成分很大。近20年来鄂家经济生活有所变化，村中依然以种植业为主，但有些家庭已不饲养牲畜（尤其是马、牛、羊等），村中2001年通了自来水，现在农业也不再靠天吃饭。尤其是1969年建成的泵站发挥着不可替代的作用，发电机总容量820千瓦，有效灌溉面积2.5490万亩，保障面积1.57万亩，实际面积2.65万亩，粮食产量（亩产）也从以前的几十斤达到了现在的八九百斤。村上有大型半自动磨面机一台，机械脱谷机7台，拖拉机49辆，人均收入（年）1100多元。现在鄂家在外有正式工作的人有65人，粗略估算一下，近两户人家就有一人在外工作。从鄂家的教育文化水平来看，30岁以下的人10%为小学文化程度，60%为初中文化水平，30%为高中文化水平。据鄂家村书记介绍，从鄂家现今村民的生产、生活水平、教育程度来说，是现三川土族地区各方面处于中等水平、情况较为普遍的村庄。

3. 选点原因

"纳顿"节是一个十分盛大的活动,从庄稼成熟最早的下川宋家开始,有连续有间隔(一至数天)地进行,经中川的祁家、杨家、马家,一直延续到属于上川的赵木川、官亭、鲍家、喇家一带,历时2个月,最后结束于朱家。如此巨大规模且众多村落都在举办,选择一个村落作为视点是比较难的。据笔者在当地了解到,中川鄂家、峡口桑卜拉的"纳顿"被公认为比较正规。笔者认为,只要使之具有意义,而不考虑其代表性,则更可以透视"纳顿"深层文化内涵:一、考察一个举办"纳顿"比较正规的村落可以较完整调查到有关"纳顿"的方方面面。二、由于桑卜拉是个小地区名(包括铁乡、怀塔、蒋马家、老庄、大庄等自然村),不如选择鄂家这样一个单姓村调查来得深入。

依据"在观念上不把小型社区简单地视为整体社会的缩影,而将社区的田野调查与描绘作为理解社会总体结构或文化基本特征的窗口和视角,只要保证调查村寨与所调查民族社会文化整体之间具有一定的关联性,调查便有理论价值和实践价值。在操作上,分两个层次来确保关联性:一是区域背景必须是所调查民族集中的聚居区;二是在调查村寨中所调查民族的人口数量必须占全村人口的绝大多数"。[①] 鄂家所在的中川乡(2001年)总人口为18442人,土族占人口的74.41%,再加之鄂家周围村落均属土族村,鄂家符合区域背景必须是调查民族集聚区这一点,也符合调查村寨中所调查民族的人口数量必须占全村人口的绝大多数。另外,鄂家作为一自然村,为农村社会体系中最基层、最小的社区,居民人数相对较少,人口的民族构成单一,包含着少数民族农村社会的基本要素,是相对完整的社会实体。因而,对鄂家的调查可以满足本论文提出的研究目的及意义的要求,有利于较为

---

① 《云南民族村寨调查·跨世纪的思考——民族调查专题研究》,高发元主编,云南大学出版社,2001年4月第1版,第8页。

深入的调查研究，可以形成对民和土族社会传统文化较为完整的认识。

"纳顿"节庆习俗的程序

一、"纳顿"节前的准备

（一）"装脏"仪式

娱神是"纳顿"节的主题之一，这个神主要指的是三川当地的区域神"二郎爷"，还有各村的村神。村民通过娱神来祈求借助神力保佑来年庄稼丰收。在村民的观念中，神的神力也会逐年消失，因而举行了一种被当地人称为"装脏"的仪式以增强神力。

在"装脏"仪式及"纳顿"节上，有三个神秘人物法拉、法师、阴阳不容忽视。他们各司其职，作为人神之间的中介在"装脏"与"纳顿"中发挥着重要作用。下面，笔者就从对法拉、法师、阴阳的介绍入手，对"装脏"仪式作一简略描述。由于装脏仪式笔者未能亲眼目睹，这里介绍的概况主要来源于笔者对鄂家阴阳的访谈。

1. 法拉、法师、阴阳

法拉，是一种巫神，类似于萨满，是当地地方神的替身和代言人，一般为男性。平日他也与常人一样劳动，只有在被请到神庙或被人家要求"发神"时才会神灵附体，替人祈福消灾。法拉以神的身份说话行事，代表神的旨意来为人解决问题并趋利避害。现今鄂家早已没有法拉，一些仪式活动请的是桑卜拉的老法拉。

法师是具宗教性的民间歌舞艺人，一般为祖传世授的男性。信仰佛道二教，表演兼有唱、舞、乐，当地人称为"跳法师"。表演时，法师的装扮极像女子：绣鞋、绣花坎肩、宽红腰带和百褶裙，还有一条假长辫，手持羊皮神鼓。现在鄂家的一些活动请的是安家法师，本村的法师在 50 年代死后没有继承人。

阴阳，是祖传世授或带徒授业的神职人员，也均为男性，其职能是帮人择日、卜卦、画符驱鬼、消灾祈福。现今鄂家有一个年纪较轻的阴阳，有时村中有急事来不及请外村的法拉或法师时就由他来代替。

"装脏"仪式是一种能增强神力的仪式，分"香脏"和"非香脏"两种。"香脏"一般使用佛经及朱砂等物；"非香脏"则用马蜂、蜈蚣、麻雀、喜鹊等物。"装脏"主要是用以上法物填装于神像的头、胸、肚部位。据鄂家阴阳说，鄂家村神"龙王爷"逢龙年"装脏"一次，三川地区的区域神"二郎爷"则是每年都要举行，并且是从农历五月十一日到十三日举行3天。"装脏"仪式通常都比较复杂，举行前一周便由庙倌请神出庙藏于山中一隐秘处，每日夜晚上香供奉，神坐洞7天后，由法拉指引请神在村庙院中准备"装脏"。第一天要先请法师表演，次日要先准备"开光点珠"仪式，"装脏"正式开始，阴阳要念诵经文，村民还会前来献祭。最后一天，依然要由法师唱诵神歌，末了请神入殿。

整个"装脏"仪式十分庄严、神秘，据说只有这样，神力才能确保增强。尤其是"二郎爷"的"装脏"之所以每年选择在农历五月，目的就是为了在"纳顿"期间巡游三川时能更显威灵保佑百姓。

（二）"下庙"仪式

鄂家在举办"纳顿"前一天（即农历七月十二日），一般都要举行"龙王爷""下庙"仪式。"纳顿"在村庙周围的开阔地举行，大小"派头"（鄂家民间活动的组织者）在"龙王爷""下庙"前要安排好供神所用的大帐篷及供桌，"下庙"前在庙堂要点燃108盏佛灯，焚香烧纸。最后几个小"派头"敲锣打鼓将神轿抬到会场。

另外，大"派头"还要安排人手去刚刚结束的宋家"纳顿"请来主神"二郎爷"，一路上也是敲锣打鼓，逢村口、桥头都要放鞭炮。不论是"龙王爷"、"二郎爷"的神轿，人们都要一路上左摇右摆，以示神力非凡。

二、"纳顿"会场的布置

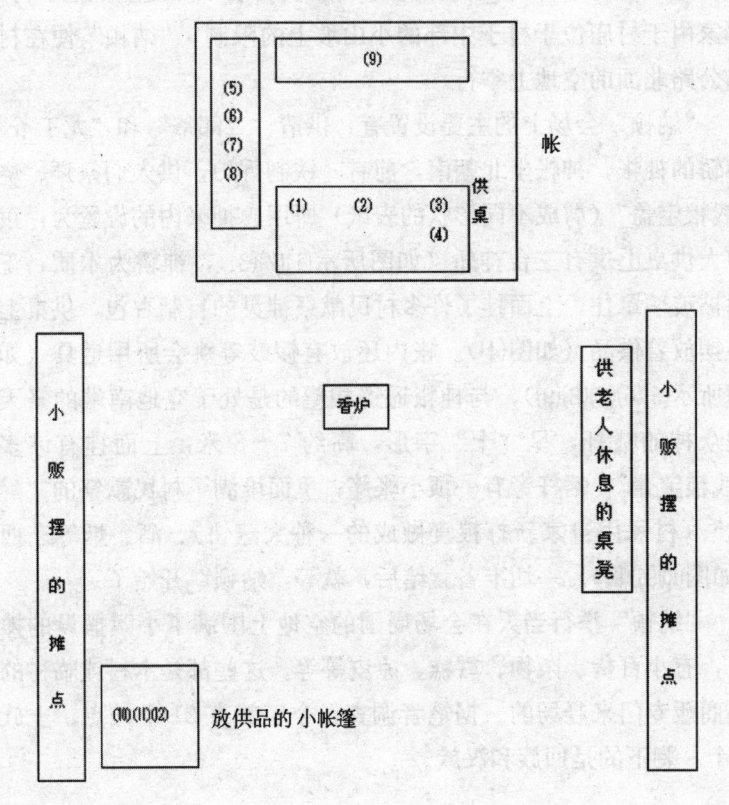

```
         ┌─────────────────────────┐
         │    ┌──┐ ┌──────────┐   │
         │    │(5)│ │   (9)    │   │
         │    │(6)│ └──────────┘   │  帐
         │    │(7)│ ┌──────────┐   │
         │    │(8)│ │(1) (2) (3)│  │  供
         │    └──┘ │      (4)  │   │  桌
         │         └──────────┘    │
         └─────────────────────────┘
```

          香炉   供老人休息的桌凳

小贩摆的摊点   小贩摆的摊点

          ┌─────┐
          │(10)(11)(12)│ 放供品的小帐篷
          └─────┘

          挂有"钱粮宝盖"的幡杆

(1)"龙王爷"(2)"二郎爷"(3)"娘娘爷"(4)供品（油灯、酥盘"）(5)锣 (6)鼓 (7)傩戏中的面具 (8)傩戏中的兵器 (9)大旗 (10)"酥盘" (11)烟 (12)酒参加"纳顿"节的人数非常之多，除了本村及外村前来观看的人还有参加"会手"傩戏等表演的人，这么庞大的阵容必须要在合适的场合举行。"纳顿"一般都在离村庙不远的空地上举行，鄂家由于村庙位于村子中部的小山坡上的限制，"纳顿"便在村口公路北面的空地上举行。

　　"纳顿"会场上的主要设置有：供请"二郎爷"和"龙王爷"神轿的神帐，神帐坐北朝南，前有一铁制香炉，供人们祭拜、烧"钱粮宝盖"（剪成不同形状的表纸）所用。神帐内的设置为：正中大供桌上供有三台神轿（如图所示(1)(2)(3)），神轿为木质，正面被玻璃罩住，上面挂了许多村民献祭神灵的自制香包，供桌上还摆放着供品（如图(4)）。帐内还放有锣鼓等跳会所用道具（如图所示(5)(6)(7)(8)(9)），与神帐遥遥相望的是处于空地南端的祭天地众神的幡杆，呈"十"字形，高约7－8米，上面挂有许多"钱粮宝盖"，幡杆旁有一顶小帐篷，里面堆满了村民献祭的"酥盘"（村民用自家新打粮食做成的一种大蒸饼）、酒、烟等东西（如图(10)(11)(12)）。一切准备就绪后，就等"纳顿"开始了。

　　"纳顿"举行当天在会场周围的空地上围满了小贩摆设的摊点，有小百货、杂物、雪糕、凉皮等等。这些都是本村或临村的小商贩专门来赶场的。据笔者调查，今年就有21个摊点，土族4个，剩下的是回族和汉族。

三、"纳顿"节的仪礼过程

(一) 仪礼概略

仪礼概略一览表

日期（农历）	时刻	仪礼名称	仪礼执行者	仪礼内容概要	会称
七月十二日	早上	合会手	宋家、鄂家男性村民	跳"会手舞"、"摆阵法"、"打杠子"，唱"搭头词"、"报喜"、"喜讯"	鄂家"纳顿"
	中午	傩戏表演（又称面具舞）	鄂家男性村民	"庄稼其"、"三将舞"、"五将舞"、"关王舞"、"五官舞"、"杀虎将"	
	下午	法拉"发神"	法拉	法拉"发神"、上口钎、代表神的旨意收受献祭	
	傍晚	布施、收拾会场	大、小"派头"	将"酥盘"等供品散发给村民，与神共享；将"二郎爷"神轿抬往鄂家	
七月十三日	早上	"合会手"	鄂家、宋家、桑卜拉男性村民	跳"会手舞"、"摆阵法"、"打杠子"，唱"搭头词"、"报喜"、"喜讯"	鄂家"纳顿"
	中午	傩戏表演（又称面具舞）	鄂家男性村民	"庄稼其"、"三将舞"、"五将舞"、"关王舞"、"五官舞"、"杀虎将"	
	下午	法拉"发神"	法拉	法拉"发神"、上口钎、代表神的旨意收受献祭	
	傍晚	布施、收拾会场	大、小"派头"	将"酥盘"等供品散发给村民，与神共享；将"二郎爷"、"龙王爷"、"娘娘爷"神轿抬往桑卜拉	

七月十四日	早上	"合会手"	桑卜拉、鄂家男性村民	跳"会手舞"、"摆阵法"、"打杠子"、唱"搭头词"、"报喜"、"喜讯"	桑卜拉"纳顿"
	中午	傩戏表演（又称面具舞）	桑卜拉男性村民	"庄稼其"、"三将舞"、"五将舞"、"关王舞"、"五官舞"、"杀虎将"	
	下午	法拉"发神"	法拉	法拉"发神"、上口钎、代表神的旨意收受献祭	
	傍晚	布施、收拾会场	大、小"派头"	将"酥盘"等供品散发给村民，与神共享；将"二郎爷"神轿抬往下一村	

"纳顿"在许多村中并非只举办一天，要分主客场：主场主办的村落当地称为主队；邻村"纳顿"必来庆贺，当地称为客队。一来一往就已经举办两天，有的村落还要参加晚自己村落一天的邻村"纳顿"，实际就已举办三天。鄂家"纳顿"（如上表）农历七月十二日为宋家"纳顿"，由宋家主办，鄂家作为客队前去庆贺、合会；农历七月十三日，鄂家"纳顿"时，宋家也要回礼庆贺，并且桑卜拉"会手"队伍也来合会，十分热闹；农历七月十四日，桑卜拉"纳顿"时，鄂家则作为客队前去庆贺。这样相对鄂家来说，就要"跳会"（当地村民称参加"纳顿"节为"跳会"）三天，场面、规模都十分壮观，人情往来也十分密切。

（二）"纳顿"节仪礼的具体过程

1. 村民的活动

农历七月十一日，即"纳顿"节的前一天，在外工作或学习的游子们都尽量赶回来，每家每户也早已打扫干净庭院；妇女炸油饼，做献供给神的"酥盘"（据说做"酥盘"之前三天夫妻不能同房，有病、来月经者也不能参与制作，以示对神灵的敬意）；要给小孩穿上新衣裳，老年妇女也要穿上传统的黑色长衫，黛色头巾。这一天，村民陆续来到"纳顿"会场的神帐前去还愿，一些发了财，交了好运的人牵着羊、抱着鸡，向"二郎爷"或"龙王爷"感谢神恩。献祭时，一般都要在还愿的羊或鸡的头上倒净水，倒水时如果羊和鸡摇一摇头，便证明这个祭物被神悦纳，否则认为神不喜欢，需另换一只。与此同时，庙倌要进行占卜，以观神是否接受。占卜工具是竖分为两半的木质圆锥体，当正负两半各落在地上，说明神已接受，还愿的人便将祭物拉回家宰杀。笔者调查时一直住在鄂家鄂积寿老人家，今年他家还愿就用了5只公鸡。鄂老人带着一家人在神帐前还愿之后，便带领儿孙将公鸡抱回家宰杀。据鄂老人讲，这个宰杀是要有讲究的，在鸡煮熟献神之前是不能放任何调料的，否则这个献供就被视为不干净；杀后鸡毛等杂物不能随便乱扔，待鸡煮熟并献神之后，杂物与鸡骨等才能一同处理。煮熟后的公鸡各部位都要割一点装于盘中先祭神，祭神时，全家老少均面向中堂跪于院中，鄂老人还要祷告一番，叩头完毕后大家才能与神共享献鸡。据说，吃了献鸡可以消灾免难。傍晚，一般村民们还要到祖坟上去祭祖，给祖宗献新粮做的糕饼、烧香及"钱粮宝盖"。

"纳顿"这天早上，村中每家都会派人端着前一晚做好的"酥盘"及"钱粮宝盖"来到"纳顿"会场给神磕头上香，然后众人回家吃早饭。饭后，男人们忙着去"纳顿"会场狂欢，女人们也在忙着准备一整天来客的饭食，之后便去"纳顿"会场观看表演。

在"纳顿"节这天，村民们都要借着这个机会走亲访友，几乎家家都是笑声不断，客人不断。有许多青年男女也借着这个机会在田间地头、河边柳林中互诉衷肠，许多人定下终身，有些已定了亲的也要在这几天提着礼物去认亲。"纳顿"这天，男女老少都喜气洋洋，哪怕是平日闹了矛盾的，在这一天也是比较容易化解的。据村民自己说："这天是喜庆的一天，不能不高兴。"村民们十分看重"纳顿"节，认为除了春节外，"纳顿"就是土族最大的节日了，这一天都要举家团聚、共同欢庆。

2. "纳顿"上的主要活动过程

第一项 "合会手"

鄂家"纳顿"正式开始于农历七月十三日，早上天刚亮，约7：00左右，大小"派头"们准备好茶水美酒来迎接本村老人及外村来客。一切就绪后，约8：00左右，大小"派头"们敲锣打鼓，村里准备去跳会的人听锣鼓的召唤声，赶到会场参加近百人组成的"会手"队伍。"会手"由两列纵队组成，队伍按长幼顺序排列，最前排是身着白衫黑马褂的年纪最长者，中间是只穿白衫的年纪较长者，队伍后面是身穿青衫的青壮年，中间还穿插有敲锣打鼓的人。众人头戴草帽，一般都要扎裤脚，老者手持折扇、小型彩旗、短钢刀、笛、箫等器物；青壮年则手举大型彩旗，旗上都写有国泰民安、风调雨顺、神光普照、国富民强等话语。

参加"会手"的人到齐后，约9：00左右，全体跪拜在神轿前磕头上香，感谢神保佑今年的庄稼获得丰收，祈祷来年风调雨顺。这时，大"派头"说一些感谢神保佑今年的庄稼获得丰收，祈祷来年也风调雨顺的话语。约10：00左右，有两位老人念颂祷词（"搭头词"）答谢神恩。

搭头词

搭头词如下：

神灵上方诸郡的神灵，今祭祀大清国皇帝，善始善成。连古而道，天道地道仙道，河州为黄河之北，西宁为地之左；龙王庙滩，占了一瓦之地。西宁府、碾伯县，打上往下，五大堡三川，洒马堡、鄂家堡，两庙正堂正坐。

神我上方见了，高皇大帝、玉皇大帝、城隍大帝、紫微氏大帝；上方见了王母娘娘、达洛娘娘、九天圣母娘娘，虚空过往，过往里见了赶日二郎、担山二郎、变化二郎、川化二郎；东海老龙王行军时，雷公电母忽雷闪电，闪电里见了摩羯龙王，东方见了东海龙王，南方见了山神大王，西方见了白马大王，北方见了白龙大王，中方见了水草大王。

上五户、下八户，两庙如一庙两姓如一姓，庙倌对庙倌，乡老对乡老，锣头对锣头，旗头对旗头，众人答报神恩，起锣鸣鼓。年里排在公元2002年，月里排在七月间，日程排在七月十三、十四，圣诞之日，龙堂宝会，到那九月九，青草结粮，黄草上场，恶风暴雨，远里消散。威灵显圣保障了一方，两庙的"会手"、头缸、头酒、头"酥盘"无数的"钱粮宝盖"，三位福神面前谢恩者搭头。

致完搭头词，众人烧纸焚香，锣鼓齐奏，鞭炮齐鸣，"会手"们高呼大好，热闹一番后又各自回场地，开始"摆阵法"，如摆一字长蛇阵、二龙戏珠阵等。

"报喜"

"会手"队伍在各自的场地表演一阵又合第二次"会手"，由两个10来岁的孩子手提铜锣，跪在神轿面前并跟随老者祷念颂词。敲一声锣，将前面的颂词再重复一遍，只是在结尾把"谢恩"改为"报喜"。其后又是一番热闹，"会手"又各回场地表演摆阵。

唱"喜讯"

"报喜"之后便进行"合会手"比较隆重的一个仪式——唱"喜讯"。双方"会手"推送出德高望重、又有嗓口的老者来唱"喜讯"，要有一锣一鼓伴奏，唱一声喊一声"大好！"歌词内容主要是赞颂所供奉的神灵。鄂家为主队则唱"二郎爷"，唱对方桑卜拉的地方神"九天圣母娘娘"；桑卜拉为客队则唱鄂家村神

"龙王爷"，以示相互尊重。
　　"二郎爷"喜讯词：
　　　　　　喜讯，喜讯，唱了喜讯开天门
　　　　　　开了天门开神门，开了神门请万神
　　　　　　请了万神请二郎
　　　　　　二郎爷头戴三扇帽，身穿黄袍九条龙
　　　　　　腰系蓝天白玉带，二郎爷脚穿登云靴
　　　　　　二郎爷骑的白龙马，白龙马吃的凤凰山上的灵芝草
　　　　　　白龙马喝的是瑶池水
　　　　　　金银嚼子梅花镫，五色鞍子彩缰绳
　　　　　　左脚踩下梅花镫，右脚跨上了马鞍心
　　　　　　骑上白龙马下会场，下了会场点会手
　　　　　　上有八户下五户，两庙会手来回合
　　　　　　有喜有喜都有喜
　　　　　　二郎爷八九神功显神灵
　　　　　　上降万里江山我中华
　　　　　　下保万民太平万万年
　　　　　　风调雨顺国安宁
　　　　　　五谷丰登享太平
　　　　　　头缸头酒头酥盘
　　　　　　无数的宝盖谢神恩
　　　　　　四个将军来问候
　　　　　　过来过去打个杀刀吧！
　　"魔羯龙王"喜讯词：
　　　　　　喜讯喜讯唱喜讯
　　　　　　唱了喜讯天门开，开了天门开神门
　　　　　　开了神门请万神，请了万神请龙王
　　　　　　请了龙王下会场，下了会场点会手

两庙的会手来回合
龙王爷头戴的是金银冠
身穿红袍显威灵，腰束一条花绫带
脚穿了乌皮的登云靴，龙王爷手拿了金龙剑
骑了黑龙马下会场
龙王爷红石宝山显威灵
龙王爷掌了风雨救万民
两庙的会手来谢恩
答报神恩来会手
上有八户，下五户
两庙的会手都有喜
头缸头酒头酥盘
钱粮宝盖谢神恩
国泰民安闹太平
风调雨顺五谷成
细风细雨救万民
恶风暴雨不见踪
四个将军来伺候
过来过去打个撒刀吧！

"九天圣母娘娘"喜讯词：
喜讯喜讯唱喜讯
唱了喜讯天门开，开了天门开神门
开了神门请万神，请了万神请圣母
请了圣母下会场，下了会场点会手
两庙的会手来回合
娘娘爷头戴的是龙凤冠
身穿白袍上九条龙
腰束一条金玉带，下穿八幅子绫罗裙

娘娘骑的是白龙马，白龙马吃的是灵芝草
白龙马和的是瑶池水
骑上龙马下会场，下了会场点会手
上有八户，下五户
两庙的会手都有喜
娘娘爷手拿救急的万民牌
娘娘爷龙马蹄下显莲花
娘娘爷脚踏莲花下会场
水草大王随后到
下了会场者来赐福
各到各处里保太平
锣鼓喧天闹太平
答报神恩降吉祥
头缸头酒头酥盘
无数宝盖谢天恩
谢了天恩谢地恩
谢了地恩谢神恩
谢天谢地谢神恩
谢了万神求吉祥
四个将军来伺候
四位福神在上位
过来过去打个夹刀吧！

"打杠子"

唱"喜讯"的唱词是按一个模式套下来的，都是先开天门，后开神门，再请神灵，接着唱每个神的穿戴、坐骑、兵器以及坐骑吃的什么草、喝的什么水。然后，神灵骑着坐骑来会场，到了会场点"会手"，共庆庄稼丰收，人畜平安。每唱完一个神，都要选四位身强力壮的青年人表演一次打杠子，在神帐前相互对打一番。据说，这一具有体育竞技武打性质的"打杠子"反映的是土族先民在这块土地上当初练武打仗得以开拓生存下来的情景。唱三次打三次，第一次叫打个杀刀，第二次叫打个撒刀，第三次叫打个夹刀，然后又是鞭炮齐鸣，锣鼓齐鸣，众"会手"高呼"大好！"狂欢一阵后"会手"解散，各自准备跳面具舞。

第二项 傩戏

中午休息一会后，约14：00左右，鄂家具有表演才能的男性就开始表演戴着面具的傩戏了。整个傩戏基本上均无唱无说，娱神的同时实际上也是在娱人。周边前来观看的男女老少边看边评，看到热闹处笑声不断。

"庄稼其"

"庄稼其"是反映农业生产的一场戏，由四人表演，分别戴着父亲、母亲、儿子、儿媳的面具。父子双裤腿挽起，赤脚，脚踝上套着用柳枝编的柳环，一副农民装扮，母亲与儿媳则身着长衫。上场时，由父亲带领全家扛着犁杖在一锣一鼓的伴奏中出场，先是四人集体舞，有时绕场而舞，有时做耕田的动作，儿子表示对耕田不感兴趣，此时父亲便到会场外请来乡老教育："古语说，七十二行务农为本，赌博伙里出盗贼，买卖伙里出奸心，千买卖，万买卖，不如土里翻土块，庄稼人务农才是本分"。经过教导，儿子表现出回心转意后开始学习怎样驾犁耕田，最后在会场内用犁在地上划一"田"字，烧黄表纸后结束表演。据老人介绍，"庄稼其"被视为"纳顿"的根本，如果不务农也就无所谓庆祝丰收，"纳顿"节也就没有存在的意义了。

"三将舞"、"五将舞"、"关王舞"

"三将舞"这几出戏主要以歌颂关羽为主题，用傩戏舞蹈形式将忠君报国的关公形象英雄化、神化，演的是一些类似民间小戏的三国故事，如关公单刀赴会、刘关张三结义、三英战吕布等。这几出戏虽出场的人物、内容不尽相同，但舞蹈动作基本相似，时而粗犷，时而文雅；有转场、拜神、对拜、下战书、祭刀、磨刀等舞蹈动作，尤其是表现打斗场面，武打动作干练、娴熟，有单打、对打，十分精彩，引起周围人的不断喝彩。象征性地战斗几个回合后，吕布战败，以面具代表其头被砍下置于地上而收场。

"五官舞"

据老人介绍，五官舞并非所有村落都表演。这个节目与土族先民有蒙古人的成分有关，至于为什么要跳却已无人能解释清楚。在场上，由五个男子穿着长袍马褂，戴着五个不同形象的面具，扮演的是元朝蒙古族官员。这个节目有朝拜、对拜、走太极等舞蹈动作，舞蹈的基本动作是摇摆身体，手持纸扇，单脚跳起，双脚跟着地，脚尖翘起，随着鼓点左脚突然起舞行进。笔者在鄂家调查时，许多人都不知道"五关舞"到底表演的是什么，只有些老人说，这个节目是为纪念和庆贺三川土族先民——蒙古族统一全国的丰功伟绩。五官代表天官、地官、人官、火官、水官，也有说五官中领头的是皇帝，其余四位是大臣。

"杀虎将"

"杀虎将"是傩戏的压轴戏，是一个原始粗犷、激烈紧张的面具舞。开场时，一对头戴老虎面具和牛面具的手持刀剑的老虎和牛表演搏斗。后来牛因斗不过老虎便请来杀虎将。戴着牛面具、身着战袍的杀虎将随着快节奏的锣鼓声入场并挥舞着双剑与老虎厮杀，最终老虎被杀死。据老人说，很早时土族先民从事畜牧业，过着逐水草而居的游牧生活，常常遭到狼豺、虎豹的袭击，人们便恳求萨满作法请天神下凡为民除害。舞蹈充分体现了土族先民与自然界的邪恶势力和天灾人祸顽强斗争的精神。

第三项　法拉"发神"

约4：30左右，当傩戏表演完毕后，"纳顿"中最具神秘色彩的一幕上演。法拉手持法器，身着法衣，在会场上跑来跑去，请神附体。进入亢奋状态时，口吐白沫，目光呆滞，便将两支10余厘米长的铁钎插入双腮（据老人讲法拉年轻时可以插入12支钎，分别插入双耳、双鼻、双肩、双奶头及舌头上）。此时表明法拉已"发神"，他手持法器跑到幢幡前，将"钱粮宝盖"及帐前的其他献供各击一下，并将它们拿到帐前焚烧，以示意神受并念诵道：今天鄂家"纳顿"，设下神坛请我来，献供都已收下了，我将报于众神保佑你们村子年年风调雨顺、五谷丰登、人畜平安。这时众人齐呼"大好！"以示接受神谕，感谢神的护佑，同时几个神轿也被人抬起，绕场一周，除将外请的"二郎爷"神轿交给下一个举行"纳顿"的村抬走外，本村的仍迎回本村村庙内安放。

第四项　布施活动及收拾会场

"纳顿"在下午5：00左右临近结束，最后一项是布施活动。大、小"派头"将村民的献供，主要是"酥盘"分成大块散发给在场的村民，余下的也都平均分给本村各户人家，以示人神均享。村民认为"纳顿"上的"酥盘"有一种神力，会带来好运。一切都结束后，大小"派头"便开始收拾会场，将神帐和所有道具清点后收回村庙保管，以备来年"纳顿"再用。

"纳顿"节庆习俗复兴的动因及社会作用

一、"纳顿"得以传承、复兴的动因

众所周知，中国社会正在经历一场深刻的变革。随着改革的不断深入，经济的变迁和趋近现代化并没有导致传统文化的衰落，反而带来了传统文化的复兴。离我国文化中心较远的西北少数民族地区村落也不失时机地融入其中。"纳顿"作为这一复兴中的民俗文化现象之一，受到时代和社会的影响是肯定的，国家与社会大环境影响作为其复兴、传承的外驱力是不容忽视的。"首先，民间和传统的复兴与改革以来政府对'迷信'的控制的松弛有关；其次，地方政府为了吸引海外同胞回乡旅游和投资、发展当地的旅游业和工商业，主要对地方传统的庙宇祠堂族谱等的重建和休整进行有选择性的鼓励。"① 同时，"纳顿"是民和土族在世代的生产与生活中为适应环境，保障生存和发展，创造、享用并传承下来的，体现着土族群体的人生经验与智慧，有着厚重的文化含量。"纳顿"在今天民和土族日常生活中依然生灵活现，说明"纳顿"作为一种民俗文化传统有其存在的内驱力。笔者认为要探讨这一内驱力得以实现的原因，在方法上我们不能不关注其实践的主体：人。在整个"纳顿"活动中俗民主体的行为观念贯穿始终，俗民主体与外在对象的联系才构成了完整的"纳顿"。正如乌丙安先生所说："民俗学的研究理应以研究这个民俗的'主体'为中心，即以研究习俗化了的俗民个体与俗民群体为对象。对一切民俗事项的调查研究，都应当服从于研究这个'主体'，而不是只见'俗'而不见'民'。民俗学的'主体'研究，应当是 21 世纪民俗学充分展现人文精神的重大课题。"② 基于这一认识，笔者将从俗民与物、俗民与社会、俗民与超自然这三个方面对"纳顿"得以传承、复兴的动因进行分析。

1. 俗民与物："纳顿"存在的物质基础

从土族发展的历史来看，土族经历了由畜牧业向农业过渡的发展阶段。直至今天，民和土族依然是一个以农耕为其物质生产基础的民族，生活在这里的土族人与农耕生产有密不可分的联

---

① 《村落视野中的文化与权利：闽台三村五论》，王铭铭著，生活·读书·新知三联书店，1997 年 12 月第 1 版，第 125 页。

② 《民俗学原理》，乌丙安著，辽宁教育出版社，2001 年 1 月第 1 版，第 133 页。

系。"纳顿"虽无史籍记载，但是从有关"纳顿"的传说[①]来看，不论是蒙古军说还是请"二郎爷"求雨庆丰收说都直接或间接地与民和土族人的生存大计（农耕）有关，作为土族庆丰收、祈求来年风调雨顺的庆典仪式，直接体现了俗民主体（人）与物质生产（农耕）的这一联系。风调雨顺、五谷丰登是人得以平静、安定和有秩序地生活的保障，每一年春耕时村民便祈愿丰收，丰收时则又祈愿来年的五谷满仓，这样对于丰收的愿望（意识观念）自然要外化于人的实践行为中，"纳顿"正是在特定时间里给了人们这样一个契机。"纳顿"具有明显的季节性，从"纳顿"的开始到结束正好是依照三川地区庄稼依照地域的不同而逐渐收获的走势来进行的，每个村"纳顿"的举办正好是该村新打粮食不久的日子，新粮入仓酬神献祭时，自家新酿的美酒和蒸的"酥盘"是酬神祈福的最好象征。

　　从笔者对鄂家"纳顿"的调查来看，这一节庆习俗的程序中俗民的行为最终都是为了祈福禳灾，充满了现实功利性，与农耕这一物质生产基础更脱不了关系。如为了酬神而表演的"庄稼其"与"杀虎将"，前者被视为"纳顿"的根本，表达了土族"以农为本"的传统意识，崇尚务农通过傩戏的表演表达得淋漓尽致；后者则表达了土族在经济文化类型过渡时，土族先民为了生计与大自然作漫长斗争的遗留。在"纳顿"中许多口耳相传的喜神曲（如"搭头词"、"喜讯"）唱的都是为了答谢神灵赐福于民间，风调雨顺、五谷丰登而向"二郎爷"、"龙王爷"等神灵报喜谢恩的词。虽然随着水泵、电站的落成，靠天吃饭的现象已逐渐消失，物质经济生活已有了很大改善，但农耕在人们日常生活中依然占有非常重要的位置，作为敬天祷地的信仰活动，很难摆脱与农耕的联系，这种联系作为"纳顿"的一个基本特点，在今

---

① 见附录中有关"纳顿"的传说

天的"纳顿"中依然广泛存在。

2. 俗民与社会:"纳顿"开展的村落组织保障

"纳顿"得以复兴、传承的另一个十分重要的因素便是村落组织的保障。"村落组织一般有村庙供奉保护神,有村规民约界定村民的义务和权利,外来户取得居住权的条件等;有青苗会负责与生产的事务,如农田用水、防涝抗旱、家畜管制、看护庄稼、摊派钱物、祭祀鬼神。"① 在鄂家"纳顿"中,大小"派头"和乡老就是村落组织的成员,他们主要领导、组织"纳顿"节上的一切活动,并且还负责除"纳顿"以外的其他活动。其中,大"派头"的地位较高,在过去一般都由村中有一定地位和经济实力的大户人家的老者担任,现在也推选村中有威望、办事公正、能力强且经济条件较好的老人担任。小"派头"有七八人,由村中比较干练的青壮年男子来担任。鄂家有四社,每年按照一社两人轮流分派,是应尽的义务。乡老大多是一些年纪较长、曾经任过大"派头"的老人自愿组成,来协助大小"派头"举办"纳顿"。

三川地区在解放前雨量少,地势高,缺水现象严重,自古就有"黄河边上渴死人"的谚语。水与庄稼人的生计联系非常密切,这里主要依靠水渠灌溉,纠纷很多。大"派头"在过去最主要的职能便是"派水"。间接的,大"派头"与村民的生计也就紧密相关,从而其民间权威性也由此树立。另外,大"派头"在过去还有田间管理、青苗保护、日常供奉及宗教活动的组织和维护村落秩序的权利,有权对违反者进行处罚(罚钱或罚物),这样,村落组织的负责人大"派头"作为村规民约的推行人和监督者的民间权威性便一直深埋于村民的心中。据老人们回忆,改革

---

① 《民俗学概论》,钟敬文主编,上海文艺出版社,1998年12月第1版,第127页。

以前（20 世纪 50 年代至 70 年代）虽然"派头"的推选已不再执行，但村中有威望的老人在私下依旧是村民解决一些村落问题的人物，至少要问问他的意见。到了 80 年代，各种政治运动逐渐平息，随着国家政策的放宽，很多从前就当过大"派头"的老人作为传统的传承者和传播者倡议恢复村落组织。随着村庙的重修，村中一些宗教活动的恢复，作为庆丰、酬神的"纳顿"也被安排到日程上，并有规有矩地传承至今。逐渐的，大"派头"除了"派水"的职能消失以外（因 1969 年兴修水利，建立泵站，为庄稼灌溉的问题得到解决），其他职能都或多或少地恢复了。

笔者通过对"纳顿"的调查看到，有关"纳顿"的一切活动计划都由大小"派头"参与安排组织，使之井井有条。首先，"纳顿"举办所需要的资金，近两年来大概需要 1500－2000 元左右，主要用于待客的烟、酒、茶、鞭炮及道具维修。这些资金表面上来源于村民的自愿捐献，实际上每户人家都要依据各自的经济状况捐助，并且由于"跳会"必须是每家至少有一男子参加，如若某户未能出人手还要多交一份实质属于罚款性质的钱。另外的资金来源还依靠从鄂家外出发迹或读书工作的人的捐助（这些人的捐助一般较村内人高），这样"纳顿"节就有了经济保障。其次，从"纳顿"节前的准备到跳会当天的一切活动安排均由大小"派头"负责组织，每一个礼仪过程，大小"派头"都是按照以前"派头"传下的规矩来操演，形成一种固定的习俗模式，尤其是小"派头"的轮流分派更使这一节庆习俗在村中青壮年身上得以广泛的传承，打下了广泛的群众基础。

3. 俗民与超自然："纳顿"——维系信仰的纽带

在民和土族人的日常生活中精神信仰占有十分重要的位置，村民对于超自然的神、佛都虔诚地信仰，尤其是很多土族老人都是比较虔诚的信徒。土族的信仰比较复杂："藏传佛教、萨满教和汉传信仰在土族人的精神生活中并行不悖，从而使土族人在精神上既不同于汉民又与藏民区别开来。"① 民和土族由于周围聚居主要为汉、回两个民族，自然的，民和土族人受主体民族汉族的汉传信仰更深一些，这一点可从"纳顿"得到见证。但其中也不乏一些萨满教的遗存。整个"纳顿"节都笼罩着很浓的宗教色彩，"纳顿"庆丰、酬神这一主题本身就直接与超自然有紧密联系。"纳顿"给村民提供了这样一个空间场，使人置身于一种神秘而特殊的环境中，通过在"纳顿"上的一些祭祀行为，实现一种人神之间的对话，表达了人们祈福禳灾的愿望。"纳顿"实际上已成为俗民与超自然交流的空间场，而俗民对超自然的信仰又成为"纳顿"的维系纽带。

首先，从鄂家"纳顿"会场的安排来看，设有神帐和"二郎爷"、"龙王爷"的神轿，村民敬献供品，如"钱粮宝盖"、"酥盘"等，使整个会场俨然一个露天神庙。尤其是"酥盘"制作前必须洗澡、烧香、夫妻分宿，根据村民的说法，这样才能表达对丰收的珍视和对神灵的敬意。村民的这种行为与意识，无疑加重了整个会场虔诚、圣洁、庄严、肃穆的氛围。

其次，不论是"纳顿"前的准备活动（如"装脏"仪式），还是"纳顿"本身，在其间总是活跃着法拉、法师、阴阳这些人与神之间的中介，使"纳顿"的宗教色彩更为浓重。在调查中笔者发现，法拉、法师、阴阳三者的职能虽不尽相同，但在村民的日常生活或是庆典仪式中最终都是为了祈福禳灾。"装脏"仪式上"二郎爷"与"龙王爷"的"装脏"虽在规模及所装法物、所唱的神曲不同，但三者的协作都是为了增强神力。据鄂家阴阳说，长期以来就有这样的规矩，神之所以能发挥神力赈灾保民，就是因为有了"装脏"的法物，所以法物需要定期重新更换，以

---

① 《文化影响与重构》，高丙中著，载《甘肃土人的婚姻》，许让神父著，费孝通、王同惠合译，辽宁教育出版社，1998年12月第1版，第266、263页。

确保其神力,这样人们的生产生活才能得到保障。神力的存在也直接关系到"纳顿"节,神的威力强大,法拉才能"发神"作为神的替身和代言人,在"纳顿"即将结束时代表神宣布是否得到神的满意,并示意神受。在他的带领下,村民们将供品"钱粮宝盖"等烧掉。法拉"发神"时在自己的肉体上插入铁钎,癫狂地奔波于人群与神帐之间,为即将结束的"纳顿"抹上一笔浓重的宗教神秘色彩。

第三,在"纳顿"中具有非凡意义的还有村民的誓言、祷词、神歌及傩戏。誓言是村民在"跳会"前与"跳会"中向"二郎爷"、"龙王爷"作揖叩首进行膜拜时心中向神许愿或还愿的话语。借助于这样的心灵表白感动神灵,从而达到神灵帮助实现自己的心愿的目的。鄂家"纳顿"上的祷辞(即"搭头词")是向神灵请求通报和谢恩,以说的形式感召神灵,直接表达出举办"纳顿"的目的:众人答报神恩。神歌(即唱"喜讯")是以演唱的方式对"二郎爷"、"龙王爷"进行歌颂,表达对其保万民太平、风调雨顺、五谷丰登功德的感谢及敬奉。傩戏的内容虽然不直接与神灵有关,但它除了自娱之外,目的是为了娱神。"纳顿"节上的这几种活动的意义主要体现在"通"上,即人神之间的媒介,也就是说人们借助这一切行为就可以达到人与神的对话,沟通两个独立的世界。人们按照自己的意志和生活方式塑造了神灵,并为神灵设计出一定的生活环境,以自己的方式或形式来献祭神灵,以此换来神灵赐予的幸福。这种心理与对神灵的信仰是"纳顿"发展的心理基础和维系纽带。

从以上对"纳顿"礼仪程序内容的分析来看,村民的行为在"纳顿"节上具有浓厚的宗教色彩,对那些超自然的神力毕恭毕敬,尤其是一部分虔诚的老人,这样的意识仍旧很浓烈。但是,随着现代科学技术的普及和文化水平的不断提高,信息交流、文化传播越来越广泛迅猛,现代人(尤其是年轻人)也许不再这样畏惧超自然的神秘性了。在笔者访谈的几个鄂家年轻人中,有本村的农民,还有读书后留在省城工作的,他们融入"纳顿"跳会时与年长者一样投入,热情高涨,甚至在向村神膜拜叩首时也一样虔诚,但一旦问起对神灵的信仰时,他们的回答却似是而非:不能说信,但也不能说不信,心里有这么个信念,求求拜拜,灵验最好,不灵验也不缺什么。造成这样一种心理的社会原因,也许可以说是近年来,随着改革开放和现代化进程的加快,到处都掀起了经济建设的热潮。鄂家虽然是一个边远小村也不例外,这里的社区传统习俗受到强大的冲击,随着机遇和挑战的增多,人们面临的社会风险也日益增多,对自身命运的不稳定感、无把握感与传统信仰的祈福禳灾现实功利性相结合,共同推动着人们向神灵顶礼膜拜,以获得免除人生灾难、疾病与不幸的心灵慰藉。这时,对超自然的倾诉已成为消除焦虑、烦恼与不安的镇静剂,而"纳顿"提供给村民这样一个最合适的机会,让村民在神灵这个假想权威面前不同程度地释放自我。

二、"纳顿"在土族社区的作用与角色

1. 村落认同的催化剂

"纳顿"在三川地区举办两个月,从"纳顿"在各村的举办情形看,并非按行政村而是按聚落形式(如桑卜拉"纳顿")或一些单姓村(如鄂家"纳顿")来举行的。在"纳顿"前总要加上村名或聚落名。在当地人眼中,"纳顿"前的名称似乎更可以代表一块土族人的聚落,带有明显的亲疏关系色彩。在鄂家,笔者总会听到有人说,我们鄂家"纳顿"如何如何,话语中充满了对自己村落"纳顿"的骄傲。在他们看来,在举办"纳顿"的那段日子里,鄂家与鄂家"纳顿"是可以画等号的,是鄂家这个村落自身的象征。"纳顿"成为村落的一次年度洗礼,为村民的村落认同感提供了催化剂的作用。

"纳顿"作为一次集体行为,几乎村中所有人都参加,这期间村民们共同协作,把平时分立的家户和家族内部不同的人物都联合在一起,加强了家户之间、家族之间内部的团结和认同,并造成一种村落的认同意识。"纳顿"期间,家户之间所有的矛盾都较平时容易化解,夫妻、妯娌、婆媳、兄弟之间相互和平以待,大家分工合作,女人准备献祭供品、宴请宾客的饭食,男人参加"跳会",孩子们穿戴新衣新帽。村落上下行动一致,沉浸在村落共同庆典的愉悦之中。"纳顿"会场上每个人都有份内职责,敲锣打鼓、"会手"舞、跳傩戏都分工明确、合作默契。与外村"纳顿"相会时更突显本村人的合作精神,"跳会"之时,"纳顿"中个人与村落融为一体,从队伍按年龄安排来看,村中的长幼疏亲关系一目了然,个人因素消失,村落利益与个人一体化,村落认同感此时得到质的升华。

2. 民间交际网络的时空汇聚点

从调查中笔者了解到"纳顿"并非单个村落独自举行,而与旁村的"纳顿"有合会的传统,即所谓大会、小会。鄂家"纳顿"的小会就是与宋家合办,宋家为主会场。鄂家大会不光要以自家为主场,还要与桑卜拉"纳顿"合一次会。最初的原因据老人讲是因为过去庄稼用水是依靠水渠的,当时宋家、鄂家、桑卜拉的这几个地方合用一条水渠,借助"纳顿"的合会有利于解决水利上的一些纠纷,使这种村落间的合作能顺利进行下去。虽然现在"纳顿"的这一作用已经消失,但这种合会所发挥的民间互助传统却得到保留。有合会作为基础,"纳顿"便成为联系外部世界(经济往来及通婚等)的纽带,并以三川地区区域神"二郎爷"的巡游为线,将整个三川不同村落的"纳顿"变成不同层次的社会地理空间在一个特定时间(秋收)汇聚。

"重农抑商"在土族传统的意识观念中产生重要影响。因此,过去的"纳顿"虽然也有物资交流的现象,但规模上较小,其中回族居多（因为民和县是回族土族自治县，而回族是一个善于经商的民族），也有一些汉族，土族几乎没有，现在土族人有许多已逐渐改变了这种观念。笔者在鄂家"纳顿"调查发现，在当天会场周围摆摊设点的有 21 个摊位，有 4 个摊位就是土族人设的，其他也都是从邻村或更远的地方来赶会摆摊。虽然只是一些日用小商品、小食品摊点，但是，对于相对仍旧较闭塞、物资交流依然不是很方便（有一些商品必须要到官亭镇去买）的土族乡村来说，这样的场面已经是很热闹很繁华的了。从这个层次讲，"纳顿"对于鄂家促进现有的经济发展以及旅游发展，"纳顿"经济往来的职能越来越突出，吸引着商贾及方圆邻近地区的民众。

"纳顿"成为村落与外界联系的途径，主要还表现在"纳顿"为村民提供走亲访友、认亲定亲的空间。"纳顿"娱神、娱人同为一体，娱神是用献祭的供品、跳舞、表演傩戏来酬神，祈求和答谢神的保佑；娱人是通过亲朋好友相互走访，以此来联系人际的感情纽带。"纳顿"会场上，村民的表演既用于娱神，也用于娱人（既让本村人看，也欢迎、邀请来自村外的姻亲、友人来看）。会后的布施也必定将献祭的"酥盘"分与众人，尤其是姻亲、友人是一定要将"酥盘"带回各自的家中与家人分享，这种神人共享献祭供品是典型的联系民间人际关系网的象征。在村民家中还要举行宴请宾客的宴会，尤其是要宴请前来定亲或认亲的人。另外，"纳顿"也为同村或邻村的青年男女彼此认识、诉说倾慕之情提供了一个最佳的时空场。

3. 民族凝聚力的实际体现

三川地区的土族与汉、回等民族杂居，作为一个人口不多的民族，从某种程度上说，长期面临着被同化的危险。然而，依然能够得以生存和发展，其中心力量便是土族的民族内聚力，这一内聚力得以维系的根本则是土族文化。"人类的文化，代替了一般生物演化的器官，成为我们种族适应环境最主要的利器。因此，人类学家将文化称为人类的'体外器官'。"① 作为三川土族的"体外器官",土族文化弘扬与发展对于这里土族人民的生存意识、民族自觉具有决定性力量。

"纳顿"作为土族文化的载体体现着土族文化博纳、开放的特色,整个礼仪过程都表现出具体的形式,有衣着服饰、道德品行、经济行为、音乐舞蹈、宗教信仰、民间组织等等。它们以最集中的方式展示了土族文化特色,即"以萨满教为底子,以蒙古语为共同的基础,以三教结合(藏传佛教、汉族民间宗教、萨满教融合为一)而构成宗教信仰,以汉族文化为主要的世俗文化"②。"纳顿"节所包含的物质文化因子与精神文化因子无不证实了"纳顿"是土族文化的丰富积淀。

"纳顿"作为民和三川土族日常生活中的非日常事件,将一种特定的时间、环境、人的行为与情感综合的氛围,以最凝练的形式提供给人们。在其中,人们通过祭祀信仰来净化心灵;通过各种民间文艺的演出来娱神、娱己;通过参与加强团结、增进认同感,交流信息和传播文化。在这样一种具有特殊氛围的公共场合下,从某种程度上说,"纳顿"将土族人共有的一种行为方式肯定为一种标准的行为模式,统一大家的行动,让土族人对自己的族群定位更加明确,在经历着自己传统文化洗礼的同时,更进一步维系着土族这个群体的心理,使人们在这一公开的、集体的大型活动中,从同一类型或模式的文化环境中得到教化,形成相同的思维方式和价值观念。"纳顿"对于民和土族人可以说是一个民族心理意识的强化过程。这一节日活动使他们保持了自己的

---

① 《人类的视野》,李亦园著,上海文艺出版社,1996年7月第1版,第16页。

② 《文化影响与重构》,高丙中著,载《甘肃土人的婚姻》,许让神父著,费孝通、王同惠合译,辽宁教育出版社,1998年12月第1版,第263页。

民族心理认同感，起到了重要的文化维系作用，成为三川土族这个族群体强大向心力和凝聚力的实际体现。

结 语

"纳顿"作为青海民和三川土族庆丰、酬神、自娱的民族节日，包含了祭祀仪式、民间歌舞、傩戏表演，由村民集体参与，将人们的行为与情感总括于特定时空布局下，它以集中的方式较充分地体现了民和土族物质生活、精神生活和社会关系的方方面面。它因人们有了寄寓精神的期待、沟通人际关系、丰富文化生活和活跃物质交流的多种需要应运而生，它在今日土族社区发挥着重要作用，是为人们实际生存和生活理想的需要而设。可以说，只要这种生存和理想的需要存在，"纳顿"就有可能承继和拓展。另一方面，现在我国正在经历重大文化变迁，社会的矛盾、冲突、问题增多，人们的困惑和迷茫也随之增多，具体的生活现实中人们对人生终极意义和信仰存在困惑和危机，导致思想上无所依托，"纳顿"成为人们信仰维系的纽带，具有神秘的宗教色彩，这是可以理解的。因而只要我们注重村民的素质教育，对他们的信仰进行正确的引导，不要使神明和愚昧合而为一占领人们的心灵市场，相信随着今后农村精神文明建设的不断加强，"纳顿"的娱乐色彩将会愈来愈强，成为"纳顿"节日文化的兴奋点。

"纳顿"作为民和土族文化中宝贵的一笔财富，是外界了解土族的一个窗口。我们认为，对"纳顿"的开发和利用，不仅对促进民和土族地区的经济发展会产生积极的影响，而且对宣传土族的优秀文化传统，让世界认识"纳顿"，认识土族，由此推进土族人民的经济发展和文化建设都具有重要的现实意义。

附录：

一、有关"纳顿"的传说两则

其一

三川地区过去十年九灾，农业难得有好收成，便请来文家寺（三川地区一座寺院）的喇嘛背着甘珠儿经转山诵经求雨，却没有效果。后来有人从四川灌县著名的二郎神庙背来了二郎神像，为其修建寺庙，虔诚供奉。说来也怪，那一年果然风调雨顺，五谷丰登，喜得大伙眉开眼笑，于是，抬着供有二郎神像的八抬大轿，逐村游神，一路上锣鼓喧天，颂歌声声。沿途村民伏地跪拜，烧香磕头。有些妇女拿不出贵重的东西敬献二郎神，便将一些自做的香荷包挂在二郎神的脚前。穷怕了的人们盼来了丰收年，欣喜若狂，载歌载舞，从农历七月十三起欢庆到九月十五日。从此，这个活动流传下来演变成今天的"纳顿"。

其二

在元朝初期，蒙古族英雄成吉思汗率领大军西征西北，大军到了河州城后，兵分两路，一路从凤林关过河，经接官岭、古鄯驿进军西宁；一路进积石关，从循化进攻西宁府。两路大军过河经过三川，大队人马因长途行军作战，搞得人困马乏，就沿黄河边驻军休息。正当大军睡得香甜时，不知什么原因，上司忽然下了立即开拔的命令，大部分军队就开拔上了征途。但是，其中一小部分因劳累过度没有听到号角声，等天亮一看，大部队已开拔走了。想赶上大部队，但一无粮草，二无向导，就只好留在那里了。这些军队留在三川后垦荒地种庄稼，准备到秋季备齐粮草再去寻找大部队，到了第二个秋天，庄稼丰收了，蒙古的军队征服了整个中国，成吉思汗的后代当了皇帝，不需要他们再去征战了，上面也传下命令叫留在三川的军队不必回来，而在原地亦兵亦农，边守黄河边开荒种地。他们农闲时练兵，农忙时种田，以后日子太平了，练兵活动就成了娱乐活动。到了农历七月庄稼丰收了，粮足马壮，人心快乐，他们就从兵器库里搬出了兵器、军旗，敲起锣鼓、庆祝丰收。以后，这种活动就慢慢的变成一种固定的庆典仪式，当地的土著人也参加进来，就形成了现在的"纳顿"。

注：传说一根据鄂崇荣《浅论土族"纳顿"节》；传说二根据笔者对原官亭文化馆干部徐秀福的访谈。

二、访谈对象简介

姓名	性别	民族	年龄	职位
鄂积寿	男	土族	67岁	退休干部
鄂贵山	男	土族	48岁	阴阳
鄂德元	男	土族	41岁	鄂家村支部书记
鄂积英	男	土族	72岁	农民
鄂双宝	男	土族	76岁	农民
鄂山得	男	土族	66岁	农民
鄂积林	男	土族	67岁	农民
鄂崇义	男	土族	24岁	教师
鄂贵良	男	土族	26岁	农民
鄂福宁	男	土族	32岁	农民
鄂福涛	男	土族	30岁	民和县委宣传部干部
徐秀福	男	汉族	50岁	原官亭文化馆干部

〔参考书目〕

1. 钟敬文主编:《民俗学概论》,上海文艺出版社,1998年12月第1版。

2. 乌丙安著:《民俗学原理》,辽宁教育出版社,2001年1月第1版。

3. 高丙中著:《民俗文化与民俗生活》,中国社会科学出版社,1994年9月第1版。

4. 王文宝著:《中国民俗学史》,巴蜀书社,1995年9月第1版。

5. 许让神父著,费孝通、王同惠合译:《甘肃土人的婚姻》,辽宁教育出版社,1998年12月第1版。

6. 高发元主编:《云南民族村寨调查·跨世纪的思考——民族调查专题研究》,云南大学出版社,2001年4月第1版。

7. 李亦圆著:《人类的视野》,上海文艺出版社,1996年7月第1版。

8. 马戎、周星主编:《21世纪:文化自觉与跨文化对话》,北京大学出版社,2001年4月第1版。

9. 王铭铭著:《村落视野中的文化与权利:闽台三村五论》,生活·读书·新知三联书店,1997年12月第1版。

10. 王铭铭著:《社区的历程:溪村汉人家族的个案研究》,天津人民出版社,1997年4月第1版。

11. 郭于华主编:《仪式与社会变迁》,社会科学文献出版社,2000年10月第1版。

12. 高占祥著:《高占祥论文化》,百花文艺出版社,1997年7月第1版。

13. 高有鹏著:《中国庙会文化》,上海文艺出版社,1996年6月第1版。

14. 民和回族土族自治县志编纂委员会编:《民和县志》,陕西人民出版社，1993年6月第1版。

15. 青海省编辑组编：《青海省土族社会历史调查》，青海省人民出版社，1985年6月第1版。

16. 秦永章撰载：《青海民和土族地区"纳顿"述略》，《西北民族研究》1991年第2期。

17. 刘凯撰：《青海民和三川地区土族"纳顿"新识》，载《青海社会科学》2000年第2期。

18. 鄂崇荣撰：《浅论土族"纳顿"节》，载《中国土族》1999年总第8期。

19. 胡廷撰：《民和土族"纳顿"面具述略》，《青海民族学院学报》2001年第1期。

20. 贺喜焱撰：《民和土族"纳顿"节日文化功能刍议》，《西北第二民族学院学报》2002年第2期。

茶园"花儿"歌手研究

——以西宁市茶园为例

戚小萍

绪　论

一、本研究的选题缘起

我为什么要选择西宁市茶园"花儿"歌手群体进行研究呢？原因主要有以下几点：

其一，我个人对"花儿"这一西部民歌之魂非常喜爱，它以其独特的艺术魅力将我深深吸引。我尤其叹服于"花儿"歌手，正因为有了他们对"花儿"的演绎才使得"花儿"成为几百年来传承不息的民间文化之瑰宝和西部民歌灵魂。

其二，众所周知，"花儿"本是山歌，是只有在远离村庄才能演唱的野曲，当地有"花儿"这样唱道："杨柳的树儿你甕上，上去是枝枝儿挂哩。庄子的圆圈你甕唱，老人们听见是骂哩！""花椒树上你甕上，上去是刺尖儿扎哩。庄子里头你甕唱，阿訇爷听见是打哩。"

又闻"花儿"流行地区的周边村庄有不许"花儿"进村的村规，谁若违规定罚不赦。"花儿"的演唱场合之严格，由此略见一斑。可是改革开放后，"花儿"竟然进入城市，并在城市的茶园里有茶园花儿歌手为听众进行表演，目前兰州、西宁、格尔木、拉萨等城市均有专门进行"花儿"表演的茶园，尤以西宁为盛。这些在茶园中进行"花儿"表演的歌手群体是随着社会发展而出现的一个新的"民"的集合（folk groups），亦即邓迪斯所言之"社会群体"。这一社会群体（或说这一民俗群体）因职业而产生而聚合，而这一切又是那么的特殊：冲破地域局限的民间文艺表演。因此，茶园"花儿"歌手这一新兴的民俗群体是极具典型意义的。

其三，为什么将调查地点确定在西宁市呢？前面谈到，目前，在"花儿"流行区的一些大城市均出现了专门进行"花儿"表演的茶园，如兰州、西宁、格尔木、拉萨等，但是在这些城市中茶园"花儿"表演最繁盛的当数西宁市。因此西宁市的茶园"花儿"歌手也就最具有研究价值。相对于其他几个城市，西宁市的茶园"花儿"表演数量多、规模大、历史久、质量高。并且，笔者之前曾多次在西宁市进行过田野调查，积累了一定的西宁市地方研究基础，这有助于我在当地进行深入而丰富的茶园"花儿"歌手调查研究工作。

其四，由于我国民俗学是以民间风俗习惯为研究对象，因此，长期以来在民俗学研究领域存在重俗轻民的研究现象。对于这一现象，以民俗事业发展为己任的老一辈民俗学家们就曾提醒过世人注意民俗之民。如乌丙安教授在其专著《民俗学原理》中写道：当民俗作为客观对象研究时，往往忽略民俗的主体的人，而去关注民俗现象。其实，民俗事象都是经由人传递又由人接收，在相互交流民俗信息中民俗又作用于人，造就和养成一代又一代的"民俗人"。因此，必须关注人与民俗的难解难分关系，了解在民俗中如何养成了"民俗人"，"民俗人"又如何负载着民俗。[①]

民俗的主体是人，是民俗养成中的群体和个人。习俗化之所以在人类社会如此重要，就因为它是紧密伴随人的一生，始终对人的日常生活、行为、思想、感情等等发挥着或支配、或引导、

[①] 乌丙安：《民俗学原理》，沈阳：辽宁教育出版社，2001年版。

或影响的作用，从而走完从新生婴儿到离开人世间的民俗旅程。民俗养成的内化发展与外化发展，都是作用于人和人的群体，也只有习俗化了的俗民个体及俗民群体才构成了民俗的"主体"位置。民俗学的研究理应以研究这个民俗的"主体"为中心，即以研究习俗化了的俗民个体与俗民群体为对象。对一切民俗事象的调查研究都应当服从于研究这个"主体"，而不是只见"俗"而不见"民"。民俗学的"主体"研究，应当是21世纪民俗学充分展现人文精神的重大课题。

就"民俗"而言，"俗"由"民"创造、为"民"服务，没有"民"何谈"俗"？就学科发展而言，加强"民"的研究，就是加强"人"的关注，撇开狭隘的学术成果不谈，仅它对大众百姓的关注也必换得大众百姓对它的关注，这无疑有利于"民俗学"学科的发展与巩固。"得民心者得天下"，得民心之"民俗学"者何愁不得其应有之学科地位？"民俗学"的研究对象是"民"和"俗"，"民"已经被我们冷落得太多了，这使得民俗学无形中失去了大量的有价值的科研对象群体，不利于民俗学的发展。我们必须加强对"民"的关注。

其五，就"花儿"研究来说，重俗轻民的现象亦然存在，概而言之，"花儿"研究中存在着严重的"主体"缺失现象。

以上几点决定了对茶园"花儿"歌手的研究是必要的也是必需的，加之我又很喜欢这个工作，而且我的导师也鼓励我进行这方面的研究，于是我确定了"西宁市茶园'花儿'歌手研究"为我的毕业论文选题。

二、对本研究相关概念的界定

本文以茶园里的"花儿"歌手为研究对象，探讨其民俗角色与民俗活动。由于该研究对象是在当前的民俗生活中新形成的一种俗民群体，也是本文的论述基础，作者有必要在这里对"花儿"歌手及相应的茶园"花儿"歌手、茶园等一系列概念进行解释与界定。又由于研究对象的定性分析需要通过"民俗角色"这一概念来进行，因而有必要在这里阐明作者对"民俗角色"这一概念的把握与操作角度。

"花儿"歌手，通俗地讲就是生活于"花儿"流行地区的那些创作、传承、享用花儿这一民俗事象的民众。他们往往在"花儿"表演上具有一定天赋或造诣，是"花儿"得以世代相传的承载者。"花儿"歌手这个概念对于确认"花儿"演唱者的身份是很宽泛、很笼统的。有的人唱"花儿"只是出于自娱自乐或"（和）"情感宣泄，笔者称其为民众"花儿"歌手。所谓民众"花儿"歌手，即遵守"花儿"民俗文化惯习，在某些特定空间、时间里以自娱、会友为目的进行"花儿"演唱的具有"花儿"文化底蕴的民众。他们主要是生活在乡村的农民，一小部分是进城劳务输出的农民工和极少数城市居民中的"花儿"爱好者。有的人唱"花儿"则出于职业需要，那是他谋生的手段，这以现今城镇中的茶园"花儿"歌手为代表。

所谓茶园"花儿"歌手，即以茶园为文化空间，在此通过唱"花儿"谋生的歌手。茶园花儿即存在于茶园中的"花儿"，它是传统"花儿"在当代的一种变异与发展。据笔者所掌握的资料来看，学术界最早关注茶园"花儿"歌手这一民俗承载者的是郝苏民先生。他在其刊载于《中国民俗学年刊（2000—2001年合刊）》中的《文化传统与时代风》一文中提到了平安县"花儿"茶艺社的结构组成，即"有简易前台、有盲琴师以电子琴伴奏、有'花儿'歌手"。这里所说的花儿歌手实质上就是本文中的茶园"花儿"歌手。茶园"花儿"歌手是在茶园"花儿"这一民俗标志物的发展中催生出的新的俗民群体，茶园"花儿"的盛行是茶园"花儿"歌手存在的基础。

茶园，顾名思义本指城镇中那些供人喝茶聊天且消费相对较低的休闲场所,它们通常集中修建于某片风景宜人的园林中。相对于园林中的茶园,那些修建于城镇繁华地段的室内型同类休闲场所常冠名以茶社。不过人们提及此处仍以茶园称之,在这些茶社中唱"花儿"的歌手自称在某某"园子"里唱,来这些茶社听"花儿"的民众也自称到某某"园子"里听。本文进行定点调查的"茶园"以后者为主,但遵从民众的习惯,概以茶园统称。

角色历来被定义为对某一个社会位置或特定身份的人有关的期待行为。①"民俗角色"是在习俗生活中承担着由习俗惯制所期待、要求其任务的角色。比如家庭生活中的父亲、母亲。它存在于民俗生活中,具有习俗惯制的具体规定性。根据民众在习俗生活中的角色固定化程度,可将民俗角色分为一般性民俗角色与专业性民俗角色。在民俗生活中的每一个人都是一般性民俗角色,他们在不同的场合里扮演着不同的民俗角色。就婚姻家庭生活中的民俗角色而言,一个已婚女人,在母亲面前她是女儿,在丈夫面前她是妻子,在婆婆面前她是儿媳。她的民俗角色并不固定。专业性民俗角色是以专门承担某一民俗事象为职业的民俗角色,如以前农村里的接生婆、现今的毕摩以及本文所论述的茶园"花儿"歌手,他们是民俗的传承人。一般性民俗角色在习俗生活中具有"职业"不固定的特征,是一种随俗角色。比如宗教圣地附近的一个农民,他早晨到庙里烧香,是信徒的角色;然后去路边摆摊卖茶水,是小贩的角色;中午给上学的小孩送饭,是父亲的角色;晚上给村民宰羊,是屠夫的角色。他的民俗角色是在不停地变化之中的。

---

① 乌丙安:《民俗学原理》,沈阳:辽宁教育出版社,2001年版。

学术界关于西宁市茶园"花儿"歌手的研究现状

国内外理论研究状况

我的西宁市茶园"花儿"歌手研究，主要涉及（1）民俗主体研究；（2）民俗传承研究。

一、民俗主体研究。乌丙安教授曾慨叹民俗学界在研究中的主体缺失的憾事，因此在其专著《民俗学原理》中确立了"主体论"的民俗学理论。叶涛对于这个问题也曾发表过论断：俗民个体所承载的民俗角色问题是民俗学研究的一个重要课题。俗民个体由于其生活经历不同、接受的民俗文化熏陶不同以及每个人所处的社会、地理环境不同，因此不同的俗民个体所负载的民俗文化的质和量都有很大差别，从而不同的俗民个体所充当的民俗角色也不尽相同。在民众生活中，俗民个体所负载的民俗角色主要分为两大类别，一类是民俗角色不固定的一般性民俗角色或称之为随俗角色；一类是民俗角色固定的专业性民俗角色或称之为专业化民俗角色。那些在民俗学界被称为"民俗传人"的民俗"专业户"，是民俗研究中最值得注意的民俗传承者。[1] 另外，郝苏民教授主编的《甘青特有民族文化形态研究》中对于土族、保安族、撒拉族、裕固族、东乡族等特有民族的俗民群体进行了关注，进行了民俗学视角的科学研究。

二、民俗传承研究。在民俗事象的传承研究方面，国际上日本在这方面做得比较好。因为在日本的民俗学研究传统里，民俗学就是以民间传承为研究对象的，甚至把民俗学另称为民间传承学。如东京堂出版的《民俗学辞典》将民俗学定义为通过民间传

---

[1] 叶涛、吴存浩：《民俗学导论》，济南：山东教育出版社，2002年版。

承寻觅生活变迁的痕迹,标明民族文化的学问。新潮社出版的《日本文学大辞典》中称以民间传承为对象的学问是民俗学,又可称为民间传承学。民俗的传承研究是日本民俗学的传统。日本民俗学之父柳田国男在1935年召集关心民俗学的人举行了讲习会,会后,这些人组建了"民间传承会",并发行"民间传承"月刊,由此日本的民俗学已将其研究对象确定为对传统文化传承情况的研究。国内,乌丙安教授对民俗传承的研究做得很深入,他在其专著《民俗学原理》中提出了他的"传承论"理论。本文正是采用了乌丙安教授的"传承论"理论对茶园中"花儿"歌手的传承与传播活动进行了探讨。

"花儿"歌手研究状况:

国内外出版的有关"花儿"歌手研究的专著自改革开放"花儿"演唱与研究解禁以来,国内外学者相继出版了十几部"花儿"研究著作。但其内容涉及到"花儿"歌手的却显单薄。

1. 郗慧民先生出版的《西北"花儿"学》

这部著作于1989年8月由兰州大学出版社在兰州出版。共16章,其中论述"花儿"歌手的部分是第16章《"花儿"的歌手》。在这一章里作者分别进行了《河州型"花儿"歌手概述》与《洮岷型"花儿"歌手概述》的撰写。前者列举了自20世纪20年代至50年代初出生的著名的河州型"花儿"民间歌手(引自原文):朱仲禄、王绍明、苏平、张佩兰、杨塞尔吉、韩生元等。后者列举了自19世纪70年代至20世纪50年代末出生的著名洮岷型"花儿"歌手(引原文):景满堂、"穷尕妹"丁如兰、马永华、汪莲莲等。对于列举的对象,作者以小传的形式介绍了他们的籍贯、生平及"花儿"演唱业绩。

2. 汪鸿明、丁作枢先生出版的《莲花山与莲花山"花儿"》

这部著作于2002年6由甘肃人民出版社在兰州出版。其中第12章《远近闻名的串班长、唱把式》对洮泯"花儿"流行的康乐县、临潭县、临洮县、渭源县和卓尼县的著名的"花儿"歌手作了小传性的人物记述，这对于莲花山地区民众"花儿"歌手的研究是很大的贡献。

3. 李雄飞先生出版的《河州花儿与陕北信天游文化内涵的比较研究》

这部著作于2003年12月由民族出版社在北京出版。在该书中作者从创作论的角度对"花儿"歌手的心理进行了分析。

4. 谢承华先生出版的《青海民间文化》

这部著作于2002年3月由青海人民出版社于西宁出版。在该书中作者分别以《"花儿"的编词家冶进元》和《青年"花儿"王"吕晓明》为题对这两位"花儿"歌手进行了介绍，主要论述了他们在新时期的"花儿"创作与表演。

这些著作中的"花儿"歌手研究主要以民众"花儿"歌手为指向，以茶园"花儿"歌手为指向的研究几乎为零。就其研究内容而言，主要分为两个方向：1和2侧重于著名"花儿"歌手的生平、业绩简介；3侧重于"花儿"歌手的创作分析；4则两者兼而有之。个案性的小传评介是当前国内"花儿"歌手研究的传统模式，也是主要模式。它是民俗人物志，是对民俗承担者的记录。而对花儿歌手其创作模式的研究则是当前"花儿"歌手研究方面的创新与突破。

相对于此，本文则采用了民俗学的主体论、传承论的研究方法对"花儿"歌手的民俗角色与民俗活动进行了描述与解释，加以尝试性的研究。

5.《少年：来自中国西北部的情歌——歌手、歌词与音乐》

2000年6月，杜亚雄与新西兰惠灵顿维多利亚大学Jack-Body先生合作，用英文出版了《少年：来自中国西北部的情歌——歌手、歌词与音乐》一书。在这部著作里作者对所附"花儿"音像制品部分的甘肃歌手李贵洲、姬正珠二人作了简介。

6.《"花儿"の研究——シルクロードの口承民谣》

值得注意的是广岛大学的武宇林于 2005 年 9 月用日文于日本出版了《"花儿"の研究——シルクロードの口承民谣》一书。这是最新的有关"花儿"歌手研究的专著。在这本书的"附章"中详细记述了她在宁夏海原县文化馆歌舞厅所欣赏到的室内舞台"花儿"表演，并对当晚献艺的两位"花儿"歌手马生林（男）和张正国（女）作了民俗学的人物刻画。其中从民俗角色固定性来说马生林属于民众"花儿"歌手，他只是当晚应邀临时来此歌舞厅为作者唱"花儿"的；张正国则属于兼职的茶园"花儿"歌手。另外，本章还记述了宁夏西吉县的民众"花儿"歌手李凤莲、新疆民众"花儿"歌手的顶级人物韩生元。

花儿歌手研究方面的论文

就前人的"花儿"研究论文而言，自改革开放后单在国内公开发表的"花儿"研究学术论文就超过了 150 篇，另外国外还有很多学者在进行"花儿"研究。这些论文主要是从音乐学和民间文学角度对"花儿"本体进行了丰富的研究。近年来的"花儿"研究仍以本体研究为主，但其中也涉及到以"花儿"为研究对象的相关领域的研究。然而相对于"花儿"这一民俗事象的主体的研究仍非常少。提到"花儿"主体研究近年来影响最大的是张君仁先生的博士论文《花儿王朱仲禄——对一个民间歌手的音乐人类学实验研究》。在这篇论文中作者从音乐人类学的视角对"花儿"王朱仲禄个人进行了专题探讨，对朱老先生的个人经历做了客观的描述和主观的解释，阐述了作者对特定文化现象中的歌者与歌种、个体与群体、社会与历史、文化与政治等多种关系的见解。

与本文茶园"花儿"歌手研究关系最密切的一篇学术论文是郝苏民先生发表于《中国民俗学年刊（2000－2001 年合刊）》中的《文化传统与时代风》一文。如前所述，郝苏民先生在该文中对平安县"花儿"茶社的经营状况作了个案分析,其中着重介绍了茶社中"花儿歌手"的表演情况。就作者所掌握的资料看,此前"花儿"学界还没有什么学术成果关注这一民俗承载者,此后也极少有学术成果涉及这一研究对象。并且在该文中郝苏民先生对于传统"花儿"的当代变异性是这样看待的:她是特有的文化植被中生长出的"花儿",她仅仅是在按自然生态、文化生态环境变迁轨迹,依其载体——人群及其生活、精神需求而被修剪、嫁接而鲜活地存在。可惜的是,至今对她还未出现真正人类学的全景式研究成果。① 可以说笔者的这份毕业论文正是从人类学的相近学科——民俗学的角度对《文化传统与时代风》中所提出的茶园"花儿"歌手现象的再思索。

另外,进行过"花儿"主体研究的除了专著及论文还有报纸和地方志。如朱仲禄曾在《西部商海报》中撰文对当代的"花儿"歌王孙斌、歌后张存秀进行过简介。《洮岷县志》中也提到过当地"花儿"歌手穷尕妹丁如兰。

通过这些客观数据,我们可以看出,"花儿"研究虽然呈现出繁荣的态势,但它存在着一个不容乐观的现实——"花儿"研究体系并不完善,并且这是长久以来就存在的"花儿"研究之瑕:主体缺失。

本研究的主要范畴以及理论假设

当我确定毕业论文选题为"花儿"歌手研究后,我在思考,我的"花儿"歌手究竟应是一个怎样的定位呢?我应该采用什么方法来从事我的研究呢?

---

① 郝苏民:《文化传统与时代风》,《中国民俗学年刊(2000——2001年合刊)》,139页。

研究对象定位

随着传统"花儿"流行区的民众因工作调离或劳务输出，人群大量进城，以及音乐文化发展的需要，尤其是我国从农耕社会向现代化工业社会过渡的过程中，"花儿"进入城市已是时代发展的必然。传统上作为一种民俗事象的"花儿"是农业社会中其流行地区民众的相对封闭的自娱性民间文化活动，而进入城市之后的"花儿"却要紧跟时代的步伐，与时俱进，开拓创新，走一条文化产业化的道路，目前这一文化产业化的具体实践主要是由城市里进行"花儿"演艺的茶园中的"花儿"歌手自发完成的。出于一种学术敏感性，在导师的点拨下，我关注起茶园"花儿"歌手这一课题。具体说来主要是研究从农村进入城市，在茶园中以唱"花儿"谋生的茶园花儿歌手。这是一个新兴的俗民群体，他们源于"花儿"文化，以"花儿"为生，他们在城市中创建了一方特殊的"花儿"文化区。

研究内容定位

如前所述，本文的研究对象是从农村进入城市，在茶园中以唱"花儿"谋生的茶园"花儿"歌手。而本文的研究内容便是针对研究对象从民俗主体论、传承论视角展开的俗民研究，并且又通过个案论证了在城镇茶园这一文化空间中，"花儿"歌手对于"花儿"发展的主体价值及其传承特征。城市茶园中的"花儿"歌手是都市"花儿"的创作者、传承者、传播者。他们究竟是怎样一个群体？他们现在是怎样一个现状？对于口承民俗"花儿"的传承与传播，他们在茶园中又进行了哪些工作呢？这都是本文将要回答的问题。

理论假设的提出

以"民俗"为职业的更加专业的民俗角色不仅承载着习俗，而且他们以自己积累的丰富民俗知识，掌握有特殊的操作某种民俗活动的本领和特长。就茶园中的"花儿"歌手而言，他们以唱

"花儿"这一民俗活动为职业,在茶园中扮演着专业性的民俗角色;他们同时也在茶园中传承、传播着花儿。

本研究的方法

从什么角度从事我的研究才最恰当呢?从本质上说,我所进行的是关于俗民群体的研究,在这方面乌丙安教授曾提出过"民俗主体论"这样一个民俗理论,从"主体论"的角度去分析我的研究对象"花儿"歌手群体这样一个俗民群体我认为十分恰当。至于涉及到这些俗民群体在特定的场合所从事的民俗活动主要就是"花儿"这一民俗事象的传承和传播,因此可以从"民俗传承论"的角度对研究对象所进行的活动加以分析研究。

以上是本文所采用的理论框架,也就是说本文将以"民俗主体论"和"民俗传承论"为工具对研究对象进行描述与阐释。

在研究工作中我主要采用了田野作业法和文献研究法。

本文所依据的材料主要来自我在 2005 年 8 月间于西宁诸多从事"花儿"表演的茶园中"田野作业"所得。在田野作业过程中我本着坦诚相交、虚心求教的态度与"花儿"歌手们广交朋友,从他们那里进行资料采集与挖掘。我深深地感受到做一个茶园"花儿"歌手不仅仅是他们谋生的手段也是他们与城市接洽、交涉的方式与媒介。他们认真地履行自己的民俗角色,并且努力扮演好"专业化"的民俗角色。他们对于"花儿"的传承与传播功不可没。

2005 年 8 月 14 日至 25 日,我在西宁市进行了有关"花儿"歌手现状的专题调查。调查入口,是青海省群艺馆。通过馆长颜宗成,获得了目前西宁市小有名气的一些歌手的电话号码,然后通过电话预约对他们做了深入的个人访谈。调查的方法,是对西宁市较有影响力的茶园如冶进元"花儿"茶艺社、南川河游园"花儿"茶社、毛胜寺"花儿"茶园、金花茶园及其"花儿"歌手做专访、座谈及连续回访,对他们的表演做现场观察,以获得西宁市"花儿"歌手诸方面情况的第一手资料；与进行"花儿"表演的茶园园主、民间"花儿"表演团的团长建立友好关系并做个人访谈，以了解其所属的"花儿"歌手的情况；拜访了西宁市"花儿"表演界的一些老前辈如朱仲禄以及民间文艺文化部门的工作人员如青海省文化馆馆长颜宗成、青海省文化馆主任李毛、原西宁市文联主席谢承华，了解到西宁市都市"花儿"表演这一行当的求学、师承情况以及官方对民间歌手的管理。调查的对象，以在茶园中进行过"花儿"演唱的较有名气的"花儿"歌手为主，如孙斌、昝万意、李君兰、李君莲、伊万柏、温桂兰、冶进元等，还包括与之相关的茶园经营者、茶园中的听众、普通的"花儿"爱好者等。需要说明的是上述四个茶园也是我所选取的进行定点调查的茶园。

在田野作业过程中我采用 MP3 录音器材、照相机、摄像机等技术设备及书写工具进行资料收集与分析。整理出的无结构式访问、访谈笔记达到 3 万字左右。访谈案例 16 例。搜集到的文本资料包括专著一本，VCD 碟片 7 张，官方公文原件 1 份、复印件 2 份，报纸 2 份，照片 1 张。有效摄像时间 4 小时以上，有效照片 65 张。对于所获得的资料，我从三个角度进行汇总、分类，即民俗环境、民俗承担者、民俗标志物。再针对本文的研究对象和研究内容，从民俗主体论和民俗传承论的角度加以分析。我在进行资料分析前删除了与本研究无关的无效资料。对于剩下的资料我进行了辨伪工作，然后采集其中能保证其信度与效度的资料应用于本文。

茶园"花儿"歌手主体研究

"花儿"歌手所承载的民俗角色

在民俗活动中，始终活跃着许许多多承载着民俗的人，他们传习民俗、操作民俗、积累民俗，甚至编制或创建新民俗。这些人是俗民群体中的每一个人，他们在民俗活动中都有属于自己的民俗角色，属于一般性的民俗角色。

在不同的民俗环境中俗民的民

在茶园中唱"花儿"谋生的苏羊宽

俗角色是会发生改变的。那些于西北乡村的田边和地头，兴起时漫个"花儿"宽心的民俗歌手在此时此地即为一般性民俗角色。当他们中的佼佼者，那些具有优秀的"花儿"表演才能的"花儿"歌手来到茶园这一民俗环境中，以唱"花儿"这一民俗活动来谋生的时候，他们便成了有特定身份的人，即茶园"花儿"歌手这一专业性民俗角色。

在茶园这一人为创设的对"花儿"会加以模拟的习俗环境中，花儿歌手是相异于一般民俗角色的专业性民俗角色。他们是以传统约定俗成的标准来要求来衡量的。歌手的专业化程度的高低直接导致了茶园的经营情况。在西宁市体育场附近的南川茶园是一家生意兴隆的"花儿"茶园，与其仅隔一条马路还有一家茶园，坐落于中心体育广场附近。这两个相距不过几百米的茶园分别由兄弟两人经营，其中兄长家的南川茶园其"花儿"歌手民俗角色专业性较强，因此听众云集、座无虚席；而弟弟所经营的茶园由于"花儿"歌手的民俗角色专业性较弱，因此听众稀少、门可罗雀。这里的专业性的强弱是以歌手的"花儿"表演技能的高低来评判的。

就"花儿"歌手而言，以山野为演唱场所的民众"花儿"歌手和以茶园舞台为演唱场所的茶园"花儿"歌手均具备驾驭"花儿"的能力，只是前者出于自娱，后者出于谋生。这些茶园"花儿"歌手均来自民间，在表演的过程中他们凭借其天赋歌喉逐渐得到茶园中诸多听众的认可，在广大"花儿"爱好者中威望日益提高，受到"花儿"民众的尊敬和爱戴，成为"花儿"演唱方面的专业化民俗角色。

这些民俗角色专业化的茶园"花儿"歌手是"花儿"这一口承民俗事象在茶园中得以传承、扩布的主要承载者，他们拥有天籁般的嗓音，储备有丰富的"花儿"曲令，能根据听众要求即兴创编"花儿"歌词，能言传身授和培养茶园中新的"花儿"歌手，是茶园"花儿"这一民俗文化的主要支配者。

在西宁进行"花儿"表演的茶园中，通常每个茶园都有一些相对稳定的、能够在听众中形成一定号召力的茶园花儿歌手。在西宁，要进入茶园从事"花儿"表演的"花儿"歌手有民众"花儿"歌手和茶园"花儿"歌手之别，前者是从未在茶园中表演过"花儿"的歌手，后者是有过茶园"花儿"表演经验的歌手。民众歌手要做茶园歌手必须经过茶园负责人的考核，通常就是现场唱几首"花儿"，若符合要求便可留下。在茶园中没有一般性"花儿"民俗角色与专业性"花儿"民俗角色的评定与审核，这是一个无形的标准与判定，主要通过听众的认可来标识。

"花儿"歌手的民俗角色"专业化"之历史进程

在上文我们已经阐述过在茶园中进行演唱的歌手其民俗角色有一般性民俗角色和专业性民俗角色之别。其中后者是精通"花儿"知识，并能熟练进行"花儿"这一民俗事象操作的人。相对于"花儿"表演中的一般性民俗角色，这些人数量很少，但是在

"花儿"传承中他们的作用却更大。在民俗生活中,民俗角色的规范要求他们充分发挥其"花儿"特长,这种专业性的"花儿"传承人角色在民俗活动中角色比较固定。那么茶园"花儿"歌手这一民俗职业是怎样形成的呢?也就是说茶园"花儿"歌手的民俗角色专业化,其历史进程是什么呢?

传统"花儿"锁深山

首先,这是一个历史的进程,茶园"花儿"歌手的存在并不是自古就有的,而是社会发展过程中民俗变异的结果。

"花儿"虽然传唱于很早以前,但由于其内容的原因,按西北当地习俗,只能在田野、河滩、山野里歌唱,是不能在庄子里、更不能在家里随便唱的。在旧中国它被读书人当作"野曲"、"淫辞俚语"而蔑视,长久以来几乎是被忽视的。

在"花儿"传唱区还有相应的乡规乡俗规约"花儿"不得走出大山。比如甘肃临洮县境内的贺家山地区有逾庄唱"花儿"罚羊一只之俗;青海乐都县境内的白马寺一带有进村唱"花儿"者柳枝鞭责120下的村规。"花儿"连庄子都进不去更何况都市?加之长久以来,唱"花儿"作为一种贫民的娱乐活动,由此都市居民认为"花儿"是只有脚户、放羊者才唱的山野俚曲,难登大雅之堂,所以,以前在"花儿"流行地区的都市里,极少有唱"花儿"的人,更别说唱"花儿"的固定场所了。

改革开放"花儿"进城

"花儿"由山野进入都市,并成为都市主流文化的一部分,主要经历了两大阶段:一次是建国初的20世纪50年代,一次是改革开放后的20世纪80年代。新中国成立后,经济基础发生了改变,广大民众成了国家的主人,民间文化得到了国家与社会的尊重。"花儿"作为一种地域色彩浓厚的民间文艺,在50年代初全国文艺汇演时被朱仲禄带到了首都北京。从此"花儿"走出山野,走上了都市里的大舞台。60年代—70年代,"文革"期间

"花儿"被封山禁唱。到了80年代"花儿"真正作为一种市民的生活文化事象进入都市。新时期的思想解放使得"花儿"重见天日，它开始频频出现于各种媒体，不但群众性文化部门举办起"花儿"歌唱比赛，有关政府文化部门也在城郊或市内举办起盛大的群众性"花儿"会。就西宁市来说，1980年由政府出面初次在市郊举行了"凤凰山踩青花儿会"，受到市民的热烈欢迎，"花儿会"期间每天参加人数逾8万，盛况空前。90年代，名目繁多的"花儿"比赛日益增多，这激发了广大"花儿"歌手在城市中唱"花儿"的自豪感。进入21世纪以来，CCTV的西部民歌大赛及"梦想中国"、"非常6+1"等舞台更是圆了民众"花儿"歌手的明星梦，再掀"花儿"进城之热潮。

通过这些活动，以前深锁深山的"花儿"歌手也随着"花儿"进入城市，并由于市场的需要在城市中开始了他们演唱"花儿"的新生活。

传统与现代的冲突

据原西宁市民间文艺家协会主席谢承华先生介绍，在民间歌手走入民众聚居的城市进行"花儿"演唱的初期，乡村中的传统势力对歌手的"进城"予以极力阻挠。这些传统势力包括歌手的家人、亲朋及诸多父老乡亲。他们对那些走出大山到众人面前大唱"花儿"的歌手，尤其是对女歌手控制较严。而且，由于时代的局限性，越是早期的女歌手受到的阻力越大。谢先生说，西宁市湟中县在20世纪五六十年代有一位女歌手叫白秀媛，唱"花儿"特别出色。(《西北花儿学》中亦提及此人，将她列为青海省著名的河州型"花儿"歌手的代表)。但是她到外面唱"花儿"遭到村中传统力量的极力反对，不允许其到大庭广众面前唱"花儿"。再比如温桂兰，她是20世纪八九十年代脱颖而出的"花儿"歌手，曾随马俊的"花儿"艺术团到外地表演"花儿"，这一行为遭到其前夫大力反对，他不同意妻子到外面去唱，夫妻为此闹了很多矛盾。

　　这种阻力与民俗观念相关，因为自"花儿"在民间传唱以来的几百年间，它一直是一个定时定点的于"花儿"会期间在深山里绽放的野花。现在要让这"俚曲野调"公然在众人面前招摇，在意识观念上对惯守习俗规范的乡民来说的确是个巨大的冲击，因此他们奋起抵制也在所难免。另外，由于时代的差异，人们的观念也在悄然改变。历史阶段越早，这种来自传统势力的抵制就越强；反之历史阶段越晚，这种抵制在广度、深度上就相对弱些。

　　在这场传统与现代的较量中，一些"花儿"歌手冲破习俗规约走入了城市，以温桂兰为例；另一些"花儿"歌手则局囿于传统未能到更广阔的范围里传唱"花儿"，以白秀媛为例。

"花儿"歌手落脚茶园

　　20世纪80年代起，民众"花儿"歌手进城唱"花儿"最初不外乎这几种形式：在小公园里唱唱、参加比赛、加入"花儿"演唱团进行"花儿"巡演。在这些活动中，他们的民俗角色处于不固定的随俗角色状态。20世纪90年代城市中出现了唱"花儿"的茶园，当他们落脚茶园做一名以唱"花儿"为职业的茶园"花儿"歌手之后，他们的民俗角色才固定下来，也就是说当历史发展到"花儿"歌手落户茶园，以唱"花儿"谋生时，"花儿"歌手的民俗角色专业化过程才得以完成。在西宁，这是20世纪90年代中期以来的事。

　　西宁市首家以表演"花儿"为营业内容的茶园是"兰香茶园"，开设在西宁滨河南路的三明市场内，女老板彭兰香原是西宁市朝阳一带有名的"花儿"歌手。三明市场是一个以批发日用食品杂货为主的大市场，来这里批发货物的多为青海省东部农业区及甘肃临夏一带的往来客商，他们恰属于河州花儿流行地区的民众，因此成了茶园里忠实的听众。

"花儿"歌手这一民俗角色在茶园运营中专业化以后，诸多民众"花儿"歌手又是通过什么途径来实现其个体专业化的呢？经归纳，我认为有以下几个途径。

自开茶园演绎花儿

除了上文提到的彭兰香，在西宁市，"花儿"歌手自己开茶园进行花儿表演的还有许多。比如紧随其后在三明市场内开张的福兴楼老板祁孝真，年轻时是西宁林家崖一带有名的"花儿"歌手。再比如近些年来在"花儿"歌坛上鼎鼎有名的温桂兰、张存秀、冶进元等诸多"花儿"歌手也纷纷在西宁及其周边州县开设茶园进行"花儿"表演。这些人一方面是茶园老板，另一方面也是茶园中的"花儿"歌手。

其实在茶园中唱"花儿"的歌手，有很多都希望将来也能自己开个茶园。但是像温桂兰、张存秀那样能一身兼两职且这两方面都做得很出色的茶园"花儿"歌手并不多。一个很大的原因在于茶园"花儿"歌手尽管在"花儿"表演上十分出色，是成功的专业化民俗角色，但经营茶园则涉及更多的非民俗因素，不是只凭角色专业就能做到的。

偶然机会进入茶园

提起进入茶园，走上"花儿"舞台这一经历，一些歌手都表示这是一个"无心插柳柳成荫"式的机缘巧合。比如昝万意，当初他本来在建筑工地上打工，由于个人爱好，他常和朋友去中兴广场那儿的茶园里听"花儿"。有一次，朋友知道他是唱"花儿"的好手，于是大家起哄就把他推到台上去让他唱，他拗不过便唱了一首。没想到一唱惊四座，听众反应热烈，他们极力要求他再唱几首，这一晚上只挂红[①]他便收入了几十元，这是他当时打工

[①] 挂红，即给小费。"挂红"在传统的"花儿"表演中是洮岷型"花儿会"中听众给唱家的奖品，通常是红被单，故称"挂红"。

日薪的好几倍。茶园老板也对这个初出茅庐的小伙子刮目相看，他请昝万意第二天晚上再来唱。第二天，听众们依然热情不减。连续几个晚上，这种情况一直持续着。于是老板力邀昝万意加盟他的茶园，昝万意先是白天去工地、晚上去茶园地做了一段时间，后来就彻底走上"花儿"表演的艺术舞台了。其他歌手也有相似经历，他们从小出门打工，后来因为一个契机而凭借其天生的一副好嗓子和对"花儿"歌唱的喜爱而走上了"花儿"演唱的舞台，成为茶园里的一名茶园花儿歌手。

其实，这种偶然中也蕴含着必然的因素——从周边大环境说，他们自幼生活于"花儿"的故乡，受到了浓郁的"花儿"文化氛围孕育；从个人小环境说，他们喜爱"花儿"、从小唱"花儿"，与"花儿"有着不解之缘。

亲朋介绍及毛遂自荐

目前在西宁市，随着茶园"花儿"演艺的发展，很多农村里的民众"花儿"歌手把进茶园唱"花儿"当成了一个很好的务工工种。那些在茶园中唱"花儿"赚上了钱的歌手，回老家盖了新房、添了新家当。这些人物质生活的提高使得周围的邻里乡亲也对进城唱"花儿"乐于一试。再则，随着时代的发展，以前闭塞的乡村也加强了与外界的交流，人们的观念也在不知不觉之间得到了改变，虽然"花儿"仍不能在村庄中歌唱，但对于它在城镇的茶园中演唱乡亲们并未表现出过多的反对与指责。再则，相对于农民打工者从事其他行业的辛苦付出与微薄回报来看，在茶园中唱"花儿"，既轻闲收入又多，而且不拖欠工资。因此受到了有这方面才能的民众的欢迎。他们通过某个在茶园中做歌手的亲朋的引荐进入茶园或自己亲自到茶园向老板毛遂自荐。当前，以这种形式进入茶园成为茶园中的"花儿"歌手的民众歌手占有很大比重。

"花儿"歌手的茶园花儿演艺

西宁市进行"花儿"表演的茶园有室内、露天两种类型,前者主要分布于四处:一、市中心体育馆处的南川,以李君兰所在的南川河游园"花儿"茶园为代表;二、市西西宁市第四中学处的毛胜寺,以昝万意所在的毛胜寺"花儿"茶园为代表;三、市东湟水桥桥南的康乐处,以冶进元开设的冶进元"花儿"茶艺社为代表;四、西宁市火车站桥南的三明市场处,以温桂兰开设的金花茶园为代表。

室内型"花儿"表演的茶园其客源以茶园所在地的不同而稍有差异,总的来说还是以西宁市附近的湟中、大通、互助等地的农民为主,因此受农事影响,冬季是茶园的经营旺季,夏季农忙时是其经营淡季。听众中除了农民,还有商人、市民等。市中心南川附近的茶园以生意人和搞建筑的居多,三明市场里的茶园则主要是来此配货的人。客源的不同影响到茶园的经营状况,因此也就间接影响到茶园对歌手的工资发放情况。市中心的南川茶园其歌手固定工资比市西的毛胜寺低,但前者搭红则比后者多得多。

西宁市各茶园进行演唱的"花儿"俱为河州型"花儿"。每天的表演时间集中在中午一点至下午六点。在这个时间段里歌手们的"花儿"演唱是不间断的,他们一个接一个,一轮接一轮地演唱《直令》、《尕马儿令》、《水红花令》、《大眼睛令》、《黄花姐令》、《尕肉儿令》、《好心肠令》、《梁梁上浪来令》、《尕连手令》、《三闪令》、《憨墩墩令》、《依呀依令》、《六六三令》和《小六莲令》等等。

在曲令和歌词的对应关系上,优秀的"花儿"歌手能够做到一词,即一种"花儿"曲令可以配多种"花儿"歌词演唱;更为神奇的是，他们还能做到一词多曲，即通过一定的改变可以将一首"花儿"歌词灵活运用多种不同的曲令来演唱。

茶园"花儿"歌手的表演形式以独唱为主，依听众要求

金花茶园琴师温海河

随时还会再加上对唱、合唱等演唱形式。听众根据个人喜好，仿照民间传统"花儿会"的惯例给歌手"挂红"。茶园里歌手在"花儿"表演上的创新，除了上文提到的在表演形式上的电声伴奏，还有歌词方面创作了大量贴近生活现实的新"花儿"，而且在曲令演唱上增加了一些新的修饰音，如大量的颤音的运用。

在茶园中演唱的"花儿"歌手，已经形成了一定的行业模式，比如有固定的工作时间、工作方式，还有固定的酬劳制度，但缺少相应的社会福利保障。他们在茶园中通过唱"花儿"这种形式给诸茶客以精神娱乐，从而获取相应的劳动报酬。"花儿"歌手在茶园中唱"花儿"的酬劳分为两部分：一部分是固定工资，一部分是小费，后者即"花儿"听众给歌手的"挂红"（亦称"搭红"）。听众对自己欣赏的歌手给小费，通常5元至100元不等，他们将钱交给暂无表演任务的其他"花儿"歌手，由这些歌手上台转交给表演者，同时台上有园里自备的红被单，听众挂一个红他们就往演唱歌手胳膊上搭一条红被单，再将现金塞到歌手手里。在茶园中，有的歌手两部分工资全拿，有的则只拿后一

部分工资，即只有"搭红"收入。固定工资由茶园经营者发放，通常只发给本茶园中较有影响力的、能形成一定客源的成名歌手。固定工资给付方式以按日结算居多，也有按月结算的。歌手的日固定工资额在 10 元至 40 元不等。地理位置繁华、"搭红"收入高的茶园，歌手固定工资额低；反之，地理位置相对偏僻、"搭红"收益差的茶园，歌手固定工资额高。并且琴师的工资额高于歌手的工资额，因为前者要为所有歌手伴奏，工作相对更辛苦。如果歌手的日工资额是 10 元，那么琴师的日工资额则可达到 30 元，如果琴师既能伴奏又能演唱的话则其日工资额可达到 40 元。

茶园"花儿"歌手传承研究

上一章论述了在茶园这一"花儿"文化空间中如何养成了"花儿"的"民俗人"，接下来本章将进一步论述在这一"花儿"文化空间里花儿的"民俗人"又是如何负载着花儿这一民俗的。概而言之，在城市的茶园里，"花儿"歌手对"花儿"的承载有两个——花儿传承和花儿传播。

人类自身既是民俗文化长期塑造的一种产物，是某类民俗的执行者，同时也是某类民俗的传播者和继承者、延续者，甚至还是民俗的创造者。民俗文化之所以能够出现超越时空传播和继承、延续，一个根本的原因就在于每个人在执行某种民俗时，都有意或无意地成为这种民俗自觉的传播人与继承人。[①]

"花儿"歌手既是"花儿"这一民俗文化长期塑造的产物，也是"花儿"的承载者，同时也是"花儿"的传播者和传承者。这在茶园这一特殊的民俗环境中亦然。茶园中的"花儿"演唱是对传统"花儿"会的变异与模拟。"花儿"这一口承民俗文化之所以能历经几百年而不衰，得以超越时空传播和继承、延续，一

---

① 叶涛、吴存浩：《民俗学导论》，济南：山东教育出版社，2002 年版。

个根本的原因就在于每个"花儿"歌手在进行"花儿"表演时都能有意无意地成为这种民俗自觉的传播者与继承者。"花儿"歌手在茶园中便发挥了这样一个文化载体的作用，他们决定了"花儿"这种口承民俗在都市茶园中的存在方式，也决定了它的传承、传播。

茶园"花儿"的传承系谱

茶园"花儿"的传承是直接的口耳相传过程，起点的传者和终点的受传者之间的线路是直接连通、清晰可辨的。在茶园中，针对其传承的民俗事象"花儿"，有时传者同时也是受传者，受传者同时也是传者。为什么这样说呢？举一个舞台表演的简单例子：一名歌手独唱"花儿"，无疑他是传者，听众是受传者（其中包括茶客、其他歌手、老板、服务人员），后来又上来一位歌手与他进行"花儿"对答，那么他发问时他是传者，他被提问时他是受传者，对方歌手亦然，台下听众依然是受传者；再后来一位茶客积极上台与两位歌手进行"花儿擂台"表演，那么三人表演时发问方为传者，被问方为受传者，其他两人亦然，台下的听众依然是受传者。但在相对情境下，传与受的互动是可以认定的。对茶园"花儿"歌手其传承系谱的研究有助于对茶园"花儿"源流的了解，也可以探究茶园"花儿"传承的社会背景和文化根基。

茶园"花儿"传承系谱的研究关键在于对茶园"花儿""民俗传承人"的研究，也就是茶园"花儿"歌手。他们是茶园"花儿"的主要承载者，是茶园"花儿"表演实践经验最丰富的操作者和知识集散者。他们在茶园"花儿"表演中展现了突出的技艺和才能，在茶客中，他们是智者、权威，受到俗民茶客的崇敬。

茶园"花儿"虽然仅出现十多年，但由于它是传统"花儿"在现代的变异与发展，茶园"花儿"歌手来源于民众"花儿"歌手，因而茶园"花儿"歌手的系谱并不限于茶园这一文化空间。

通过调查我发现，茶园"花儿"歌手的系谱大致有三条线路：一条是血缘传承的系谱；另一条是地缘传承的系谱；还有一条是业缘传承的系谱。其中最后一条系谱是茶园文化空间出现之后的传承。

"花儿"作为山歌，它的传承不同于民间故事那般公开化、明朗化，如前文所述，由于传统山野"花儿"的演唱时间和场所是受到严格控制的，因此，"花儿"流行区的歌手大多通过耳濡目染自学掌握"花儿"，是多听、多记、多模仿的结果。"花儿"会的盛行促进了各地"花儿"歌手的区域交流，也扩大了"花儿"的传承范围。于是，地缘传承便成为主要传承线路。同一家庭中，擅长"花儿"的长辈对晚辈会产生一定的影响，一方面是先天遗传，另一方面是后天传授。这种血缘关系的传承只存在于几代之间并不存在世代世袭的制度。血缘传承还有一种情况就是通过婚姻关系，夫妻双方进行"花儿"的传授。如当代西宁著名的"花儿"唱家温桂兰就坦言，她本来是唱秦腔的，她的"花儿"就是从丈夫那里学来的。血缘传承是"花儿"传承的次要传承线路。目前，在茶园中出现了"花儿"新的传承线路——业缘传承。在茶园里，歌手通过拜师进行"花儿"学习，这个问题将在本章第二节详细论述。

歌手在茶园中的"花儿"传授方法

"花儿"在茶园中的传承以专业民俗角色的教育传承为主。

茶园中"花儿"的教育传承主要是通过系统化的培训。温桂兰和冶进元所经营的茶园是这方面的代表。

温桂兰和冶进元都是河州"花儿"表演方面的名人前辈。温桂兰的茶园每天中午1：00营业，她要求园中的所有人员在上午10：00要到齐，而她自己与老伴则来得更早，做当天的营业准备。员工到齐后，在温老师的安排下大家开始练习"花儿"演唱，温老师则开始个别指导。温老师对园中学员的"花儿"传承

内容包括："花儿"曲令、"花儿"歌词、"花儿"表演中的表情、"花儿"电子琴伴奏、"花儿"演唱中科学的发音与嗓子保养等。

通过这些内容可以看出，温老师对其园中"花儿"歌手的"花儿"传承突破了传统民间文艺技能的局限，引入了现代表演机制，是充满了个性特征的茶园"花儿"教育传承。

冶进元的茶园"花儿"教育传承则带有浓郁的传统拜师傅特色。很多乡村里的民众"花儿"歌手为了一圆自己做茶园"花儿"歌手的梦想纷纷来到冶进元的门下，拜师学艺。也有的是经人引荐拜冶进元为师求艺。在本次调查过程中正有一个叫赵和红的小伙子形影不离地跟冶进元学唱"花儿"。赵和红原本是马俊（东乡族）的徒弟，马俊又跟冶进元学过"花儿"，这样算来，赵和红现在是跟从师祖学"花儿"。

教育传承是花园"花儿"歌手传承"花儿"的主要方法，艺长者对他人进行"花儿"传承时通过言传身教将个人技艺传与他人。从文化氛围看，"花儿"在茶园中的继承和延续是在其原有文化土壤中的继续发展和演变。从民俗影响的载体看，茶园"花儿"歌手对"花儿"的继承和延续是"花儿"这种民俗影响下的俗民群体后来者的认同活动。

在西宁市，茶园"花儿"歌手能够即兴创编"花儿"歌词，但遇到重大场合需要进行高难度新词创编的时候，他们都是要找专人来辅助的，从专人那里进行"花儿"歌词的受教传承。西宁权威性的"花儿"词作者有两人，一个是大名鼎鼎的"花儿王"朱仲禄，一个是默默无闻的民间艺人冶进元。前者虽然出自民间但他接受过学校教育，具有很高的知识修养。朱老先生创作的"花儿"歌词清新高雅，在歌词运用上具有

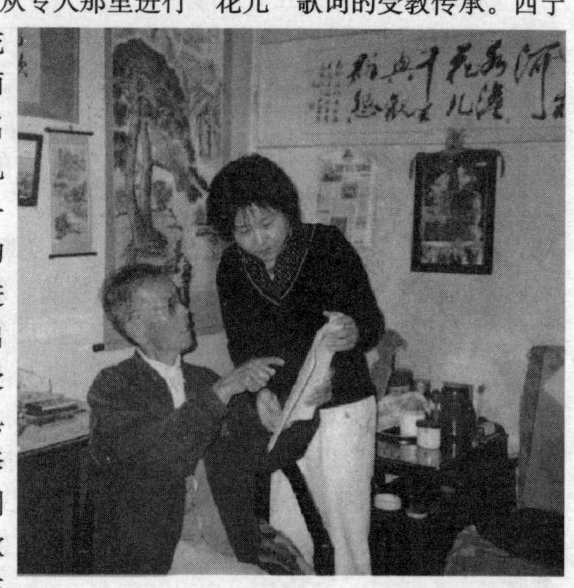

朱仲禄为笔者讲解"花儿"

浓郁的精英文化气息。比如朱老先生在2004年为庆祝老年节所作的一首花儿《八仙登游华山》：

八仙登高游华山，松林里黑心，石桌上摆下的棋盘；吕洞宾下棋心不在肝！想起了白牡丹，漫了个宽心的"少年"。韩湘子下棋将一盘，没下完，思慕起林英是惊醒！何仙姑下凡登北山，望南川，高兴着漫起了"少年"。

在这首"花儿"词中，朱老先生灵活地将"本子花"《八仙过海》中的人物安排到了华山，并为其设置了情趣高雅的将棋对弈。但是如此闲情逸致并不能吸引八仙：因为他们更乐于漫"花儿"，这种反衬的手法突出了"花儿"在人们生活训的重要地位。

整首花儿不但格调高雅、蕴意隽永，而且讲究格律，对仗工整，如"登北山，望南川"。再比如他为张存秀的专辑编的花儿。

《盼山直令·望穿五更月》：

一更的月儿将起床，咋这么亮，月光照着了绣房，想爬上了云头望一望，你是出门人，你在个什么地方？二更的月儿格外里亮，把月亮光，铺在了尕妹的炕上，你是离乡的人，多早到我的身旁？三更的月亮懒洋洋，不开腔，月影儿挂在了树上，树叶儿跟风把曲唱，尕妹褒愁肠，阿哥在回家的路上。四更的月亮像牛郎，铺在了天河的路上，日日思来夜夜想，想断了我的肠，看不见阿哥的模样。五更的月亮像新娘，巧换装，躲在云彩里梳妆，睡梦中尕阿哥你就到炕上，好心肠，差些些儿哈阿哥你我哈囫囵咽上。更外的月亮水汪汪，跌在了西海的岸上，猛听见钟声一声响，惊走了好梦一场。

整首"花儿"以时间为序，刻画了一个痴情女子对出门在外的情郎的思恋之情。最引人的是，最后一句以梦结尾，令听"花儿"的人至此恍然大悟，这动人的相遇原来是女主人公的一场好梦呀。

冶老先生受学校教育程度则比较低，但书本知识的缺乏并不影响他卓越的创作才能，他的"花儿"歌词在语言运用上更通俗更活泼。他创作的"花儿"覆盖面很广，西宁市诸多歌手公认他们在茶园里唱的"花儿"都是冶进元的词。而且冶进元进行"花儿"词创作特别快，笔者在调查的过程中曾请他现场创作几首反映当代生活的新花儿，他略一思考便随口诵道：

《西宁直令》：

黄河上筑起了冲天坝，前截子大，堵住了黄门的尾巴，龙羊人注意嘛喜欢啥，他为了啥，要把光明送到万家。

"花儿"是他的生活之歌，一部分是他公开化了的生活，因为他作了一首新"花儿"之后，谁都可以拿去唱；一部分是他珍藏起来的生活，因为生活中有很多不能说的事，他也编个"花儿"把它唱在心里。比如"文革"中限制唱"花儿"，于是他就它们都藏在心里，一俟"文革"结束他的"花儿"一下子灿然开放。至于冶进元卓越的编词能力本文在第五章第二节有专门的论述。

茶园"花儿"歌手对"花儿"的继承方式

茶园"花儿"歌手继承"花儿"的具体方式为语言继承和行为继承。

语言传承指的是民俗主体以语言为媒介来实现其传承目标的一种方式。"花儿"这一口头文艺已经过了人们的世代传承，现在，"花儿"在城市的茶园中通过歌唱继续传承，不仅使其原生地的民众得到熏陶，也在市民中形成了一定的影响，而且它将继续活在俗民们的口头上，为我国保留一份重要的文化遗产。"花儿"中的地方用语，其所具有的寓意，并不是任何外地人都能够了解其中意味的，只有深谙此种民俗的人予以解说才能使其他茶园"花儿"歌手所理解。因此，便形成了茶园"花儿"传承中的口头特色。

行为传承指的是民俗主体以行为为媒介来实现其传承的一种方式。这是以人的一定动作和形态来表达"花儿"内涵的茶园"花儿"歌手传承"花儿"的方式。茶园"花儿"是一种表演艺术，每一次演唱都是一次新的创作。茶园"花儿"歌手在进行"花儿"表演之际，除了使听众在听觉上得到美好的享受，而且歌手通过自己的面部神态表情和身体形态表情，给听众带来视觉上美的享受，也辅助了听众对其所唱"花儿"的理解。"花儿"是一种深度生活化的文化事象，这不仅导致了"花儿"有一定的形体动作与之相配合，而且使这种动作本身就成为"花儿"的一种传承方式。

茶园"花儿"歌手传播研究

传播是信息的流动过程。在茶园中"花儿"歌手与歌手、歌手与听众之间便形成了传播关系，亦即民俗学所说的扩布。这是以语言和身体非语言符号为手段的信息流动方式。

茶园里，"花儿"歌手进行"花儿"传播的过程中，形成了一系列与传统山野"花儿"传播相关联的情况，下文简述之。

歌手传播的茶园"花儿"的稳定性与变异性

"民俗文化是广大民众在长期的社会生活中创造、传承、享用的生活文化。它一旦产生，往往就会伴随着民俗的生产和生活长期地固定下来，成为民俗日常生活的一部分。茶园'花儿'作为都市'花儿'的一种存在形态，它是传统山野'花儿'在当代的一次地域蚕食性扩布。因为民俗文化的横向扩布包含着对异民族民俗文化价值取向的判断、吸收（或拒绝）、加工。这里所说的加工，包括从形态、含义到功能的融化吸收。"[①] 所以，歌手在茶园中所表演的"花儿"与传统花儿相比较而言必然会呈现出一种稳定性与变异性的特色来。

歌手传播的茶园"花儿"的稳定性

西宁市各茶园进行演唱的"花儿"俱为河州型"花儿"。歌手在茶园中进行表演的河州"花儿"的曲令都是传统曲令，如《直令》、《尕马儿令》、《水红花令》、《大眼睛令》、《黄花姐令》、《尕肉儿令》、《好心肠令》、《梁梁上浪来令》、《尕连手令》、《三闪令》、《憨墩墩令》、《依呀依令》、《六六三令》、《小六莲令》等等。在其所演唱的"花儿"的内容上还是有相当一大部分是传统的老词。试举例如下。

《直令》：

青铜的烟瓶乌木的杆，一打一着的火镰。三国的吕布戏貂蝉，我见了你好像孔雀戏上了牡丹。

[①] 钟敬文：《民俗学概论》，上海：上海文艺出版社，2002年版。

《三闪令》：

红仙姑骑的白仙鹤，骑上白云里过了；肚子饿了想馍馍，吃饱者可想了你了。

《梁梁上浪来令》：

手拿梅花一杆枪，朝天者打了个凤凰；阿哥是凤凰上天堂，把尕妹翅膀上带上。

茶园"花儿"是一种口承民俗，其曲令及词的内容都以传统"花儿"为主，保持了"花儿"的稳定性。

歌手传播的茶园"花儿"的变异性

"花儿"是靠语言和行为传播的，这种方式决定了"花儿"在传播过程中，不断适应周围环境而做出相应的变化。变异实际是"花儿"文化机能的自身调适，也是民俗文化生命力的所在。没有变异性的"花儿"是不存在的。存在于现代社会茶园中的"花儿"是传统"花儿"变异的结果。变异是"花儿"文化保存和发展的内在动力。

由歌手在茶园中传播的"花儿"与传统"花儿"相比，其变异主要表现在它的表演形式和表演功能。传统"花儿"的演唱以歌手二人的对唱为主，茶园"花儿"的演唱以歌手的独唱为主；传统"花儿"的功能以自娱为主，茶园"花儿"的功能以娱他为主。并且，传统"花儿"在演唱中，歌手是清唱的，民间俗称"干砸"，而茶园中的"花

儿"均有电子琴伴奏。

并且,在词的创作方面也出现了很多反映现实生活的新"花儿",有别于传统花儿。如温桂兰根据西宁至西藏铁路修建情况而作的"花儿":

新修的铁路通西藏,两边里没落个凤凰。这一次来了看地方,下一次把尕妹带上。新修的铁路通西藏,两面把电杆子哈栽上。我俩的走首一捉像,大眼睛赛过了太阳。

再如根据曹家堡机场所做的:我们中国的飞机是银翅膀,空中里旋,路给的曹家堡机场。有人了我俩人单走上,空中里旋心别旋,没人了我把你领上。

歌手传播茶园"花儿"的类型与途径

歌手传播茶园"花儿"的类型

"花儿"在城市诸多茶园中的存在,是"花儿"这一民俗事象地域范围扩大、民众数量增多的结果。作为一个民俗事象,其扩大地域、增多民众的横向传播,有两种类型:一种是民俗自愿认同性传播,即"正常性传播";另一种是民俗被强迫性认同,即"非正常性传播"。茶园"花儿"的传播属于"正常性传播"类型。

西宁市以"花儿"表演为营业内容的室内型茶园其茶客大多是周围海东八县①民众,也有部分西宁市的市民。前者是"花儿"文化圈原生地的民众而后者则是"花儿"扩大了文化圈后新的民众。对于后一种民众而言,他们初次来茶园听花儿的起因各不相同:有的出于猎奇心理,有的属于应邀来这里谈事情、做业务,有的属于城市无业青年来这里进行低价位休闲消费等等,虽然他们来此的动机各异但均属于自愿前来。这些人对以前未接触

---

① 指青海东部的八个县,包括大通、平安、乐都、民和、互助、循化、湟中、湟源。现在,湟中、湟源两县已划归到西宁市。

过的"花儿"这一新民俗文化的认同也是出于其自身主观能动，而非被强迫认同。

歌手传播茶园"花儿"的途径

歌手在茶园中传播"花儿"就其传播途径来说属于文化交流性传播。

所谓"花儿"的文化交流性传播是指由于不同文化的交流导致了"花儿"影响地域的扩大和民众数量的增多。文化交流是人类时刻存在的现象，也是人类走向共同发展的机制。"花儿"这一口承民俗是民众的日常生活文化，因此它必然产生文化交流性传播。

随着改革开放的持久深入，农村人口开始多向地流动，西宁市附近海东八县的民众大量涌入西宁市区。他们所负载的乡土风情也一并被带入西宁，"花儿"在这一历史变革中得到了与城市文化相互交流、融合的机会。现在，城市里的人喜欢吃苦苦菜、窝头，喜欢穿棉布衣，喜欢用竹、木、草做家居装饰，喜欢手工制品，总之刻意营造乡野氛围、尽情享受乡土民俗。茶园"花儿"歌手在茶园中的"花儿"演出，是充满民族民间特色的民俗文化。"花儿"这一具有浓郁地方特色的民族民间口承文化在茶园中被西宁市的市民接受，成为他们精神上的苦苦菜，但这并不意味着"花儿"在其他任一城市也能融合到当地城市文化中。这里还存在一个文化传统的问题。海东八县是河州花儿的盛行区，而海东八县中的湟中、平安等地距西宁市区不过 30 多公里的距离，就地理位置而言，可以说西宁市区被包围在海东八县之中。并且早在 20 世纪约 30 年代中期至 40 年代中期，"花儿"在西宁是有文化积淀的。当时青海军阀马步芳就曾在其西宁驻军中大兴唱"花儿"之风。由此我们可以认定西宁是属于以海东八县为中央带的"花儿"文化区。"花儿"由周围的山野传播至市区的茶园是同一文化区中该文化特质的城乡间文化交流性传播。

歌手传播茶园"花儿"的特征

西宁市茶园歌手的"花儿"传播具有三个特征。

"花儿"传播地域上的"蚕食性"

这是指"花儿"在其传播过程中首先向其周边地区传播。在西宁市诸茶园唱"花儿"的歌手多来自海东八县,他们在茶园中唱的"花儿"也是盛行于海东的河州"花儿"。如上文所述,西宁市区距海东八县极近,在地理位置上它们比邻而居。这些地理位置上相连接的地区在自然条件、社会风气、文化传统上有着更相近的因素,也正是这些决定了"花儿"传播由海东八县的乡村蚕食了近在咫尺的西宁市区。西宁市区的市民群体与海东八县的乡民群体,有着较为接近的思想意识和大体相同的嗜好和习惯,因此能相对容易地对唱"花儿"这种风俗达成共识。从而当当代"花儿"民俗之风兴起之际,它首先像风一样从其发生地海东八县"刮"至与之相适宜的西宁市区,使西宁市区成为其首选传播地。

"花儿"传播中的扬弃和再造

茶园"花儿"歌手在西宁市区茶园中所表演的"花儿"并不是对传统山野"花儿"原封不动地照搬。这是因为"花儿"在其传播中不仅有一个市民群体认同的艰难历程,而且由于"花儿"的传播表现为空间的横向扩大和影响民众数量的增多,因此在山野"花儿"由其发生地向附近市区传播之际,伴随着茶园"花儿"这一民俗事象在西宁市区得以出现的条件和因素极多,不仅要受到自然、社会、文化诸因素的影响,而且还要受到西宁市区民众心态的制约,从而导致了茶园"花儿"歌手在进行"花儿"传播时必须与当地文化相适应并被当地文化所融合。如就传播语言而言,为了便于市民接受,一些歌手在"花儿"演唱中采用普通话，而地道的传统"花儿"是用方言来演唱的。再如，就内容而言，"花儿"作为山歌的一种，具有见山唱山见水唱水的特殊本领，以前乡野中的叙事"花儿"多唱些农民生活与农事生产，而进入城市的"花儿"则必须要唱些反映市民生活的内容才行。

"花儿"传播中的扩散

河州型花儿以曲调见长，这是众所周知的。正是由于音乐性强，使其更易于进入艺术表演领域，而当前诸多"花儿""唱"家的出现也就顺理成章了。在日常生活中，人们常常用不胫而走来形容民间文艺的传播情况。"花儿"传播主要依赖口头语言，但是这些唱家存在一个弱点——作词能力稍显逊色。"花儿"歌手平时在茶园里献艺的"花儿"歌词有老词与新词之分。老词由传承而来，新词乃是对当前社会生活的写照，有已出版的碟片或临时现编或请人创作。通常，歌手本人在舞台上应听众要求现场发挥即兴创作的"花儿"歌词质量不高。

茶园"花儿"歌手在茶园中进行花儿表演时，为了使"花儿"能适应市内茶客的需求，在"花儿"口语的内容表达与形式表现上不停地有所创造，使茶园"花儿"的传播在内容上极富形象感染力，形式上更具亲和力，从而歌手们在茶园中传播的"花儿"在新的接受群体中产生了脍炙人口的效果。这一扩散特点有效促进了茶园"花儿"歌手在茶园中的"花儿"传播。

茶园"花儿"歌手个案研究

新一代"花儿"歌王——索南孙斌

孙斌是一位受到"花儿"前辈多加赞誉的后起之秀，一位被"花儿"故乡的老百姓称为新一代"花儿"歌王的人。他就是本文主人公——索南孙斌！他的河州"花儿"演唱，音域宽，声线和音质特别，音色清亮、干净，曾在全国南北民歌大赛中获最佳音色奖。他的"花儿"唱腔优美，旋律起伏大，曲折而多层次，在唱法上真、假声结合自然，加之其台风大方，全无表演化的做作，因此观看他的"花儿"表演实在是一种美的享受。

2005年8月，通过青海省文化馆馆长颜宗成先生，我约到了仰慕已久的孙斌。

那是一个阳光灿烂的下午，孙斌如约而至，一身休闲装束的他朝气、随和，与之相处如沐春风。访问便在这样的氛围中进行着。

孙斌成为茶园"花儿"歌手的过程与途径

孙斌出生于青海省民和县一个边远山村里的藏族人家。自幼家境贫寒。他从很小的时候就帮大人分担家务。据他回忆，从七八岁他便开始给家里放牛了。艰苦的生活磨练了孙斌坚毅的性格和达观的人生态度。为了给贫瘠的物质生活增添些生命的亮彩，他边放牛边跟着当地老歌手学唱"花儿"。十几岁时，孙斌也如其他务工青年一样，背起简单的行囊，去寻求另一片生活的天空。为了谋生，他先后在民和县城的饭馆里洗过碗、刷过盘子，在窑街的煤窑里挖过煤，后来又在饭馆里学面匠、做面匠。

艰苦的生活并没有妨碍孙斌唱"花儿"，在此期间，他买了前辈们的"花儿"磁带学唱。悟性很强的他，"花儿"唱得越来越出色。由于对"花儿"的热爱及擅长，孙斌在务工时参加了"花儿"艺术队，每当有演出任务，孙斌便登台献艺，具有了一定的观众基础，并最终成为一名深受欢迎的茶园"花儿"歌手。

孙斌的"花儿"传承与传播

孙斌所接受的"花儿"传承同其他茶园"花儿"歌手相比较而言，有一个很不同的地方，那就是他成为茶园"花儿"歌手后接受了艺术方面的正规学校教育，但这一学校教育又是以保护他的原生态民间文化为准则的。孙斌坦言："我开始上学主要是因为遇上了谢承华老师。"（上学：指上青海省艺校）当时他还在茶园里唱"花儿"打工,根本没有上学的念头,是谢老师发现了他在"花儿"方面的天赋,找到他劝他去进修。这样,孙斌才动了上学学音乐的念头,可难题随之而来,正如孙斌自己说的"我不知道该在哪上学,连在哪报名都不知道",是谢老师带他去青海省艺校报的名,通过考试孙斌正式进入艺校学习。艺校给他制定的培养方案是声乐上一定要保持原生态,不要把嗓音弄坏。"'花儿'永远是你的根,你是从农村走出来的(民间歌手,作者注),一定要保持你的原生态。"孙斌在艺校主要师从丹措老师。丹措老师是个唱"花儿"的行家,她在藏族的酒曲、拉伊,蒙古的长调及外国民歌等诸多歌种的演唱上也造诣颇深。在老师的栽培下,孙斌既保持了其原生态的"花儿"民声唱法,又具备了科学的声乐方法,这使得他在"花儿"演唱上独树一帜。另外,孙斌还受到"花儿王"朱仲禄老先生的点拨。朱老曾撰文说孙斌有一副天赋歌喉,音准听觉与众不同、节奏感强,且接受能力强,很有发展前途。朱老指导孙斌要吸取他人的长处,并鼓励孙斌唱出个人风格。

作为一名"花儿"歌手,孙斌目前的演出主要分两部分。一部分是下乡演出,一部分是城市里的大型舞台演出。孙斌平静地告诉我,他在城市广场里的演出通常每场至多唱两到三首"花儿",因为市民们对"花儿"并不是很了解,有的时候他们听不懂,他们更易于接受的是"花儿"的曲调,对这种好听的音色、音调,他们感觉很是新奇,听得入了迷。但是唱多了听者也就不觉得新鲜、不被吸引了。提到下乡演出,孙斌很自然地流露出欣然之色。他说农村的乡亲们很喜欢"花儿",对他的演出非常热情,喜欢得不得了。下乡演出,一场至少4个小时,4个小时唱完了那些观众还不走,等着要他签名呀、跟他合影呀。下乡演出时面对热情的观众,他唱"花儿"一首两首绝对不行。他如数家珍般介绍道:"像我最少要对唱、独唱、打擂台、三个人四个人组合。"他边说边给我计算时间:我最少要上三次台,对唱得半个小时，独唱要十几分钟，还有多人组合、打擂台等。这样算下来，孙斌最少要唱一个多小时。那么，农村的老百姓喜欢什么样的"花儿"呢？孙斌说他们喜欢不要伴奏的清唱，爱听两个人对唱，对唱中男女歌手先是唱爱情，唱着唱着两个人开始相互揶揄，继而争执，这种充满诙谐的"花儿"表演令台下观众哈哈大笑，特别地高兴。孙斌说他现在下乡演出特别多，尤其是夏天。而且由于孙斌在"花儿"迷中非常受欢迎，因而"花儿"流行区的众多州县、乡镇在"花儿会"期间都会邀请孙斌组队来演出。演出多的时候是很辛苦的，六月六"花儿会"期间，他一天要赶五六场演出，每天转场子疲惫不堪，以至在六月初八的时候把嗓子唱哑了，后来休息了半个月才养好。

孙斌对茶园"花儿"歌手的认知

对于将来的打算，孙斌尚在考虑。提到将来，孙斌说他打算自己办一个茶园。作为演艺场所，这里白天可以进行"花儿"表演，晚上可以作为舞厅使用。同时这也是一个民间"花儿"歌手的组织。鉴于目前民间"花儿"歌手相对零散的局面，孙斌认为自己办一个"花儿"茶园，把民间"花儿"歌手召集过来，组织起来，有利于民间"花儿"歌手的发展，至少是给他们提供了一个稳定的物质生活保障，使这些宝贵的民间歌手不要流失掉。而且他现在下乡包场演出很多，由于他是"跑单帮"的歌手，因而下乡时什么都得临时准备，需要自己租车、租音响、雇演员，这些费用都很高，如果自己办一个茶园，那么外出时这些费用相对就低很多。并且对"花儿"歌手来说，"我叫你唱，给你一百块钱，演完回家了，他也没事干"。作为这个"花儿"茶园的运营机制，孙斌认为，茶园是阵地、是基础，茶园要开，外面的演出也要接。就效益而言，一方面是赚点钱，另一方面也要培养一些"花儿"人才。但要实现这个理想还存在很多困难，比如场地的选择、设备的选择，以及前期的资金运转等。一些演出团体也曾向孙斌表示过用人意向,孙斌说他对此也在考虑之中。孙斌表示进演出团体和开"花儿"茶园是并行不悖的:自己在团里正常上班,而茶园是可以交给别人代为管理的。

孙斌说他也接受摇滚、接受流行音乐,但"我是从农村出来的,我是农民的儿子,我就是喜欢这个花儿",他似乎就是为了唱"花儿"才来到这个世界上的。他最喜欢唱的"花儿"是《上去高山望平川》,歌中唱道:"上去高山望平川,平川里有一朵牡丹,看时容易摘时难,摘不到手里是枉然。"这是一首难度极大的歌曲,而孙斌唱起它来还是那么地游刃有余,尖音苍音运用自如,完美地演绎了这首"花儿"。

"花儿""词王"——冶进元

如果将"花儿"唱得好的歌手冠以"歌王",那最善于编词的歌手是否就该称为"词王"呢?冶进元就是一个在河州"花儿"作词方面造诣极高的茶园"花儿"歌手。

冶进元成为茶园"花儿"歌手的过程与途径

冶进元,男,青海西宁人,回族,20世纪40年代初生于西宁东关回族聚居的上北关。小时候因家庭贫困没有上过学,后来自学识字。现为西宁湟水桥南"冶进元花儿茶艺社"及九眼泉开发区"云龙山庄"这一茶园的负责人。他十几岁就唱"花儿",曾是"花儿"圈里有名的唱家,他的"花儿"搭档是甘肃洮州人,后来到了青海大通的煤矿上,可惜已经去世。冶老先生说,年轻那会儿自己是个唱家,嗓音极好,也只有他的搭档才能与他相和。即便是如今,年轻人还是唱不过自己。老人现场唱了几首西宁直令。这种令曲调非常婉转,异常好听,用冶老先生的话说就是"调子弯转太多"。正由于它的这种复杂性使得西宁直令很难把握,老人自豪地说,这个调子只有他一个人能唱,整个青海再没有第二个。"文革"期间,封山禁歌,但这并不能阻止冶进元在心里悄悄地编"花儿"。一俟"文革"结束,冶进元便把藏

冶进元与笔者在其茶园中

在心中多年的"花儿"一股脑儿唱出来，引起了广大"花儿"爱好者的强烈共鸣。20世纪80年代马俊组建了"花儿"艺术团，冶进元便是这里的重要"花儿"歌手，直到现在二人亦交情颇深。自此以后，冶进元再度活跃于各种"漫花儿"的场合。当西宁市出现"花儿"茶园以后，冶进元就在茶园里唱过，至今虽已是花甲老叟但他仍然是园子里响当当的"花儿"歌手。2004年冶进元正式开起了自己的茶园，从此开始了他"茶园花儿歌手"与"茶园老板"一身两职的茶园"花儿"生涯。

坎坷的经历、丰富的人生阅历造就了冶进元深厚的生活文化底蕴。加之其天资聪颖、博闻强记，又甚爱民间文艺，因此他在河州"花儿"词作上有极深的造诣。冶进元的"花儿"歌词创编能力，在西宁茶园"花儿"歌手中有口皆碑，很多茶园"花儿"歌手参加重大民歌比赛前或录制"花儿"专辑前都请冶老先生为其选唱的曲令配词。冶老先生为人随和，有求词者必应之。在调查过程中，茶园"花儿"歌手频频印证他们唱的"花儿"歌词出自冶进元。

冶进元的"花儿"传播

冶进元擅编词，因此其"花儿"传播主要是通过他的广为传唱的"花儿"歌词来实现的。冶进元编"花儿"词反应快、范围广。

虽已年过六十，但他编起"花儿"来思路非常敏捷。冶进元把"花儿"歌词分为老词和新词。据笔者的理解，老词指的是唱传统生活的"花儿"，新词指的是唱现代生活的"花儿"。在访谈中笔者请他编一个新词的"花儿"，他略一思索，便开口说了几首反映现在农村生活的新"花儿"：

山里的庄稼收下了，老汉们说话的口气大了；姑娘们学下文化了，打扮得洋化还拿着个笔杆杆。

过去是农民们太困难，没有一分钱睡觉找不上个凳板。现在的高架拉上了电，抬头看房顶上还挂着个卫星天线。

东海里出下的没有亮，西海里出下的太阳。我们农村里到处办工厂，有本事挡羊娃还当上个场长。

接着又说到反映党的政策的新"花儿"：

人大的精神放光芒，温家宝他指给了三农的方向。扶贫帮困地奔小康，党中央始终为人民着想。

听着老人家出口成章地作"花儿"，笔者忍不住想听听他唱唱这些好听的"花儿"。于是向他请求，他很愉快地接受了。

他先唱了一首西宁直令，接着又唱了循化大令。可能他本人比较喜欢老词，他说我唱个老词吧。于是又唱了下面这首"花儿"。

《尕姐姐令》：

狗咬了，狗咋就咬撒，咬死了，狗娃哎，门拉了呗，尕姐看一回哥哥来。我俩走，路儿长，汗冒了，狗咋就咬撒，坏死了，我俩门拉了呗，尕姐看一回哥哥来。

冶进元创编的"花儿"歌词所涉及的范围极广，从历史纵向来看包古揽今；从社会横向来看涵盖中外。据原西宁市民间文艺家协会主席谢承华说第一次将英语运用到"花儿"创作中的便是冶进元。这是一首花儿对唱，歌词如下：

（男）大河沿上的倒地柳，风吹着枝叶儿摆开；高跟皮鞋健美裤，尕脸脑一看是 OK。（女）大河沿上的倒地柳，风吹着枝枝儿摆开；有缘了我俩一搭走，没缘了我俩 bye－bye。

这首"花儿"极其风趣，男方以会说洋话向心仪女子展示自己见多识广，以俟树立自己的高大形象获取对方青睐，没料这点雕虫小技完全不被女子高看，因为她也会洋话。自大男子没树立起自己的高大形象反而被女子将了一军，听来真是令人忍俊不禁。冶进元创作范围的广泛不仅局限于"花儿"，还包括其他民间文艺种类，比如西宁小调、青海贤孝等。而且他的作品还有很强的社会功能。针对当前社会上子女推卸赡养老人义务的不良现象，冶老先生专门做了一首"花儿"来反映一位老爷爷的悲惨境遇。这位老人年轻时妻子就去世了，他又当爹又当妈好不容易将孩子养大，又给他们娶了妻室。没想到，当老人没了劳动能力、卧病在床的时候身边连个送水的人都没有。歌中运用对比手法，强烈控诉了儿子的忘恩负义。这首歌听来令人心酸，也令人自省。

冶进元对茶园"花儿"歌手的认知

冶进元是一位卓越的民间艺人，尤其在"花儿"作词方面。他还是一位坦率而颇有远见的"花儿"播布者。提到开茶园的起因和目的，他说一是自己喜欢，对"花儿"爱听爱唱，再是赚点生活费也教几个学生。冶老先生说"花儿"是一种口承艺术，通过口耳相承，代代相传。如果不及时把"花儿"传给下一代的话，很多好"花儿"就自生自灭，濒临灭绝了。而且自己在这方面还算有些积累，所以趁现在有这个精力就多教几个学生，为保护"花儿"的长远流传做一点力所能及的事。

曾有人说冶进元是回族人中的一位民歌天才。而我想的却是，他是一位极具价值的"花儿"传承人。当前他在尽自己的力量去保护"花儿"，但谁来保护他呢？

结　论

这是一篇针对茶园"花儿"歌手的研究论文。

第一章是本文的绪论部分，笔者在这里介绍了本研究的选题缘起、学术界在本研究对象方面的研究现状、本研究所采用的研究方法。界定了与本研究相关的一些学术概念，阐明了本研究的主要范畴及理论假设。

本文在第二章进行了茶园"花儿"歌手的主体研究，主要对茶园"花儿"进行了定性分析。在民俗生活中，民俗主体承担一定的民俗角色，茶园"花儿"歌手公私合营，其优秀的"花儿"表演才能成为茶园"花儿"民俗活动中的专业化民俗角色。在从民众的一般性民俗角色转化为茶园中的专业化民俗角色的过程中，伴随着改革开放带来的市场需求，"花儿"歌手经过一番与传统势力的对抗终于走出山野，在城镇的茶园中落了脚，并形成了一个新的俗民群体——茶园"花儿"歌手，在茶园中进行"花儿"演唱。

本文在第三章和第四章进行了茶园"花儿"歌手的传承和传播研究。这主要是对茶园"花儿"歌手的民俗活动进行了观察与解释。就茶园"花儿"歌手的传承而言,本文进行了茶园"花儿"歌手的传承系谱研究、其茶园"花儿"的传授方法研究及茶园"花儿"歌手对"花儿"的继承方式研究。歌手在茶园中的"花儿"传承以专业民俗角色的教育传承为主。进行"花儿"表演的茶园虽然是一个人为设立的"花儿"文化空间,但这里仍充满了浓郁的"花儿"文化元素,每天交流着大量的"花儿"民俗符号和民俗信息,与俗民生活实践密切相关的"花儿"民俗时时发生着。茶园是模拟的传统民俗环境,而茶园中的各民俗角色却是实实在在的。歌手是专业性的"花儿"民俗角色,听众是一般性的"花儿"随俗角色。茶园"花儿"歌手的传承系谱有三条:一条是传承的系谱,另一条是地缘传承的系谱,还有一条是业缘传承的系谱。就茶园"花儿"歌手的传播研究而言,本文进行了三个方面的研究,即歌手传播茶园"花儿"的稳定性与变异性;歌手传播茶园"花儿"的类型与途径;歌手传播茶园"花儿"的特征。茶园"花儿"与传统"花儿"相比较而言,其曲令是稳定的,而歌词有所创新。歌手所进行的茶园"花儿"传播属于正常性传播类型,它的途径属于文化交流性传播。西宁市茶园歌手的"花儿"传播具有三个特征,即传播地域上的"蚕食性"、传播中的扬弃和再造、传播中的扩散。

本文在第五章以上述理论为依据进行了茶园"花儿"歌手的个案研究。笔者分别从唱功方面和作词方面选取了有代表性的茶园"花儿"歌手孙斌和冶进元,对他们进行了个案研究。首先介绍了他们成为茶园"花儿"歌手的过程与途径,接着介绍了他们在茶园"花儿"传承和传播方面的活动,然后反映了他们自身对于茶园"花儿"歌手这一民俗角色的认知。

通过以上几个章节的研究,笔者从民俗学的角度对"花儿"进行了再思考与再认识。简言之即从民俗环境、民俗承载者、民俗标志物的角度对"花儿"的当代发展进行了反思。"花儿"自产生至今几百年过去了，它能从山川走出，在大城市落户，是绝无仅有的事，这是"花儿"在当代的新变化、新发展。尤为难能可贵的是，西宁茶园里的"花儿"只是传统山野"花儿"的一次"移植"，人们并没有对它进行"嫁接"等人为异变，它保留着其原生态的本色。就民俗三要素来看，茶园"花儿"歌手的出现与发展说明了这样一个规律：民俗标志物的变异呼唤新的民俗环境，新的民俗环境养育新的民俗承载者，新的民俗承载者承载发展了的民俗标志物。

西宁市茶园"花儿"歌手研究所获得的内容

改革开放促生茶园"花儿"歌手群体

改革开放后，我国的经济结构发生了变化，市场经济使农民得以较自由地进城务工。"花儿"流行区的很多民众"花儿"歌手也作为打工一族步入西宁及其周边城镇，他们分布于饮食业、建筑业、运输业、淘金业等行业中，过着凭手艺、体力过活的日子。这些具有优秀歌唱才华的"花儿"歌手当时并没意识到唱"花儿"竟然可以谋生。这是因为，其一，从场域局限来说，根据西北当地习俗，传统"花儿"由于其内容等原因是不能在庄子里、更不能在家里随便唱的，只能在田野、河滩、山野里歌唱，故又称其为"野曲"。新中国成立前这是一朵"偷偷"绽放在大山里的野花，即使它美艳无比，但终因其上覆着一些污泥、牛粪之类所谓的不洁之物而难登城市这一大雅之堂。其二，从歌者的身份局限来说，由于"花儿"长期以来只流行于山野，故其演唱者俱是僻远山乡中那些缺少精英文化的农民。城里人由于受封建思想的影响，认为"花儿"是只有农人、羊倌、贩夫、走卒才唱的粗俗之歌，他们当然不屑于学习之、演唱之。其三，从艺术功能上来说，"花儿"流行的西北高原，自然环境恶劣，当地广大民众过的完全是一种靠天吃饭的日子，他们在广种薄收的艰辛岁月里于掩人耳目处恣情地吼上两句"花儿"也是苦中作乐。精神上的些微宣泄正补偿了他们物质上的极度匮乏，正如一首莲花山"花儿"所唱的那样："杆一根，两根杆，唱个花儿心上宽，不是图的吃和穿，哪怕没有一分钱，喝口凉水也喜欢。"而城市中的物质生活则要优越许多，与之相对的则是丰富多彩的精神享受，因此市民们对"花儿"并不存在迫切的精神需要。

历史上长久以来形成的"花儿"发展模式局限了广大民众"花儿"歌手的思维，他们想不到唱"花儿"竟能谋生。另一个更直接的原因是当时城市里根本就没有"花儿"的市场，也就不存在茶园"花儿"歌手供与求的关系。导致这些散落于城市各行各业中的民众"花儿"歌手纷纷转行去做茶园"花儿"歌手的原因，正在于后来城市中出现了"花儿"歌手市场：一些以"花儿"表演为经营内容的茶园相继成立。

民俗文化支撑"花儿"歌手行业

"花儿"由乡村唱到了城市，并在城市的茶园中形成茶园"花儿"歌手群体，这是近些年出现的一个新兴的文化现象。"花儿"歌手这一以民俗为职业的特殊群体何以产生、何以运作？本文对此予以关注，并以西宁市为个案进行了探索性的学术研究。从民俗标志物、民俗环境与民俗人物的关系来看，"花儿"这一民俗标志物目前在城市中存在、发展，其民俗环境发生了巨大改变——由乡下的山野河滩转变为城市里的茶园；它的民俗人物——"花儿"歌手的民俗角色也发生了巨大改变——从民俗的自娱者转变为以表演娱他为主的民俗展示者。在这一新的身份角色下，他们在新的民俗环境中存在、发展，并影响"花儿"这一民俗事象。

西宁市这些以"花儿"表演为营业内容的茶园虽位于城市，但其内部的文化空间却属于民间文化。因为来这里听"花儿"的茶客主要是周边"花儿"流行区的农民。具体说来，"花儿"听众以河州农民为主。这里所说的"河州"不是指狭义的当前的河州行政区划概念，而是指广义的历史上形成的河州地域范围。它包括目前甘肃的临夏地区和青海的海东地区等。这些人对"花儿"有着一种发自肺腑的喜爱与认同。他们熟知"花儿"的诸多曲令，对歌手的"花儿"演唱孰优孰劣了然于心。

表演是茶园"花儿"歌手在茶园中的存在方式，他们表现出一些商业化的演出特征，但透过现象看本质，他们的表演得以进行，却是由于民间传统文化的内在支撑。这是当前对民族民间口承民俗的一种应用，从长远来看这也是对民间文化的一种活态保护。学习是茶园"花儿"歌手在茶园中得以存在的发展基础。茶园"花儿"歌手这一新兴俗民群体的存在与发展客观上影响着、决定着"花儿"进入城市后其自发的文化产业化运动。茶园"花儿"歌手又是漂泊在城市里的一个特殊的打工族群。在来源地上他们集中于海东八县；在工种上他们表演着传统的民族民间文艺，在福利待遇与社会保障上他们过着一种无保障的不安定生活，在精神面貌上他们都是那么坦然与豁达。总之，他们使都市"花儿"走向了繁荣。

传承、传播，歌手的职责

"花儿"之所以能够被一代代继承下来，一个根本的原因就在于"花儿"作为原生态文化是当地人的一种主要社会财富，是保证其延续下去的一种精神支持，从而成为约定俗成的机制。这种机制源于民众群体的认同。"花儿"得以流传百年并继续活跃在民众生活当中，正是依靠后代人的民俗心理的认同而实现的。所谓"花儿"的民俗心理的认同指的是，俗民个体对于他所羡慕和崇拜的"花儿"民俗规范有选择地模仿和养成。通过对"花儿"的继承，新生代对于他所生存的俗民群体来说也产生了一定的归属感。这也是"花儿"能够在茶园中传承的原因和动力。

茶园"花儿"歌手传承"花儿"的系谱有三条线路：地缘传承、血缘传承和业缘传承。教育传承是歌手在茶园中传承"花儿"的主要方法。作为一种口承民俗文化，茶园"花儿"的传承方式主要是语言传承和行为传承。

"花儿"的茶园传承传播了"花儿"的民俗文化信息，它不停地进行着"花儿"歌手的习俗化的养成，维护了"花儿"习俗社会的秩序，使更广泛的民众分享了"花儿"的民俗知识和民俗娱乐，密切了"花儿"俗民群体在日常生活中的互动关系，使其习得了更丰富的"花儿"习俗经验，使新增"花儿"文化圈的市民拥有了更浩瀚的"花儿"艺术财富。

"花儿"是通过语言和行为传承的，这就决定了"花儿"在历时的纵向传承和共时的横向传播过程中不断适应周围环境而做出相应的变化。变异是"花儿"文化机能的自身调适，也是"花儿"生命力的所在，变异是"花儿"保存和发展的内在动力。

西宁市茶园"花儿"歌手研究所获得的启示

茶园"花儿"歌手的研究价值

个人拥有民俗文化知识并不停地学习、掌握和运用这些知识，是民俗世界的常规现象。在我对"花儿"进行过认真的田野调查之后，我直觉地意识到"花儿"是经由具体的歌手编制、传送、贮存、接收、习得、运用、养成，又由世世代代的具体歌手不停地传承下去、扩散开来的。没有了负载"花儿"的具体的歌手，就无法找到"花儿"。因此，"花儿"歌手就成为当代"花儿"研究必须给予格外关注的对象。

变异性是文化的一个基本属性。"花儿"这一民间文化在其发展过程中也发生着不断的变化。它最初是在山野中演唱的俚曲，现在已然进入城市，在城市的歌厅、茶园中由专门的歌手进行表演。茶园中专业化的"花儿"歌手的出现是"花儿"发展中产生的新的民俗事象，正由于它的新鲜性使得它在以往的"花儿"研究中尚处于学术空白。进行"花儿"歌手的研究有益于"花儿"研究体系的完善，对民俗学学科发展而言也是一次尝试。

同时，我国目前正在大力进行非物质文化遗产的保护与创新工作，茶园"花儿"歌手这一特殊俗民群体的出现是时代发展中民间文化兴起的典型个案，对它进行研究有益于非物质文化保护与发展工作的借鉴，也有益于当前民间文化产业化工作的探索与反思。

听众与歌手：密不可分

历代俗民的生存愿望与生活需求是民俗得以产生、传习、保存、应用的基本动因，只要人们的生存愿望得不到实现，生活需求得不到满足，他们就不停顿地动用各种民俗形式表达这种愿望和需求，即使世世代代也难以得到实现和满足，人们也乐此不疲。[①]

正因为俗民们有这种需求，因此茶园"花儿"歌手才得以在茶园中唱"花儿"以享众人。也就是说，需要给茶园"花儿"歌手提供了市场，所以为了保存并扩大这个市场，歌手们所表演的"花儿"就必须得到茶客的满意。这种表演改变了"花儿"自娱性的功能，使"花儿"成为一种以娱他为目的的艺术种类。

古语云"诗言志，歌咏情"，唱"花儿"本是一种歌者与听者间的情感交流，但茶园中由茶园"花儿"歌手唱出来的"花儿"已转变了它原生态的功能而成为一种茶客们借歌手之言表自身之情的道具了。这些茶园"花儿"歌手所进行的"花儿"演唱从供求关系上来看是一种功利性的表演，听众想听什么歌手就唱什么。歌手与听众在这里存在一种隐形的角色转换与情感补偿的关系：听众借歌手之口叙事、抒情、宣泄。歌手在台上通过"花儿"表现出的喜怒哀乐其实是台下听众所要求、所限定的喜怒哀乐。如果说以前原生态"花儿"演唱中，阿哥与他的"白牡丹"之间是一对一的关系，则在"花儿"茶园中为了满足消费者的要

---

① 乌丙安：《民俗学原理》，沈阳：辽宁教育出版社，2001年版。

求,不但对唱搭配中阿哥与他的"白牡丹"可以是多对多关系,而且在"花儿"的情感指向中阿哥与他的"白牡丹"也理所当然的是多对多关系。"花儿"不再是有情人之间排他性的、隐秘的私语表白,而成了舞台上公诸于世的爱情宣言甚或是被庸俗化了的出于取悦观众的打情骂俏。这种现象尤其出现在那些歌手演唱能力较弱的茶园。由于他们无法在歌唱水平上吸引听众,因此只能去想尽办法取悦听众。

西宁市茶园"花儿"歌手研究需要的延续性研究主题

在笔者进行茶园"花儿"歌手调查的过程中很多歌手反映没念过什么书,没文化,编词不行。遇到大型比赛或演出他们总是事先请人根据赛事方提出的具体要求,请人量身作词。歌手在出专辑的时候,其演唱的新词也是事先请人创作的。如果有机会,他们很想去学校里进行系统化的学习。

民间歌手渴望专业化的学校教育,是否进了学校就会抹杀他们的民间特色或者至少会影响到他们的民间特色呢?我认为这是值得深思的一个问题。即民间歌手与精英教育。

这方面的研究尚待进行,但这方面的实践却早有先行者,他就是谢承华,原西宁市民间文艺家协会会长。他曾在很多"花儿"比赛中担任过评委,通过这些赛事他发现、提携了很多民间"花儿"歌手。他鼓励并协助歌手在"花儿"演唱、个人文化修养方面进行深造,以便在个人发展方面求得更大的进步。很多西宁的"花儿"歌手一提起他,就亲切地称之为谢老师。可见,民间歌手是欢迎精英教育的。

谢老师所帮助的"花儿"歌手,早期的代表人物如温桂兰。也是在"花儿"赛场,她认识了谢老师。歌手那与众不同的好嗓子引起了谢老师的关注。赛后,谢老师给温桂兰介绍了黄荣恩老师,他对温桂兰进行了声乐培养,使后者获益匪浅。现在温桂兰不但自己受益,而且她还对其茶社中进行"花儿"表演的晚辈歌手进行科学的指导,比如如何保护嗓子,如何正确地用嗓等。再比如孙斌,目前他是由民间成长起来的茶园"花儿"歌手中学历最高的,能有今天这个成果也与谢老师的栽培密不可分。可见科班教育有利于民间歌手的发展。

民间歌手拥有天赋的好嗓子,这是与生俱来的珍宝;但他们缺乏的是不懂得如何用科学的方法去合理地保护、开发他们的"金嗓子",而正规科班院校的专业教育正能弥补这一缺陷。能够慧眼识珠的园丁无异于给这天然璞玉找到了工艺卓绝的雕刻家,正所谓识千里马之伯乐也。

但是,学校里的专业化教育或多或少都会影响到民间歌手的民间特色,比如发声、作词。

究竟应当怎样认识民间歌手的精英教育问题,只凭这一点感性材料是不够的,必须进行充分而深入的调查与研究。

〔主要参考文献〕

1. 钟敬文主编：《民俗学概论》．上海：上海文艺出版社，1998．
2. 阿兰·邓迪斯编，陈健宪等译：《世界民俗学》．上海：上海文艺出版社，1990．
3. 王娟：《民俗学概论》．北京：北京大学出版社，2002．
4. 陶立璠：《民俗学概论》．北京：中央民族学院出版社，1987．
5. 柯杨．诗与歌的狂欢节——《"花儿"与"花儿会"之民俗学研究》．兰州：甘肃人民出版社，2002．
6. 郗慧民：《西北"花儿"学》．兰州：甘肃人民出版社，1984．
7. 郗慧民：《西北民族歌谣学》．北京：民族出版社，2001．
8. 魏泉鸣：《中国"花儿"学史纲》．兰州：甘肃人民出版社，2005．
9. 李雄飞：河州"花儿"与陕北"信天游"《文化内涵的比较与研究》．北京：民族出版社，2003．
10. 汪鸿明，丁作枢：《莲花山与莲花山"花儿"》．兰州：甘肃人民出版社，2002．
11. 谢承华：《青海民间文化风情》．西宁：青海人民出版社，2002．
12. 武宇林：《"花儿"の研究——シルクロードの口承民謡》．东京：信山社，2005．
13. 郝苏民：《甘青特有民族文化形态研究》．北京：民族出版社，1999．
14. 董晓萍：《田野民俗志》．北京：北京师范大学出版社，2003．
15. 江帆：《民俗学田野作业研究》．济南：山东大学出版社，1995.

16. 高丙中：《民俗文化与民俗生活》．北京：社会科学出版社，2000.

17. 阿尔伯特·贝茨·洛德著，尹虎彬译：《故事的歌手》．北京：中华书局，2004.

18. 胡正荣：《传播学总论》．北京：北京广播学院出版社，1995.

19. 仲富兰：《中国民俗文化学导论》．杭州：浙江人民出版社，1998.

20. 王文宝：《中国民俗学史》．成都：巴蜀书社，1995.

21. 陶思炎：《应用民俗学》．南京：江苏教育出版社，2001.

22. 陶思炎：《中国都市民俗学》．南京：东南大学出版社，2004.

23. 徐华龙：《泛民俗学》．哈尔滨：黑龙江人民出版社，2003.

24. 江帆：《生态民俗学》．哈尔滨：黑龙江人民出版社，2003.

25. 顾希佳：《社会民俗学》．哈尔滨：黑龙江人民出版社，2003.

26. 苑利主编：《二十世纪中国民俗学经典·民俗理论卷》．北京：社会科学文献出版社，2002.

27. 苑利主编：《二十世纪中国民俗学经典·社会民俗卷》．北京：社会科学文献出版社，2002.

28. 苑利主编：《二十世纪中国民俗学经典·史诗歌谣卷》．北京：社会科学文献出版社，2002.

29. ［英］爱德华·泰勒著，连树声译：《原始文化》．上海：上海文艺出版社，1992.

30. ［美］露丝·本尼迪克特著，吕万和等译：《菊与刀》. 北京：商务印书馆，1990.

31. ［法］列维-布留尔著，丁由译：《原始思维》. 北京：商务印书馆，1987.

32. ［英］拉德克利夫·布朗著，夏建中译：《社会人类学方法》. 济南：山东人民出版社，1988.

33. ［法］列维-斯特劳斯著：《野性的思维》. 北京：商务印书馆，1987.

34. 郝苏民：《我不再是羊群的学者》. 兰州：甘肃文化出版社，2004.

35. 郝苏民：《文化传统与时代风》. 中国民俗学年刊（2000—2001年合刊）. 北京：学苑出版社，2002年7月.

36. 郝苏民：《文化场域与仪式里的"花儿"——从人类视野谈非物质文化遗产保护》. 民族文学研究. 2005（04）.

37. 郝慧民：《"花儿"研究与"花儿学"》. 西北民族学院学报（哲学社会科学版）. 2002（04）.

38. 杨沐：《从"花儿"研究现状思考中国民歌研究中的问题》. 音乐研究. 2004（04）.

39. 刘凯：《"花儿"进城》. 民间文化. 1999（02）.

40. 李德隆：《"洮岷花儿"的美学价值首当文学而非音乐——"洮岷花儿"之歌词探讨》. 西北民族学院学报（哲社版）. 2002（04）：20—23.

41. 范长风：《"花儿"功能的意义体系及其思考与表述》. 贵州大学学报（艺术版）. 2003（04）.

42. 李锦生：《让"花儿"开得更加鲜艳——"花儿"的近况及前景刍议》. 中国音乐. 2002（02）.

43. 范剑：《洮岷"花儿"的戏谑事象与戏谑理论探讨》. 西北民族研究. 2002（04）.

44. 滕晓天：《"花儿"的现代创新》. 中国土族. 2004 (02).

45. 滕晓天：《市场呼唤"花儿"产业》. 中国土族. 2004 (04).

46. 滕晓天：《青海"花儿"品牌该怎么打造（上）》. 柴达木开发研究. 2004 (05).

47. 滕晓天：《青海"花儿"品牌该怎么打造（下）》. 柴达木开发研究. 2004 (05).

48. 郗慧民，郗萌：《"花儿"物质民俗的文化内涵》. 西北民族大学学报（哲社版）. 2005 (01).

49. 黄玉淑：《广西歌圩与西北"花儿"会情歌对唱活动之婚恋文化内涵比较》，中南民族大学学报（人文社科版）. 2003 (02).

50. 范长风：《神圣事象与"花儿"：两种文化现象的互动》. 民族艺术. 2002 (03).

51. 毕艳君：《浅论"花儿会"的变异》，青海民族研究，2002 (04).

52. 柯杨：《听众的参与和民间歌手的才能——兼论洮岷"花儿"对唱中的环境因素》. 民俗研究. 2001 (02).

53. 萧梅：《没有歌唱的生活是野蛮的》. 福建艺术. 2001 (05).

54. 张石山：《"花儿王"韩占祥》. 中国民族. 2001 (09).

55. 陶思炎：《论乡村民俗与都市民俗》. 广西民族学院学报（哲学社会科学版）. 2004 (02).

56. 张钧：《由社会转型看民俗事象的流变》. 民间文学论坛，1998 (02).

57. 李莘：《城市化进程中的纳西族音乐文化》. 云南艺术学院学报. 2001 (04).

58. 朱仲禄：《新一代的"花儿"歌王歌后》. 青海广播电视

报. 2005（33）.

59. 钱立华：《我认识的临沧两位民间艺人》. 民族艺术研究. 2003（增刊）.

60. 张君仁：《传记研究法——一种针对个体研究对象的方法论》. 音乐研究. 2002（04）.

61. 李莘：《城市化进程中的纳西族音乐文化》. 云南艺术学院学报. 2001（04）.

62. 毕艳君：《论"花儿"的超断代发展》. 青海社会科学. 2000（06）.

63. 陶思炎：《论民俗应用的主体与对象》. 东南大学学报（哲学社会科学版）. 2003（05）.

64. 丁慰南：《民俗文化的社会功能与社会现代化新潮流》. 江西社会科学. 2002（01）.

65. ［澳大利亚］杨沐著，欣芝节译：《中国西北地区民族"花儿"研究》. 内蒙古艺术. 2000（02）.

66. 乔建中：《中国当代民歌的生态与传承——兼谈中国民歌的"口头文本"与"书面文本"》. 福建艺术. 2003（03）.

67. 张昀：《由社会转型看民俗事象的流变》. 民间文学论坛. 1998（02）.

68. 徐国源：《论民间传播及其民俗习性》. 苏州大学学报（哲学社会科学版）. 2005（03）.

69. 杨勇胜，郑章瑶：《民间文学艺术作品的版权客体化——传统民间文艺与知识创新的利益平衡》. 浙江师范大学学报（社会科学版）. 2005（01）.

70. 张渊. 民歌：《原生态的流行音乐》. 今日中国（中文版）. 2004（12）.